简单 好玩 有用 共情

漫谈我的语文教学观

李万峰 —— 著

首都师范大学出版社

CAPITAL NORMAL UNIVERSITY PRESS

图书在版编目（CIP）数据

简单 好玩 有用 共情：漫谈我的语文教学观 /李万峰 著. —北京：首都师范大学出版社，2022.4（2024.5重印）

ISBN 978-7-5656-6888-3

Ⅰ.①简… Ⅱ.①李… Ⅲ.①中学语文课—教学研究 Ⅳ.①G633.302

中国版本图书馆CIP数据核字（2022）第049066号

JIANDAN HAOWAN YOUYONG GONGQING

简单 好玩 有用 共情
　　——漫谈我的语文教学观

李万峰 著

责任编辑　李佳健

首都师范大学出版社出版发行

地　　址　北京西三环北路105号
邮　　编　100048
电　　话　68418523（总编室）　　68982468（发行部）
网　　址　http://cnupn.cnu.edu.cn
印　　刷　河北鑫彩博图印刷有限公司
经　　销　全国新华书店
版　　次　2022年4月第1版
印　　次　2024年5月第2次印刷
开　　本　710 mm × 1000 mm　　1/16
印　　张　17
字　　数　219千
定　　价　59.80元

序　一

透亮的语文

李卫东

李万峰老师用"简单、好玩、有用、共情"概括他的语文教学观，此概括本身也颇为简要、好玩和有用。

在我看来，万峰老师的八字语文教学观，最为紧要的是"简单"二字，最难做到的也是"简单"二字。简单并非简陋，万峰所谓"简单"之语文，就是结构单纯，头绪少，容易理解、使用或处理。他在书中引用美国教育家布鲁纳的观点，任何学科都有一个基本结构，找到它，就能形成能力。万峰认为，语文学科的基本结构，就是其本质属性及规律。我们要把握它，就要用恰当的方式去学习。他概括为三句话：抓住本质教规律、精选例子教方法、巧用工具教思维。这是很精辟的见解。抓住语文学科的本质、聚焦语文学科的方法和思维，才能把语文教得明白、透亮、有效。

一般认为，学科教学内容结构对科学和数学，较之对文学或历史学更为适合。布鲁纳对此不以为然，他认为很可能是误解了结构的意义。例如，小说如果把一批事件写得和其他事件毫无必要的关系，它肯定是坏小说。因此布鲁纳再三强调，要理解基本观念和基本课题，学习结构就是学习事物是怎样相互关联的，语文学科也不例外。对于文学能力没有确定性的说法，卡勒回应称，除非我们彻底放弃教学和批评的活动，否则，阅读程序的概念就是不可避免的。让人理解一部文本或懂得一种阐释，需要有共同接受的出发点和共同的思维方式。进而，他指出，结构主义诗学的作用是什么呢？从一种意义上来说，它的任务简单得可怜，就是尽可能明确地把一切关心文学乃至对诗学有兴趣的人所默认的东西挑明。"能不能也可以这样说：万峰的这本书，它的任务简单得可怜，就是既看到语文学科的不确定性，也要看到语文学科的确定性，尽可能把语文学科必要的也是重要的那些确定性内容挑明。但越是做到简单越是需要智慧，越是需要"透视"的眼睛。

万峰老师曾和他的"仿写"课题组成员做过一个教学设计——和学生一起研究"植物类（描写对象为植物）"文章的写法和结构特点。他们先一起搜集此类文章近百篇，集中阅读研讨，发现找到了"基本式"。然后，指导学生进行仿写练习，在"基本式"的基础上，有所"创新"，产生"变式"，写出一篇篇"创新文"。学生不仅学会了写这类文章，更学会了读这类文章，因为，学生已经能够迅速"透视"这类文章的结构。万峰教得透彻，教得有效，就得益于他能抓住语文学科的本质、规律和结构。

教师理解了语文学科的本质和结构，并不意味着学生就能理解学科观念和本质。万峰老师从"简单"（本质和结构）出发，走向"好玩"，解决如何转化和呈现"结构""本质"的问题；进而又走向"有用"，解决掌握结构和规律是干什么的问题，把语文教学引向广阔的应用场景，学以致用，打开语文学习的空间。"简单""好玩""有用"的得以实现，不是靠冷冰冰的知识传递，而是靠师生情感的共振和生命的相遇，归根结底，还是回到活生生的"人"，回到"共情"，回到生命本身。至此可以看出，万峰的八字教学观，编织起学科、学生、生活，形成谨严的逻辑体系和结构。

万峰老师做过多年语文教师，后又做过教师研修学院院长，如今又在做学校校长，他自始至终都没有停止过对语文学科教学的思考、实践和研究。研究无止境，探索无止境，相信万峰老师会引领更多青年教师共同成长，在教育教学改革中取得更大成绩！

北京教科院基教研中心副主任

北京市教育学会语文教学研究会理事长

中国教育学会中学语文教学专业委员会副理事长

李卫东

2022 年 3 月

序　二

　　万峰的新书即将付梓，让我作序。我想，他其实是借作序的名义给我安排了一个学习任务，让我能深入理解一个在教育改革一线长期探索的实践研究者的语文教育观。

　　万峰在教育改革一线实践、研究已经二十多年了。他做过一线的语文教师，做过区县的教研员，做过区县研修学院的院长，现在又做中学的校长。工作不断变化，但他对语文课程与教学的研究却从未有一刻停歇。新冠肺炎疫情期间，身为一线学校的领导，组织抗疫保学的压力可想而知；但他竟能在繁忙的事务工作之外，沉下心来，写出十几万字的书稿，梳理、总结自己二十多年实践研究中形成的对语文教育的理解，这确实让人感佩。

　　万峰是个好学习、善积累、喜思考、爱讨论的人。他这份书稿我就拜读过几个不同版本。从第一次接受他布置给我的学习任务至今，连续两个月，他每隔一两周就给我发一份修订版。每次还附信说，他又请教了某某教授、某位老教研员，根据专家的意见对书稿做了进一步的修改，让我看新的修改版。搞得我这个一向懒于动笔写东西的人也颇为惭愧，觉得应该写一点读后感来回应万峰的认真、勤奋。

　　正像万峰在这本书中描述的那样，语文课程独立设科百余年来经历了复杂和曲折的过程，各位先贤和数十万计的语文教学工作者对语文课程与教学的目标、内容、过程和方法有过各种各样的探索和表述。这使得从事语文教学工作的教师，特别是初入行的新教师，常常陷入迷茫中，不知所从。在这种背景下，深入研究语文课程与教学的历史与现实，面对不断变化的教育改革形势，基于自身的实践构建自己的语文课程与教学观，对每位教师都是非常重要的。

　　万峰正是立足于对语文教育既有经验的梳理和对语文教育现实的深入分析这两个基点上，结合自己研究和探索的实践，明确提出"简单、好玩、有用、共情"八个字的语文教育观。这八个字浓缩了万峰的教学研究与实践探索，是他对语文教学基本规律的自我表达，也是他对诸多语文理论研究者和大批优秀语文教师经验的集中概括和总结。万峰提出自己的语文教育观并非是坐书斋中的空想，也不是基于个人感悟的自说自话。从书中每个读者都可以看出，万峰整理、引证了诸多教育名家的论述，又结合自己的亲身实践，借助具体的教学案例，从语文课程教学的各个层面阐释自己的语文教育观；因此，他提出的八个字（四组概念）有来处、有落点。既解释了语文教育的价值追求和基本问题；又为一线实践者，特别是青年教学改进自己的语文教学提供了具体的实践路径。我觉得，对年轻教师而言，这本书既可以作为一本语文教学研究的参考书，也可以作为一本实践指南。

　　作为这本书的第一批读者之一，万峰发给我的几稿一遍遍地阅读下来，我从中获得了诸多启发。我相信，这本书的出版，对其他语文老师而言，也同样会从自己的角度获得启发，引发新的思考。

　　古人说，"大道至简"。语文教育的探索本身就是一个不断透过表象追索内在规律、本质联系的过程。希望有更多的老师能如李万峰一样不断探索，在语文课程改革的过程中构建自己和表述自己的语文教育观，形成对语文教育规律的鲜明、简洁、有效的表达，并将其付诸实践，让语文教学有更大的改观，让我们的学生能获得更好的发展。

首都师范大学教授　教育部语文课程标准组研制组、修订组核心成员

王云峰

2021 年 6 月 20 日

序 三

万峰又一部新著即将付梓，我有幸成为第一个读者。欣喜和学习之余也提出了一些个人的意见和建议，万峰都欣然接受。

这本漫谈语文教育的书里，一些内容似乎实在不合时宜，例如"简单""好玩"，就可能会让一些人不以为然。而我却以为其中洋溢着"泥土"的气息，弥漫着"乡土"的味道，是很可贵的——因为"接地气"。作者用最通俗好懂的语言，表述了自己的语文教育观。

当今的语文教育，我以为搞反了两件事：本来应该"简单"呈现的所谓理论，却弄得很复杂，以致一线教师始终弄不明白那些层出不穷的名词概念；本来不那么简单的课堂教学（每个学生都有自己的认知特点和认知结果），却搞得很简单，似乎有个"模式"就可以解决一切。该简单的不简单，该复杂的不复杂。于是，文言文教学也可以不以"阅读浅易文言文能力"为重点加以培养，而是在连文意都不懂的时候花时间去"研讨"其思想内涵和写作手法。似乎这样才显得"高品位"，以致学生一篇文章学下来依然懵懵懂懂。校外补习机构红火，与此不无关系。这是一种情况。

另一种情况是，教学过程、模式搞得过于复杂，明明老师一句话就能解决的问题，也要翻来覆去地讨论，似乎没有这样的"互动"，教学就是"旧观念"。因此，无病呻吟、装腔作势、虚情假意等形式主义风气在课堂盛行；小组谈论、围桌而坐，学生进前发言等，究竟为什么服务，有什么意义，不去考虑，似乎只要这么做了就是"学生参与"了，至于学生的头脑在不在此，并不重要。这些都是很有害的教学风气。

新概念太多，原因和效果我以为有两条：一是探索不止——要从现有的教学状态中"突围"出去，寻找另一片能够进一步提升教育教学质量的新天地。出发点本无可非议。但是那些花样翻新的概念，层出不穷的理论，未经过实践检验就广泛推行的模式，使得学校语文教学不得安生，无形中加重了教学负担。二是"原有"的观念"顽固"地占据着人们的头脑，人们相信"一切存在都具有合理性"，况且新的概念并不能解释一切教育现象，一些模式经过教学实践的检验之后，也并没有证明它就是"真理"。

万峰书中倡导教学中的"简单"，就是倡导用最清晰的思想，最有效的教学策略和方式方法教学生，提升学生语文核心素养。为此，他列举了很多可行且有效的案例，说明抓住语文教学的规律便能使课程标准和教材要求落到实处，达到促进学生语文素养提升的目标。

简单，是语文教育特别需要的一种哲学追求。记得当年有个宣传数码照相机的广告词："简单到您只要轻轻一按。"这说明，越是现代化的、符合科学规律的，应该越是简单的。那种唯恐"简单"，非要搞"复杂"的想法，最终会使语文教学变得令人恐惧。

语文教学的所谓"简单"，我以为一是从教学内容来说，要紧紧抓住语言教育（语言感受力）这个纲，在学习语言运用的过程中，提升听说读写能力，提升鉴赏能力，提升思维能力。抛弃提高学生语言运用的这个纲，以文本内容为主，就会越教越复杂，因为语文课负载的内容可以大至整个宇宙，小到一叶扁舟，是极宽广的。舍弃语文学科的本质特征，就会越俎代庖，包打天下。哪里还能"简单"。二是从教学过程来说，要牢牢把握住教学规律，按"规律"办事，就相对简单了。例如诵读（熟读）课文，预习—听讲—复习，模仿—类推—创造，等等，这些学习规律一旦形成习惯，便可使学生受用终生。

"好玩"，按照北京话，应该写作"好玩儿"，但是书稿中这样写出来似乎不妥，我们理解其中的意思即可。

语文课上得"好玩儿"，就是激发学生学习语文的兴趣。兴趣是人们学习的一种动力，"知之者不如好之者，好之者不如乐之者"，但是，语文的学习是"非下苦功夫不可"的事。"好玩儿"是引信，为的是燃爆"下苦功夫"的动力；真正促进学生热爱学习的动力是"获得感"。当学生在教师有效的指导和训练下，能够不断获得语文学习的进步，便会感到自己的付出是有价值的，会逐渐认可那些学习的策略、方式方法等；教师也清楚地知道，只有逐渐将这些有效的学习策略方法培养成学生的学习习惯，才能达到提升学生语文素养的目的。于是教学从"好玩儿"入手，经过使学生体验学习的"成功"，逐渐养成学习的良好习惯——语文教师借助课程内容和课堂立德树人。这是优秀教师所以优秀的秘诀。

目前不少语文课上得比较模式化，忽视学生认知规律和教学内容的特征，显得干巴巴的，时间一长，学生自然就没了兴趣。万峰提倡"好玩"，我以为是希望语文课上得生动起来，有意思起来，让学生在既获得知识，又锻炼了能力，还处于愉悦之中的状态里，从而喜欢语文课，热爱我们民族语言和文化。不要总是态度那么严肃，环节那么严谨，语言那么"干净"（甚至都不重复），学习方式那么规范，以至于课上没有笑声，没有幽默，没有欢乐。有经验的老师都知道学生喜欢有学问的、爱护学生的老师，这样的老师如果还有幽默感，就会更被学生喜欢。

能把语文课上得"好玩"的老师，一定是教学的高手。他们对教学内容烂熟于心，清晰地知道每一节课、每一次教学内容的价值和教学目的，他们是能够"俯视"自己的全部教学意义的。因此不会计较一时一地的得失（一两次测试成绩），不会计较学生一时出现的问题（不去埋怨学生，而是检讨自己）；他们是清醒的、超脱的、着眼于学生发展——不仅仅是学业成绩，更重要的是品格培养——的语文教师。

万峰曾是一位出色的语文教师，后来因为组织安排，做了很长一段时间的行政管理工作，现在依然担任中学校长。他一直勤奋学习，笔耕不辍，不管在什么岗位上，每年都有新作出版或发表，前些年被评为北京市语文特级教师。这本集他多年教育教学、课题研究、教研指导等积累而撰写的著作，散发着朴素的气息，好读好懂，一定会为很多语文教师喜欢。正如很多著作一样，由于个人视域和认知的条件，书中难免有值得讨论的问题，就像我这篇序言里的话，估计也会引发一些同人的批评。但这也正是有价值的体现，因为启发了读者的思考。

是为序。

首都师范大学教授 国务院督导办特聘专家　教育部"领航计划"导师

张彬福

2021 年端午日

目 录
CONTENTS

第一章 简 单

> 我们欣赏并提倡简简单单教语文，完完全全为学生，扎扎实实求发展，回归常态的语文教学。
>
> ——中国教育学会小学语文教学专业委员会理事长崔峦
>
> ---
>
> 简单才是不可动摇的原理原则。
>
> ——日本著名企业家稻盛和夫

为什么要提倡简单？因为许多时候，语文教学就好像是个筐，什么都可以往里装！导致批评之声不绝于耳："少慢差费"效率不高，更有甚者曾极端地抨击语文老师是"误尽天下苍生"。再加上中华人民共和国成立后教学方式的探索先是否定"传统"，后是"左摇右摆"学完苏联学欧美，"犹疑不定"，现在虽然已经明确主张倡导"自主、合作、探究"的方式，却还未能全面真正落实。结果校园内，一直有许多学生非常不喜欢学语文，更有部分教师抱怨自己的工作："上辈子杀了人，这辈子教语文。"尽管也有许多优秀的语文教师做出了很多有益的探索，局面有所改观，并已呈良好态势，但我觉得依然需要强调：语文教学的内容要简单，教学方法更要简化。特别是对于新入职的语文教师越早明晓越好。语文教师的首要任务就是使语文的学习变得简单。

第一节　怎样理解简单

什么是简单？简单就是结构单纯，头绪少，容易理解、使用或处理（《现代汉语词典》第六版）。对于语文教学来说，怎样做才能简单？我认为：首先，从内容上说，要明确的就是教什么，或者说学什么；其次，从方式上说，是怎么教，或者是怎么学。

语文教什么？读书、识字、写文章！这是北京市通州区中学语文教研员王颖光老师的话。中国人民大学教授、红学家冯其庸先生读到小学五年级时，由于抗日战争爆发，无学可上了，只好回家务农。书包里装的一本从学校借来的《三国演义》，成了他唯一的读物。他不知读了多少遍，以至于许多回目都能背下来了。他一边务农，一边继续找书读。其间读了《论语》《孟子》《古文观止》等名著。有的似懂非懂。17 岁那年，他在哥哥的支持下，考取了镇上办的中学。教国文的丁约斋老师说冯其庸读的书比别人多，悟性好，说他肯定是出生在"书香门第"。冯先生说，他是真正的"稻香门第"，甚至是"饥寒门第"。丁老师对冯其庸十分器重，这使他很受鼓舞。冯先生说，丁老师有三句话深深地影响着他。第一句是："读书要早，著书要晚。"冯先生后来虽然又被迫辍学，回家务农，但读书仍不间断。第二句是："读书要从识字开始。"第三句是："写好了文章自己要多看几遍。"冯其庸先生说："我现在快八十岁了，回过头来想想，丁老师的这几句话，仍旧是对的。我现在无论是读书和写作，总是不敢忘记这几句话。而且总觉得自己读书太少，自己的古文学得功夫太差，自己写好的文章更要多看几遍，五到十遍才敢放手！"冯老师这三句话，说得简单，却句句是金玉良言！

语文教什么？上海特级语文教师钱梦龙老师说："就是老老实实地教会学生读书。"这句话说得更简单，以致让人有些怀疑。山东省高密市第一中学语文的高考成绩总不尽如人意。李希贵先生出任校长后，实施了"语文实验室计划"。"计划"规定：每星期的六节语文课，两节由老师讲，四节放手让学生读书（包括读课外书）。老师只讲教材的精彩之处。这项计划实施以后，高密一中学生的语文素养大幅度提升，彻底改变了高考时语文成绩低迷的局面。精讲，多读，居然就成了！浙江语文特级教师肖培东大声疾呼："我们的语文，是否可以清楚明白些，是否可以简单实在些？"阅读多让学生朗读，亲近文本；写作根据学生实际生活的需要，有针对性。"语文天生简单实在！"语文要摒弃浮华，语文的思绪要回到语文的原点！教学的目的，就是培养学生的语言运用能力。潜心研究语文教育名家的课堂实录，我们会发现他们的教学无不体现着语文教学简单实在的特点。[①] 原苏教版九年义务教育小学语文教材主编、凤凰母语教育科学研究所所长、特级教师张庆先生也主张：语文教学要倡简、务本、求实、有度。回归常态，回到原点，回归本源，就是要回归到汉语言的特性教学！一个合格的语文教师，首先要知道语文的本质属性是什么？顾黄初先生说："语文是一门民族化很强的学科。"钱梦龙先生也进一步强调："语文教学，说到底就是民族语教育，即母语教育。"[②]

所以，不论什么时候，我们都要处理好继承和发展的关系。哪些要保留？哪些要改进？哪些要借鉴？都要一一厘清。首先，是继承。如依据字源教汉字的传统就不能丢。胡适在《如何使吾国文言易于教授》中特别提出"中学以上，皆当习字源学"。他在留学美国期间，曾经教过美国学生学中文，所采用教材是清代文字学家王筠的启蒙读物《文字蒙求》，竟然收到很好的效果。《蒙学丛书》我用过，现代中学生同样喜爱。其次，是发展。比如，经过长期的研究与实践，对汉语言文字形式规律的

[①] 肖培东. 语文，可以简单实在些 [J]. 中国语文教学参考，2016（14）.

[②] 为语文教学招"魂"[EB/OL]. https://wenku.baidu.com/view/1a1dac292dc58bd63186bceb19e8b8f67d1cef30.html.

细致揣摩、归纳、总结的"属对"训练，"天对地""雨对风""大陆对长空"……从起步学习，到实践应用，学生都很喜欢，觉得有意思，这样趣味盎然的教学活动，就要在继承的基础上发展。第三，是借鉴。借鉴西方的逻辑思维，润色表达。总的来说，就是依据语文的特点和学生学情，基于真实情境和问题，教会学生思考与表达，提升学生的思维品质。这些足矣！

把复杂的事情简单化，需要高度的概括能力和语言运用能力。毛主席说的很多话，简洁有力、具有典范性，也是语文学习的好素材。

如：

1. 形象深刻的：（1）一切反动派都是纸老虎！（2）放下包袱，开动机器！（3）枪杆子里面出政权！（4）不到长城非好汉！（5）夺取全国胜利，这只是万里长征走完了第一步！（6）星星之火，可以燎原。

2. 朗朗上口的：（1）人不犯我，我不犯人；人若犯我，我必犯人！（2）敌进我退，敌驻我扰，敌疲我打，敌退我追。（3）自力更生，艰苦奋斗！（4）世上无难事，只要肯登攀！（5）好好学习，天天向上！

3. 气势雄浑的：（1）中华民族有同自己的敌人血战到底的气概，有在自力更生基础上，光复旧物的决心，有自立于世界民族之林的能力！（2）与天斗其乐无穷！与地斗其乐无穷！与人斗其乐无穷！（3）（中华人民共和国）它是站在海岸遥望海中已经看得见桅杆尖头了的一只航船，它是立于高山之巅远看东方已见光芒四射喷薄欲出的一轮朝日，它是躁动于母腹中的快要成熟了的一个婴儿。

4. 对比鲜明的：（1）冷眼向洋看世界，热风吹雨洒江天！（2）暮色苍茫看劲松，乱云飞渡仍从容。（3）自信人生二百年，会当击水三千里！（4）在战略上要藐视敌人，在战术上要重视敌人！

毛主席的这些话，都因为说得简单、形象、深刻，一下子就能深入人心，所以才能够广泛流传，取得积极的效果。"一个思想者，一定是驾驭语言的高手，因为语言是思想的工具，而思想是语言的内核。这里的第一个'思想'是动词，而第二个'思想'是名词，第二个'思想'是第一个'思想'的成果。思想体现着判断，以命题的形式表征。无论是从个别到一般的归纳推理，还是从一般到个别的演绎推理都离不开语言，这二者也是思维过程的最基本形式。粗糙的语言无法准确地表达深邃的思想，当然，一个只能使用粗糙语言的人，根本也不可能产生深刻的思想。"[①]这对于我们语文教学是很有借鉴意义的。

怎么教？首先，教师的站位要高，作为"引路人"要将"立德树人"摆在首位。其次，才是技术层面的。这一章，我们先从技术层面谈起。

第二节　怎样做到简单

美国著名教育家布鲁姆认为：任何学科都有一个基本结构，找到它，就能形成能力。语文学科的基本结构，就是其本质属性及规律。我们要把握它，就要用恰当的方式去学习。概括为三句话：抓住本质教规律，精选例子教方法，巧用工具教思维。

一、抓住本质教规律

叶圣陶在《评〈读和写〉兼论读和写的关系》一文中指出："按实际说，写作技巧也并不繁复，扣准自己的用意来写是要注意的，怎么针对读者打动读者是要注意的，表达的准确是要注意的，通篇连贯有照应是要注意的，当繁即繁当简即简是要注意的，大概不过这些事儿吧。"这就是讲写作教学的规律。知道规律，再找到合适的例子引导，教学就可事半功倍。

---

① 肖川论道.《现代教育报》名家专栏，2014-02-17.

举个有趣的例子：

有位情感专家问一位老农："爱情和婚姻的区别是什么？"

老农说："很简单，你今天和她睡了，明天还想和她睡，这就是爱情；你今天和她睡了，明天还得和她睡，这就是婚姻。"

专家诧异又崇敬地望着老农说：这可是我研究了半个世纪的课题啊。

一字之差，意思相差千里！汉语言的运用，自古就讲究"推敲"，其典故颇多，都是很好的学习材料！这个故事，举一反三，模仿表达，也妙趣横生。于是乎我们可以接着"仿说"：

今天上班了，明天还想上，这是事业；

今天上班了，明天还得上，这是职业。

今天一块喝酒了，明天还想喝，这是朋友；

今天一块喝酒了，明天还得喝，这是客户。

…………

专家又问："现在情人节和清明节的区别是？"老农想了想说："情人节和清明节表面看是一样的，都是送花送吃的。区别在于：情人节烧真钱，说一堆鬼话给人听；清明节烧假钱，说一堆人话给鬼听。"

专家："说的咋这么对呢，这段话太精辟了！"

这老农的讲话，背后既有求同思维，又有求异思维；用语虽然简单，却抓住了事物的本质和汉语言的特点。在这里，汉语言的特点体现在：一是用关键词语的变化来表情达意，二是用"对偶"句式。所以表达既准确又生动。

再举个例子：

据说，清朝的曾国藩曾多次率领湘军同太平军打仗，起初总是打一仗败一仗，特别是在鄱阳湖口一役中，连自己的老命也险些送掉。他不得不上疏皇上表示自责之意。其中有一句是"臣屡战屡败，请求处罚"。有个幕僚建议他把"屡战屡败"改为"屡败屡战"。这一改，果然成效显著，皇上不仅没有责备他屡打败仗，反而还表扬了他。

同样四个字，词序不同，意义大不相同。"屡战屡败"强调的是每次打仗都失败，成了无能之人、常败将军；"屡败屡战"却强调了自己对皇上忠心耿耿和百折不挠的作战勇气，虽败犹荣。这就是语言的力量！如果我们的课堂这样品味语言，学习"语言的运用"，学生不但印象深刻、趣味盎然，也会真正体会汉语言的魅力！

当前，初中语文教学的问题主要有二：一是没有抓住本质教规律，把简单的问题复杂化了。表现为篇篇讲、课课练，满堂灌，恐怕讲不到，教不完。结果是教师苦，学生累；问题越来越多，效果越来越差，考试成绩也不尽如人意。二是只关注教材和考试，不研究学情的变化，学生的学习特点和学生学习规律研究太少。讲课照着教参，作业全覆盖，卷子刷不完，学经验、讲经验也局限在应考上。结果听到的总是片面地抱怨学生：一代不如一代。

要改变这种现状，我们的功夫需下在研究上。研究什么？于漪老师曾寄语青年教师："语文教师要树立教学自信，就要好学、深思、力行。语文教师心中要有点汉字文化、经典文化和人类进步文化。教师不可能是万能博士，但必须开阔视野、广泛学习，尽量读得多一些，了解得多一些。"

这里面没有说到教材和考试，我以为：并不是它们不重要，而是过早过多地直奔考试而去，教学变成了应考训练，教育的价值将大打折扣，学生学习的热情也将逐渐丧失。关于教材的使用，叶圣陶先生已经讲得非常透彻："语文教材无非是个例子，凭这个例子要使学生能够举一反三，练成阅读和作文的熟练技能。""教课之本旨并非教讲一篇课文与学生听，而是教师引导学生理解此课文，从而使学生自观其他类似文章。"

2001 年，我有幸参与北京中考命题工作，更加深刻地认识到：考试命题是基于课标，测量的是学生学习的达成度，而不仅限于对教材的"深入理解和全面掌握"。既然如此，例子，不用教材上的也未尝不可，况且教材的编写有时也有其局限性。比如，选文的问题，因为种种原因，有的选文学生不感兴趣，有的选文我们教师找不到感觉，教参的解读也不都尽如人意。与其这样，就不如适当自选一些教学材料。我的观点是：选学生感兴趣的材料，教给学生必备的语文知识和关键能力。以学习掌握文章结构方式的知识和能力为例，北京教科院王俊英研究员，曾借鉴乐曲的曲式，提出"文式"一说，她认为，所有文章的文式总的来说都是：正——反——合。我受其启发，和我的"仿写"课题组成员做过一个教学设计——和学生一起研究"植物类"（描写对象为植物）文章的写法和结构特点。最后总结出这类文章的结构方式虽然是多样的，但概括起来说仅有两种："基本式"和"变式"。我们的学习过程是这样的：先一起收集这类文章近百篇，集中阅读研讨，发现找到了"基本式"。然后，进行仿写练习，成"像模像样文"；掌握之后，学生就可以根据自己文章表达的需要，在"基本式"的基础上，稍加变化，有所"创新"，产生"变式"，成为一篇"创新文"。这样下来，学生就突破了这类文章的读写障碍。不仅学会了写这类文章，更学会了读这类文章，因为他们已经能够迅速"透视"这类文章的结构（课例见本章附录）。植物类的通了，其他类文章的学习，举一反三，是不是学生就已经感悟到了读写的"路径"，而且，这路径并不复杂。

二、精选例子教方法

江苏语文特级教师薛法根对一节好课的评价标准是：简约之美。具体表现在六个方面。

1. 教学目标简明：一堂课彻底解决一两个学生切实需要解决的问题，真正给学生留下点东西，比浮光掠影、蜻蜓点水、隔靴搔痒的教学要有效得多。

2. 教学内容简约：课堂教学的时间是个常数，是有限的，学生的学习精力也是有限的。因此，选择学习的内容，特别是关乎学生终身受用的"核心知识"，就显得尤为重要。课堂，也不需要把什么都讲透了，留下点悬念和空间，就是给学生自由和发展。

3. 教学环节简化：语文学习本身是一件简单的快活的事情。我们没有必要设计那么多的学习环节，没有必要设置那么多的学习障碍（问题）和陷阱让学生去钻，没有必要搞得这么复杂、这么玄、这么深奥。比如问学生"你是怎么体会到的"，殊不知体会的过程本身是"只可意会不可言传"的，学生却因这种追根究底而感到恐惧，渐渐丧失了自己本应具有的探究精神。"勤师培养了懒学生"！这样的现象值得我们重视和深思！

4. 教学方法简便：简单意味着可以学习，是学生经过努力可以达到的。简便的方法、简捷的思路是为学生所喜欢、所乐意接受的。好方法是真正能为人所用的有效的方法。

5. 教学媒介简单：语文教学可以省略不必要的教学手段和教学技术，克服"浪费与作秀"。现代教学技术（多媒体技术）使用过度，也会扼杀学生语文学习过程中独特的体验和丰富的想象力。

6. 教学用语简要：课堂中除却了一切不必要的繁文缛节，省去了不必要的言说，就如同秋天的天空一样明净，让人有一种心旷神怡的感觉。简单的课堂，其独特的神韵就在于此！

这些主张，我深表赞同。但要做到这六个方面不容易。我认为：首先，找到恰当的例子是关键；其次，是用这样精选的例子教方法。

周汝昌在《苦水词人念我师》中，记述了顾羡季先生的一个教学案例：有一同学问，诗词讲"风格"各异，什么是风格？如何"定义"才好？先生并没有直接回答，而是以"例句"来讲李白和杜甫的风格迥异："坑深粪落迟"是杜的诗法；"黑狗一飞飞上天，白狗一去三千年"是李太白的句法——这就叫"风格"。全班大笑。这个例子，肯定不是顾先生的发明，是选来的，但选得恰到好处，把一个非常不容易讲清楚的问题说到家了，而且学生欣然接受。所以，恰当的例子是学生先要喜欢，且"学习的点"要明确。这样就能实现用"例子的力量"教学。

"好例子"不好找，我们认为文质兼美的，也不见得适合当下的学生；学生喜欢的，又不见得我们老师能用。所以，找到恰当的范例，是我们语文教师工作中非常重要的一环，需要下功夫积累。

下面以写作教学为例，我做"仿写"研究时，对此体会非常深。

第一，前人的仿例可借鉴，却多不能直接用，比如下面的仿写实例：

1. 崔颢先有《黄鹤楼》，李白看到说"眼前有景说不得，崔颢题诗在上头"。后仿有《登金陵凤凰台》。场景相似。

2. 五代南唐的江为有"竹影横斜水清浅，桂香浮动月黄昏"的名句。宋代诗人林逋仿有梅花诗"疏影横斜水清浅，暗香浮动月黄昏"。周振甫在《诗词例话》中说，林逋的点化，构成了新的意境，赋予了新的主题，是一种创新。

3. 魏晋庾信有"落花与芝盖齐飞，杨柳共春旗一色"的名句。王勃则在《滕王阁序》仿写下"落霞与孤鹜齐飞，秋水共长天一色"。这是比肩之作，甚至盛名在其上。

4. 果戈里著有《狂人日记》，鲁迅仿《狂人日记》。事件相似。

5. 扬雄有《解嘲》，韩愈仿作《进学解》。境遇相似。

6. 白居易《长恨歌》，吴伟业仿有《圆圆曲》。命运相似。

7. 屈原在《九歌》中有"袅袅兮秋风，洞庭波兮木叶下"的动人诗句。谢庄在《月赋》中则将其仿化为"洞庭始波，木叶微脱"，同样感人。

8. 李白模仿汉乐府《长歌行》"百川东到海，何时复西归"的诗句，创作了"君不见黄河之水天上来，奔流到海不复回"的佳句。

第二，教材中可直接用于仿写训练的课文也不太多。

第三，自己找就更不容易，我曾把自己积攒的二百多本《读者》和《青年文摘》都拿给学生一起挑选，结果并不十分乐观。所以，我们教师只有将三种结合，才能取得理想的效果。下面的内容，就是我们课题组多年精选例子，教授的三种"仿写方法"，学生上手快，效果也很好。

其一，置换法。科学上应用最多的一种方法，无论是上天，还是下海，材料不断地变换着，寻找着更好的。在语文中只不过材料换成了词语。美国有个电影叫《玩具总动员》，后来，湖南卫视有个节目就叫《欢乐总动员》，那我们就可以转换成"学习总动员"，学生立刻反应出"挨批总动员"（指家长会）。一说"追星族"学生立刻举一反三，说"追师族"（指爱问问题的学生）、"追钱族"、"追吃族"、"追水族"（指不喝自来水的）……

其二，逆向法。"无籽西瓜"和"多籽西瓜"就是逆向法的杰作。"家庭妇女"可逆向说成"家庭妇男"。对好的企业，开张可以说"开业大吉"；那些危害青少年的电子游戏厅关张了则应是"关门大吉"。这样可反说的词语也很多："阴谋（阳谋）""有理取闹（无理取闹）""八弱（八强）""小局（大局）""小道理（大道理）""大聪明（小聪明）""大广播（小广播）"……

其三，延伸法（或叫一减一法）。"铅笔加橡皮"，是一种延伸，"纯净水"也是一种延伸。说相声的，造个新词叫"礼拜八"是对"礼拜天"的延伸，小品演员讲了个"薅社会主义羊毛"是对"挖社会主义墙角"的延伸。有"一流"这词儿，那么"准一流""超一流"不正是减一加一吗。学生于是在作文中写出了"大眼睛，三眼皮"这种情况虽不多见，可却比一律写"大眼睛，双眼皮"要好多了。这样的也还有如佩服得"六体投地"，心跳得"八上八下"等等。

词语可用以上三种方法仿写，句子也一样。

1. 莲之爱，同予者何人？

   足球之爱，同予者何人？（置换）

2. 山不在高，有仙则名。

   分不在高，及格就行。（置换、逆向）

3. 天下苦秦久矣！

   学生苦考久矣！（置换、延伸）

整篇仿写亦是如此：

刘禹锡《陋室铭》仿作很多，虽难比肩，但以平常眼光来看，也不乏亮点。比如，这几篇逆向仿写，也可谓讽刺佳作。

《烟室铭》：灯不在高，有油则明。枪不在长，有烟则灵。斯是陋室，惟吾瘾心。灯光照眼绿，烟气上脸青。谈笑有烟友，往来无壮丁。可以调膏子，敷斗泥。无响声之入耳，有烫手之劳形。南阳寿州斗，西蜀太古灯。君子云：何瘾之有？

《华室铭》：官不在高，有威则名；职不在大，有权则灵，斯是别墅，唯我独尊。茅台千盏绿，龙井一杯青。谈笑有高官，往来无下层，可以卧高枕，醉太平，无国法之逆耳，无群众之呼声，东阁暖气管，西厢电视屏。嘻嘻乎，何罪之有？

《教室铭》：分不在高，及格就行。学不在深，作弊就灵。斯是陋室，惟吾闲情。小说传得快，杂志翻得勤。琢磨下象棋，寻思看电影。可以打瞌睡，写家信。无书声之乱耳，无复习之劳心。虽非跳舞场，堪比游乐厅。心里云：混张文凭。

下面两篇习作，前一篇是仿《白杨礼赞》，后一篇是仿《出师表》，读来振奋，仿佛让我们听到了学生成长的声音。

李素丽赞

李素丽实在是不平凡，我赞美李素丽！

21路公共汽车，在繁华的复兴路大街行驶，要开往北京西站。那位穿红色制服的女售票员，在拥挤的乘客间穿行。她，就是李素丽。"对不起，让一让，让一让！"她满面笑容地走过来了。

"扶好了，小妹妹！请把身子侧一侧，免得大人挤着你。""老人家，别着急。您还拄着拐杖哪！哪位小伙子给老大爷让个座？""谢谢你，小伙子！我代表全车乘客感谢你！"

这就是李素丽！从我身边挤过去的一个极普通的中年阿姨。她没有浓妆艳抹的打扮，也没有珠光宝气的穿戴，也许你会说她不美。但是她殷勤、热情、细心地关爱着身边的每一个人！像和风、像甘露，温暖着、滋润着也许有点冷漠的人心，甚至让背井离乡的外乡人都沐浴着亲人的关照。

十多年来，李素丽用自己日复一日的劳动给人们带来真诚的笑脸、热情的话语、周到的服务、细致的关怀，被人们誉为"盲人的眼睛、病人的护士、乘客的贴心人、老百姓的亲闺女"。她经常说："每一条公共汽车的线路都有终点站，但为人民服务没有终点站，我会永远用自己的真情和奉献同大家一起走向明天！"

李素丽，北京一辆普通公交车上的一位平凡的售票员，我要高声赞美你！

出考表

我本差生，辍学欲躬耕于乡村，苟全性命于盛世，不求闻达于大学。师不以生资质卑鄙，猥自枉屈，三访生于家中，激励鼓舞，情意深深，由是感激，遂许先生返校就读，后值期末，努力于败军之际，勤奋刻苦于危难之间，尔来二百余天矣。

师知生开始进取，每每有所重托，信任不已，受命以来，夙夜忧叹，恐托付不效，以伤老师之明，故每日闻鸡起舞，披星戴月，悬梁苦读，收获颇丰。今基础已定，能力已足，当一鼓作气，拿下中考；庶竭驽钝，攘除陋习，兴复家室，重建自信。此生所以报父母，而忠恩师之职分也。望恩师清心静养，保重身体，以待下届。

今当远离，临表涕零，感恩不尽！

上面是课内篇目的仿写，下面是我们的课外选篇孔庆东的《纯真年代》和仿作：

纯真年代

孔庆东

1988年，我初中毕业，考入了哈尔滨市第三中学。哈三中在黑龙江的地位，比北大在中国的地位还要崇高。因为北大还有其他的大学与之竞争，而哈三中在黑龙江则是"宝刀屠龙，唯我独尊"，别的重点中学一概拱手称臣，不能望其项背。

20世纪80年代初期，社会上流传着什么"学好数理化，走遍天下都不怕"，在重理轻文的大气候下，哈三中迟迟不开文科班，于是，我和一些要考文科的同学，与学校展开了艰苦的斗争。

公车上书

高一的上学期一过，开不开文科班，就成为一个争论焦点。想考文科的同学压力极大，有的干脆放弃了念头。在这种形式下，我所在的高一（七）班想考文科的同学，提出了"救亡图存"的口号。我们这些十六七的少年，根据所学的那点粗浅的历史，一本正经地把校领导比作昏聩的清政府，认为只有自己起来争取，才能扭转局势，促使当局"变法"。

我以个人名义和全体名义，送上了两份意见书，言辞很激烈，还卖弄了不少文采和典故。郑滨和张欣也各写了一份。当全体意见书签名时，产生了一个让谁签在头里的问题。我记得自己十分狂妄地说："各国变法，无不从流血始。要出事儿，我先兜着！"便第一个签了。郑滨是个老阴谋家，说这样不好，咱们找几个大碗，画一个圆，都围着圆来签，就分不出先后了。其实，我们的种种"阴谋诡计"都是多余，领导上早都知道谁是宋江谁是李逵。很快校长就请我们六位同学去谈话，我们既兴奋又紧张，自称是"戊戌六君子"。表面上气宇轩昂，实际上心跳得跟上体育课差不多。

周校长慈眉善目，满头银发。虽然60来岁了，仍修饰得风度翩翩，一尘不染，看得出年轻时一定是个英俊小生。他平常有两件事特别受到广大同学称赞。一是每天在腰里暗藏一把铁锤和几枚铁钉到各班巡视，一旦发现有活动的桌椅，便掏出暗器大展身手。他从来不问桌椅是谁弄坏的，兴致勃勃地干完，心满意足地离去。周校长第二件颇得人心的事是经常在周末和节假日组织老师们跳舞，那时跳舞还是很时髦的事。小流氓们跳舞时都要郑重其事地穿上新喇叭裤，觉得自己很高雅。正经人跳舞则是思想解放的标志。我们觉得由周校长来接见我们，大概是按"人民内部矛盾"来处理，心里说不清是放松还是失望。

周校长带着一种严肃的微笑说，你们的要求我们看了。首先，你们的立场是错误的。你们称学校领导为"校方"，请问你们是哪一方？难道你们不是学校的主人翁，不是"校方"吗？你们甚至还称学校领导为"当局"，请问，什么叫"当局"？是国民党当局还是日本帝国主义当局？我十四岁就参加革命，一辈子为人民服务，"文化大革命"都没挨过斗，到今天可好，我成了"当局"，你们干脆说我是刽子手，那多解恨呢！

我们六君子顿时觉得自己是小人。慌忙向校长道歉，说我们错了，今后一定改。周校长说，学校现在决定，文科班不能办，但是考虑到你们的要求，可以利用一些放学后的时间，开一点文科的选修课，你们要是真心的，就报名选修。

底牌亮出来，我们明白了，现在的关键是要先抓住选修课。经过宣传鼓动，报名选修的居然有一百多人，可是，选修课的教室被安排在地下室，夏天闷热，冬天酷寒，加上"当局"的分化瓦解，家长的威逼利诱，渐渐地人少了，教室由两个压缩到一个。我们用鲁迅的话安慰自己：队伍越走到最后，就越精纯。我们顽强坚持着，我们坚信"当局"的心也是肉长的。选修班的人数减到60左右就没有再减过。

又一个零下40多摄氏度的冬天过去了，我们的"非暴力抵抗运动"胜利了。几位校长很感动，都说这些学生真不容易，真有骨气，他们考文科一定能考出好成绩。于是，就拆散了原来的8班，成立了一个新的8班——文科班。

十三棍僧

文科班不仅集中了全年级的大量精英，而且发生了数不清的趣谈逸事。

首先是班干部过剩。当过班长和团支部书记的足够组成一个政治局，班委和课代表俯拾即是。班主任左平衡，右解释，总算草草委任了一届内阁。我们班主任教语文，40多岁，长得像那时的影星颜世魁，一张黑脸上布满杀气，永远穿着一身黑色中山装和一双黑皮鞋，拿着一本黑教案，我们管他叫老魁，管他上课叫"黑手高悬霸王鞭"。

文科班虽然内阁整齐，人才济济，但班级的实际权力机构，或者说权力核心，是"十三棍僧"。那时电影《少林寺》风靡一时，我们班50多人，却只有12个男生，于是加上老魁，就号称"十三棍僧"。别看男生只有12个，却有6人的成绩排在前十名。即使排在后面的，也各有神通。

十三棍僧里，老魁自然属于"恶僧"。其余12人，用《核舟记》里的话说，是"罔不因势象形，各具情态"。我和肖麟是一对酸腐秀才。因为预习功夫好，上课不大认真。练习题发下来时，我们俩运笔如飞，往往最先做完。剩下的时间我们俩就说笑话，猜谜语，对对子。比如我出个"白面书生吃白面"，肖麟对"花脸武士扮花脸"；他出个"春江花月夜"，我对个"秋水艳阳天"；我出个"自古小人先得势"，肖麟对"向来大气晚逢时"；他出个"庆东操场盗香瓜——可耻"，我对个"肖麟教室偷剩饭——该杀"。其他棍僧也有时参与进来。张欣有一天吃雪糕坏了肚子，偶得一联颇佳："吃雪糕拉冰棍顽固不化，喝面条泄麻花胡搅蛮缠。"郑滨在地理课上出了个"火山灿灿山有火"，号称绝对，我在化学课上对了个"王水汪汪水中王"，总算给化学老师争了口气。

郑滨和王老善坐在我们后面，经常遭受我和肖麟欺负。郑滨不但学习好，而且极有艺术修养。他的书法绘画都颇有水平，每月都买大型文学期刊阅读，尤其对苏俄文学有深入研究，后来成为北大俄语系的才子。他表面的谦虚温和中深藏着一种充实的自负。我和肖麟常常以挫伤他的自尊心为乐。我们俩翻字典给大家起外号，让大家自己选择页码和序号。郑滨选了几次，都是不好的字词。有一次叫"郑胈"，"胈"的意思是"大腿上的毛"。此外还有"郑阴险""郑攒钱""郑麻子"等。有一回到松花江玩儿，郑滨一人远远走在前面，王老善用各种外号喊他都不回头。王老善鬼使神差地喊了声"郑犊子"，郑滨这才浪子回头，从此他又多了一个外号。有一阵我们经常喊他"郑麻子"，当然他一点都不麻，正像张欣叫"张拐子"，其实跑得非常快一样。可是我们班有个女生叫郑绮，怀疑我们的"郑麻子"是叫她，通过别的女生传来了质问。我们顿时很紧张，因为郑绮不但不麻，而且是学习最好的女生，温文淑雅，颇受尊敬。我们都为"误伤"了无辜而良心不安。于是我们就怂恿郑滨，说你必须去向郑绮解释："郑麻子是我，不是你。还有，郑阴险也是我，郑攒钱、郑犊子、郑胈，那都是我，跟你一点关系没有。"郑滨听了，格外气愤，死活也不去解释。结果我们投鼠忌器，不敢随便叫他的外号了。

王老善爱思考，爱发言，但经常表达不清。他有两个外号，"喋喋不

"休"和"语无伦次"。他流传最广的一句名言是"来,我给你画个自画像",他和郑滨受到我和肖麟的捉弄时,就使劲击打我们的后背。后来实在不堪忍受,他们就和后面的老倪、老乐换了座,击打我们后背的就变成了老倪、老乐。

老倪高大魁伟,会武术,体育全能。在思想上是个大哲学家,他经常思考人生社会问题,有点鲁迅式的愤世嫉俗,所以常常因思想苦闷而耽误了做习题。他的处世态度是标准的黑色幽默。比如写作文,写到得意处,他就加一个括号,里面写上"掌声"。一直写到纸的右下角,括号里注一句"有纸还能写"。给板报写诗,他只写了前两句,后两句就写上"平平平仄仄,仄仄仄平平"。他经常怀疑三角形内角和是不是180度以及双曲线为什么不能与数轴重合,他还伪造一些根本做不出来的几何题让我和肖麟证明。他给别人画像,人家说不像,他说:"我就不信这世界上没有长这样的!"此话真是深含玄机。由于我认字比较多,他从字典找了一些难字、僻字考我,结果我都认识,他就自己伪造了一些字让我认。我不愿意服输,就胡蒙乱念,老倪非常惊讶,原来世界上真有这些字呀!思想深刻的人往往会被最简单的假象所蒙蔽。

老乐是一个瘦高个,南方人,有点结巴。平时,极聪明,但一急躁就会出错。肖麟与他下棋,本来不一定能赢他。可肖麟非要让他一子,老乐被他激怒,就输了。肖麟又要让他两子,老乐气得话都说不出来,结果又输了。输了就要钻桌子,老乐简直要气疯了。十三棍僧就是由这样一群"坏小子"和"傻小子"组成。不要以为他们无聊胡闹不正经,他们到火车站学雷锋,到马路上铲积雪,德智体美劳都好着呢。后来,在大学里,也都能各自开拓出自己的天地,如今,正为祖国的改革开放大业舞刀弄棒着呢。

威猛女生

我们班的女生,正好是十三棍僧的三倍。外班叫我们班"娘子军连",

叫我们"党代表"。到了高三，我们成了名副其实的"高三（八）班"。

物以稀为贵。我们这些男生被宠坏了，对女生表面上尊重，实际上不放在眼里。直到毕业时，有的男生还叫不全女生的名字。这也不能全怪男生。许多女生整天不说话，上课不发言，叫人无法认识庐山真面目。我和肖麟，只好根据她们的表现，把女生分为若干类。最外向的叫"猛"，"愣"，其次的叫做"玩闹"，最没印象的叫做"没有"，意思是这些人跟"没有"一样。当时大概是分封了几"猛"，几"愣"，几"玩闹"，和八个没有。其余的则大都赐以外号。只有像郑绮、刘天越等少数"女生贵族"仍以姓名称之。当然，这些都是男生范围内的黑话。直到现在，有的女生还在打听自己当年属于"玩闹"还是属于"没有"。

"头猛"是我们班最可爱的女生，梳着两条小辫儿，虎头虎脑，面色红润。她之所以"猛"，首先是由于她猛于提问。无论什么课，她必紧拧双眉，时时举手提问，问题十分古怪，往往令老师抓耳挠腮，老师如果答上了，她必追问一句："为什么呢？"老师答完了"为什么"，她又来一句"为什么呢？"没完没了地追问下去，直到老师张口结舌，宣布要回去"查一查"，下次再答复为止。因为老师总是声称喜欢学生提问，所以尽管被头猛纠缠得火冒三丈，却敢怒不敢言，不仅当时要装得和颜悦色，说"你的问题很有价值"，回去还要翻查资料，准备第二天答复她。下课时头猛也不放过老师，歪着小辫儿拧着浓眉，一直问到下一节课上课时才恋恋不舍地罢休。后来有的老师一见她举手身体就有点哆嗦，假装没看见或叫别的同学发言，下课时一闪身，就窜回了教研室。但这样也不保险，因为头猛还可以追杀到教研室甚至老师的家里。头猛简直成了摧残人民教师的一大公害。后来，头猛又把此范围扩大到同学和其他班的老师身上，逮住谁问谁。孔子说："三人行必有我师"，头猛则是"普天之下，莫非我师"。凡是认识她的老师同学，提起头猛，真是哭笑不得，《隋唐演义》里有个傻英雄罗士信号称"头猛"，他连"头杰"李元霸都不怕，于是我和肖麟便把这个绰号"下载"到了高三（八）。

头猛除了猛于提问，在其他方面也生冷不忌。打排球时，她不但拳打脚踢，而且头球也相当猛烈，两条小辫儿飞舞着，好像在练习神鞭。发球时经常胳膊一抡，球就不见了，原来从脑后飞到了墙外。一天自习时，她站到讲台前的篮球上，篮球一滚，她摔了个五体投地。爬起来，她拧着眉毛又上去了，结果第二次摔得更重，只见她咬着牙挪回了座位。男生窃笑之余不禁微微佩服。头猛确实有一股"誓与男生试比高"的劲头。后来，头猛一直和我们男生保持着比较友好的关系，在北京读完大学后，回到哈尔滨走进了金色盾牌的行列，她的"头猛"特长真正得到了发挥。

"二猛"也是我们班一绝。她坐在第一排中间，提问的频率和强度仅次于头猛，所以屈居二猛之席。但她另有一个绝招，即上课时目不转睛地盯着老师，仿佛在她的眼睛和老师之间引了一条活动的辅助线，并且随着老师的一举一动频频点头。因此她一开始的外号叫"频频点头"。老师讲课都希望学生有积极热情的反应，但是有的学生没听懂，有的听懂了在思考，还有我和肖麟这样的"不听而懂"之辈，所以二猛的频频点头给了老师极大的满足和信心，老师们都爱叫二猛发言，特别是在头猛举手的时候。数学老师老腾最喜欢二猛，老腾是个朴实乐观的山东大汉，看不透二猛的伎俩，经常随着二猛的点头节奏来掌握上课进度。只要二猛点头，他就往下讲，根本不管其他人听懂没听懂。讲到酣畅之处，老腾对着二猛一个人比手画脚，滔滔不绝，二猛拼命点头，满面虔诚，别的同学不是气得咬牙切齿，就是乐得手脚乱颤，只有头猛始终举着那不屈的手，两条浓眉几乎拧到了一起。

二猛由于点头有术，在学习上占了不少便宜，尤其数学，好几次考试都得了满分，被老腾认为能考北大之属。二猛自我也感觉甚佳，由经常向同学请教改为经常接受同学请教。可是苍天无情，高考前夕，她家里忽然出了点事，她也因长期点头而得了偏头疼，结果导致高考失利，后来进了一家很普通的学校。二猛不肯服输，经常跑到京津各大学的同学处倾诉她的理想志向。有时，她也来看我，我把她介绍给周围的朋友。二猛和我的许多朋友都互留了电话地址，我的朋友们也很佩服我有这样一位才华横溢的老同学。其实我知道，二猛的心中是有着深深的遗憾和哀伤的。

不敬师长

我们这代人，虽在"文革"中度过童年，却最懂得尊敬师长。我们的尊敬，不是停留在表面的礼貌谦卑，而是发自内心的喜爱和敬重。所以，我们对老师的"敬"，有时恰恰是以"不敬"来表示的。我们观察老师的小动作，模仿老师的口头禅，给老师起外号，所有这些，使老师在我们心中的形象有血有肉，能歌能哭，使老师成为我们一生心目中最可爱的人。

哈三中的老师大多德才兼备，远近闻名。越有本事的人，往往越有性格。我在七班时，语文老师刘国相就极有性格。他讲课精彩幽默，见解独到，备受同学们的欢迎，然而他却极不谦虚，讲到高潮，突然大声问一句："我讲得好不好？"同学齐喊："好！"他又问："棒不棒？"同学齐喊："棒！"刘国相如饮甘霖，精神抖擞。这样真诚的老师在中国可以说是凤毛麟角，他给我留下一个终生的启示：做老师，首先要做一个真诚的人。

高三（八）的老师普遍喜欢我们十二棍僧，但他们不知道，十二棍僧对他们是常常"不敬"的。班主任老魁每天装出一副凶相，不论学生取得什么成绩，他都很少表扬。尤其喜欢训斥女生，还动不动威胁女生说，谁要是躲在屋里不上操，或者偷懒不扫除，他就一脚把她踢出去。女生对他又恨又怕，并且因为他很少威胁男生而对男生也增加了仇视。可到毕业时大家回头一想，老魁一个人也没踢过，一个人也没有骂过，多少训斥和"威胁",都成了有滋有味的回忆。比如一次种疫苗,许多女生害怕打针,窃窃议论。老魁说:"那有啥可怕的?一攮一个!"吓得女生一片惊叫。还有一天下午,我去参加全市语文竞赛,同学们都在自习,老魁故作镇静地踱进来,在黑板上写下一行大字——"孔庆东在全市语文竞赛中获得一等奖",然后又故作镇静地踱出去,在门口左腿把右腿绊了一个趔趄。我傍晚回到学校,望着黑板上的大字,仿佛看到了老魁的内心。

老滕是个急性子。讲课时一个字赶着一个字,口沫飞溅。又喜欢在空中比画,无论多么复杂的几何图形,都宛如清清楚楚地摆在他面前,他在空中左画一个圈,右分一个角,时而说刚才那条线不要了,时而又说现在把 A 换成 A'。所以你只要忽略了他一个动作,就再也跟不上他。他之所以喜欢空手比画,是嫌在黑板上比画太慢。他在黑板上急躁得很,每每写错,写错了就用大袖子去擦。一节课上不到一半,他就浑身都是粉笔末。同学做练习时,他就巡视指导,蹭得好多同学一身白末子,以二猛身上最多。老滕恨不能一日之间就让同学掌握他的全部本事,所以对于做不出题的同学又气又恨。有一次整整一行女生轮番上黑板也没做出一道题,包括二猛在内。老滕挥着蒲扇般的大手像说绕口令似的说:"你们哪儿也考不上!大学也考不上中专也考不上技校也考不上哪儿哪儿也考不上啥啥也考不上!"老滕唯恐我们学习不努力,经常编造一些谣言来吓唬我们。比如说:"这几道题一班同学全都会做,三班同学 20 分钟就做完了,看你们怎么样。"有时又说:"我到一中和十三中去兼课,最近一中的数学已经超过了咱们,十三中也已经跟咱们差不多了。你们再不努力,就哪儿哪儿也考不上了!"我们向一中一打听,原来,老滕说的是:"就你们这个样儿,三中闭着眼睛也刷得你们一根毛不剩!"在老滕的培养下,我们班的数学水平的确很高,而且锻炼出了卓越的空间想象力,高考时有人得了满分。不过老滕也并非只知道督促学习。高考前夕,哈尔滨着了两场大火。一天中午,几个男生去看救火,半路与老滕遭遇，老滕怒斥道："什么时候了！你们还有闲心去看救火？练习题都做完了吗？"大家都很羞愧，准备返回。老滕话题一转："好吧，快去快回！我告诉你们一条小路，距离又近，又没有警察，还可以骑车带人。"说到此处，老滕一脸的得意，就像在二猛面前讲课似的。

地理老师张大帅是个肥头大耳的白发老头，他是中学地理界的权威，有几大绝招。一是在黑板上随手画地图，惟妙惟肖。二是善于出题和押题，做过他的题，对付高考便胸有成竹。三是不备课，也没有教案。他上课就拿着那本教科书，打开就照本宣科。为了显示不是在"读课文"他不时加上一个"的"，减去一个"了"，读到外国地名，故意读得跌宕起伏，好像他去过似的。大家佩服他的水平，所以对于他的讲课只能忍受。时间一长，张大帅也不再掩饰，进门就说："书，25页"。大家便翻到25页，他说："书，68页。"大家便翻到68页。一天他一进门，我们几个男生就说："书——"张大帅白了我们一眼，说："教材，120页。"过了几天，张大帅一进门，我们便说："教材——"张大帅这回看也没看我们，说："课本，139页。"于是大家无不佩服。张大帅讲课之外，喜欢以一种非常含蓄的方法炫耀自己。他时而讲个小故事，比如说某一天，他观云识天气，认为要下雨，别人都认为不会下，"整个一下午，也没下"。张大帅说到这里，停顿了片刻，大家以为他这次是真的谦虚。张大帅接着缓缓说道："到了晚上，下了。"故事到此结束，韵味无穷。我用老魁讲作文的术语评价说："真是凤头、猪肚、豹尾！"

这些可爱的老师使我很早就认识到，做人首先须有德有才，大节无亏，小节上不妨任其自然，宁俗而勿伪。要经得起别人的"不敬"，才能配得上别人的"敬"。

高三（八）岁月是我一生中精力最充沛、情感最纯洁的时期。当我迎着新世纪模糊的曙光走向天边时，我不会为前途的明暗和得失而忧虑，因为在我心底深藏着一部水晶般的老片：遥远的高三（八）。

单从仿写角度来说，此篇堪称"经典"。题目（借用电影名）、小标题、选材、语言……处处洋溢着个性。任何一个仿写完此篇的中学生都会有较大的收获。请看下面的学生仿写作文：

纯真年代（置换法）

2000年，我小学毕业，考入通州区次渠中学。次中不但环境优美，教学质量，在农村中学中，也是"宝刀屠龙，唯我独尊"。别的中学一概拱手称臣，不能望其项背。我则有幸进入了初一（1）班，这可是个群英荟萃的班集体。

四大才子

一班虽然人才济济，但班里的"顶梁柱"却是四大才子。往往课上课下最活跃的就是他们。

四大才子的老大要数刘石鑫，因为预习的功夫好，上课从不答错问题，其人在考试中仿佛不用审题，运笔如飞，往往最先交卷的是他。成绩还遥遥领先，真有如神助！他平时最爱干的事，就是提问别人，一下课，就追老师，问这问那，老师们对他既爱又恨，爱他提问题的好品质，恨他不分时间，不管场合，有时老师想上趟厕所都不行。

四大才子中最让老师喜欢的是陈博，踏实、肯干。老师越夸他，他越做老实状。男生们气不过，就以攻击他的自尊心为乐。最直截了当的方法就是起绰号，从开学到现在，绰号不下六十个，有一次，我们到外面玩，他走在前面，我们在后面为他研制新的绰号，可怎么叫，他也不回头。这时，陈鹤鬼使神差地叫了一声"鸡脖儿"，前面的他回过头，应了一声"哎"！顿时，大家哈哈大笑。他则是丈二的和尚摸不着头脑。原来是他听差了，才会答应。从此六十个绰号全都作废，只留下"鸡脖儿"一个雅号。

班里有个女生叫焦克然，怀疑"鸡脖儿"的绰号是叫她——因为她的脖子特别长，便到老师那里去告我们的状，结果被老师提问，不过大家倒也不怕，因为有陈鹤呢！

陈鹤也是四大才子之一，他爱思考，爱发言，"墩圆"（胖墩），会点武术，他回答问题有个"帅"动作，手拿着笔，将前额头发向上一挑，然后清清嗓子，但经常表达不清，被老师喝一句"坐下再思考思考！"。他每科成绩都不错。当然最让同学佩服的便是有事一揽全包，把所有事全扯在自己身上——其实是"摆酷"，被老师处罚后，还要挨家长打。全体同学便给他开"庆功会"，庆贺他的英勇，也庆贺我们免遭一难。

四大才子之末，就是我了，本人是一个瘦高个，有点结巴，平时极聪明，但一急躁就出错。同学们说我是个大哲学家，有点鲁迅式的愤世嫉俗，所以研讨课便成了我的天下。我和陈博同病相怜，也有一颗脆弱的心，他们也常常以挫伤我的自尊心为乐，他们叫我"小结巴"，气得我连话都说不出来。

听我这么一说，您可别以为我们无聊胡闹不正经，我们周日到敬老公寓看望老人，帮清洁工打扫马路，德智体美劳都好着呢！

疯狂女生

我们班的女生比男生多一倍，按说应"物以稀为贵"，可能是因为数量的关系，也可能时代真的不同了，我们却被踩在了脚下。代表人物有二。

其一，"大猛"。"大猛"是我们班班长，削的短发，虎头虎脑，面色红润。她之所以"猛"。首先是脾气暴，易发怒。她经常欺负男生，她的大眼睛瞪起来，像个乒乓球，头发恨不得竖起来。老实的男生，一见大猛就哆嗦。其次，她身体棒又要强。上体育课简直就是大猛的天下。不管做什么艰难的运动，她总是没问题，有些男生都愁眉苦脸的项目，她做起来却一脸轻松。踢足球时，只有她一个女同学，但她不管三七二十一上去就抢，有机会就射门。一次她见球高高的在天空上转着，她一个飞身，用尽全身的力气去顶球。球进了，她也跌在了地上，摔得她"五体投地"。可她连眉头都没皱一下，"唰"的一下站了起来。大猛的确有一股"欲与男生试比高"的劲头。

其二，"服务员"。"服务员"是本班最"好看"的女生。梳着两条长辫子，长得有点胖，圆圆的脸上总是红彤彤的。说她"好看"有三点：一是听课动作好看。她双手托着腮帮子，目不转睛地看着黑板。做题时总是一边"舞笔"思考，一边写。二是跑步姿势好玩。她跑步时两只手向两边摆，像只唐老鸭，别人看着她跑步，都快笑掉了大牙。三是上课回答问题动作特别。她每次回答问题总是左手扶着桌子，右手轻捂着嘴。答对问题便面带微笑坐下，回答错了，便瞪大眼睛听着老师的正确答案。你可别被她的"温柔"欺骗。我们怕她甚于大猛。"服务员"在班上主管纪律，她的手上有个硬皮本，在我们班的男生看来，那便是地狱里的"生死簿"。只要自己的名字在上面出现，周一自己的小屁股就要受点疼痛式"按摩"。男同学为了推翻"服务员"的统治，编了一句响亮的口号："打倒'服务员'，解放一（1）班。"每当这条口号在男生口中有声有色读出时，她只微微一笑，把头一甩，显得满不在乎的样子。其实我知道她心里气得要命。

"暗"敬师长

我们这代中学生最懂得尊敬师长了。但我们的尊敬，不是表面的，而是在心里暗暗地尊敬。况且我们的老师也是那么的有个性。

班主任30多岁，长得像当代歌星周慧，一张白净的脸上布满了危险的笑容，穿着一身灰色或蓝色的运动衣和一双运动休闲鞋，经常拿着那个让我们男生发怵的三角板，我们管她叫"高——老师"，管她上课叫"大家闺秀高举三角板"。

语文老师高大魁梧，一张黑脸上布满杀气（有时也有笑容）。永远穿着一身黑西服和一双黑皮鞋。我们暗地里叫他李逵，李逵上课从不用教案，甚至连教科书也不看一眼。他讲课精彩幽默，见解独到，备受同学们欢迎。有一次，他搞科代表竞选，三十多人报名，只取六个，有几个女生没选上，还哭了一鼻子。然而他却极不谦虚，讲课到高潮处，突然大喊一声："我讲得好不好？"同学们齐喊："好！"他又问："棒不棒？"同学们齐喊："棒！"李遠如饮甘露，精神抖擞。他这样的老师在通州乃至中国可以说是"凤毛麟角"。

"地理老头"是个50多岁的老师，脸上布满了"山川河流"，还有一块"青藏高原"。他一上课就把知识点写在黑板上，他的字很漂亮，而且富于变化，一会儿楷书，一会儿隶书。地理老师最自负的是自己的朗诵，地理书他也读得起伏跌宕，我们就鼓掌，我们这一鼓掌不要紧，他不讲课了，非要给我们朗诵首诗，朗诵完了，我们又鼓掌，他又朗诵……

这些可敬的老师使我们很早就认识到：做人须有德有才，大节无亏。小节上则不妨顺其自然，宁俗而勿伪。要经得起别人的"不敬"，才能配上别人的"敬"。

初一（1）的岁月是我最难忘的，无论将来我走到哪里，我会迎着曙光自信地说："我来了！"

若非仿写，初一的孩子很难写出这样的文章！再看下面这两篇的语言风格。

特色男生

韩辉光

刚转来的肖四海小鼻小眼，尖尖嘴，头发焦黄焦黄，活脱脱金丝猴一只。却爱撩女生，不是扯这个头发，便是挡那个去路。男生有两类：一类撩女生女生不但不恼，反嘻嘻笑，顶多娇声娇气说"讨厌"；另一类一撩女生便恼，便骂"不要脸"。肖四海属于后者，他撩女生女生没一个不恼。这天早晨，夏小雪背着书包低头走进教室，肖四海煞有介事伸手说："你好！"夏小雪没反应过来，也伸手说："你好。"两人握了一下手。

年轻的班主任刘玉笛老师教音乐，除了唱歌从不提高嗓门，教育方式与众不同，把犯错误学生叫到办公室，不是进行谈话，而是听音乐。贝多芬的音乐能使人心灵爆出火花，听一次音乐爆出一次火花，心灵不亮堂也亮堂。用音乐循循善诱要比苦口婆心磨破嘴皮效果好，也省事。刘玉笛老师到过美国，参观过美国学校，美国老师对学生的尊重给他留下深刻印象。利用音乐进行"谈话"便是与国际接轨。不过是站着欣赏音乐，不许坐，属于中西结合治疗。

肖四海不了解情况，到了办公室做好挨训、罚站、写检讨和请家长的思想准备，只见老师忙着从柜斗里搬出收录机，接电源，放磁带，"咔嚓"按下放音键，便坐着没事了。霎时收音机里各种西洋乐器声音大作，震耳欲聋。老师却闭上眼睛，头一晃一晃，像陶醉了。

肖四海不知搞什么名堂，还等老师醒来跟他谈话，不知道"谈话"正在进行。一般音乐结束"谈话"便结束，可以走了。鉴于肖四海初来乍到不知规矩，音乐结束后，刘玉笛老师启发了一下："你听着音乐有幽静的感觉吗？"

"还幽静呢？吵死人了！"

"那是音量放大了，外面挺闹，你听出各种乐器优美的声音吗？听出乐曲动人的旋律吗？"

"没有，我什么也没听出来。"

"那你原来的学校有音乐课吗？"

"有，但经常被主课占用。"

"难怪……"

刘玉笛老师打量着肖四海，男孩已经长大，脸上有粉刺，上唇有茸茸的细毛。他撩逗的全是女生，属于性骚扰范畴。当务之急是使他躁动的心平静下来，培养文明行为。

"你自然不知道刚才放的是什么音乐。"

"知道，外国的。"

"谁的作品？作品叫什么名字？"

"不知道。"

"这是贝多芬的第六部作品，《田园交响曲》，你要学会欣赏。"

刘玉笛老师也不提撩女生的事，因为肖四海心里明白。刘玉笛老师说快上课了，走吧。肖四海走出办公室，摸不着头脑，哪有这样谈话的，这学校真过瘾。

同学说，"过瘾"？弄不好"欣赏"一下午音乐，脑壳都听麻木了，腿都站软了。你还是注意好，别老撩女生。肖四海说，"你好"是学校提倡的礼貌用语，握手是成套动作，哪有喊"你好"而不握手的。同学说那你便听音乐去吧。肖四海问，其他老师教育是不是也这样富有艺术性？同学说，只有刘玉笛老师这样，其他老师还是传统做法，毫无创新。特别是语文老师，下课后对你说声"走吧"，便是那意思。

"什么意思？"肖四海问。

"去办公室罚站呀，多半是下午放学后叫'走吧'。叫你去看着他改本子，反正他回家也是改本子，你静静地站着，没贝多芬打扰你。"

"这叫'陪改'，老掉牙做法，没水平。"

说语文老师没水平，大伙不同意。正好相反，语文老师水平最高，出的书一本又一本。肖四海说看出什么书，有的书出一百本也不中。这话传到语文老师江横渡耳朵里。他出的书是复习资料。江横渡老师生于伟大领袖横渡长江那年的夏天，年富气旺，岂容一个刚转来的学生小看自己。上课他问哪个是肖四海？其实不用问，一眼便能看见坐在后门边一个怪模怪样的陌生家伙。

"我是。"肖四海站起来。

"你便是肖四海？你别听他们瞎说我有水平，我没水平。但不可小看复习资料。一本好的复习资料是通向'重点'的桥梁，是登上大学殿堂的阶梯，作用不可估量。你要多看复习资料，特别是进入初三，学习越来越紧，要吃透复习资料里的问题，准备中考冲刺，听见吗？"

听老师讲得有道理，不乏谆谆教诲和殷切希望，语气也温和，还谦虚地说自己没水平。肖四海诚恳地点头说自己听见了。正要坐下，江横渡老师说："你上来写个反问句。"

肖四海大摇大摆走向黑板，想了想写道："这个双休日你干什么？我上你家找你你不在，你上哪儿去了？"

大家笑起来，肖四海知道写错了。

"什么是反问句？反问句有什么特点？知道吗？"江横渡老师掩饰不住快意。

肖四海答不出，江老师叫课代表严秀秀上去写，要肖四海注意看。严秀秀写道："难道你不知道这样做是错误的吗？"

"讲一讲。"江横渡老师说。

"反问句特点是明知故问，作用是加强语气。"严秀秀背书似的说。

下课后，肖四海说我本来会写的，不知怎的一下搞忘了，被抓住把柄。同学说江老师别的方面都好就是不能怀疑他的水平，他想方设法要搞你一下。肖四海说我也是，谁怀疑我的水平我也会搞他一下。同学说你有什么水平，反问句也不会写。肖四海说我会写。学严秀秀的腔调说："难道你不知道这样做是错误的吗？"对严秀秀表示不满。

这天江横渡老师上课到一半，停下来说我又出了本书，叫《初中语文单元同步训练》，属于市、区教研室共同推出的重点图书，得到市、区教委有关领导的肯定与重视。以后各类考试包括中考试题都在里面，很重要，希望每人买一本。

同学反应冷淡，都不想买。江横渡老师将"要的请举手"改为"不要的请举手"。同学我望你，你望我，都不愿第一个举，结果没人举。

"好，都要，共 55 本。"

可就在这时，肖四海举手说："老师，我不要。"

有人打头阵，后面的就不怕了，"唰唰唰"满教室举起手，一齐嚷道："我也不要！我也不要！"最后只 5 个人坚持不举手，只销 5 本。

江老师正生气，下课后课代表严秀秀又跑去办公室向他哭诉："肖四海说我是克隆的。"

"你怎么是克隆的？"江横渡老师也忍不住笑。

"说我的课代表不是大伙选的，而是你指定的，指定便是克隆。"

江横渡老师不笑了，又是这个肖四海！

"他怎么知道你是克隆——课代表是我指定的？"

"总会有人告诉他。"严秀秀说她不当课代表了，已有人叫她为"多莉"（世界首例克隆羊的名字）。

江横渡老师的脸气红了，本想立即传肖四海，又忍住了。下节是语文课，下下一节是课外活动，实际是自由活动，等上完语文课再传不晚，这样可以利用自由活动时间让他到办公室"自由活动"。

上完语文课，江横渡老师对肖四海说"走吧"，肖四海明白"走吧"的含义，但不知为什么"走吧"，他已经忘记自己曾经发表过关于克隆的言论。

"什么是克隆？"到了办公室，江横渡老师问。

"克隆是无性繁殖。"

"我还不知道克隆是无性繁殖，用得着问你！"

"那老师问的是什么？"

"指定课代表怎么是克隆？"

"哦，那是随便说的。"

肖四海不是随便说的，他认为指定是指定自己喜欢的、信得过的、能代表自己的，也就是另一个自己，不是克隆是什么？

肖四海被罚站一节课，站着望老师改本子。听自由活动同学打球的声音，有被关在笼里的痛苦。他脚站麻了，惊呼划不来。他回忆那天说克隆谁在场，一想便想到了夏小雪，当时女生只有她在场。肖四海回到教室也不问清楚，便骂夏小雪碎嘴婆。夏小雪也不问为什么便骂肖四海金丝猴，还动手打肖四海，大伙喝彩叫好。肖四海不还手，还叫打重点儿，说好舒服，只是一件衬衫五个扣子被"啪啪啪"扯掉三个。肖四海瘦骨嶙峋的鸡胸上有一道红红的指甲印。

肖四海趴在地上寻找扣子，只找到两颗，还差一颗。有人说夏小雪拿走一颗，在她口袋里。夏小雪说鬼拿他的。肖四海说拿就拿吧，别不好意思，我也没什么送你，就做个纪念吧！夏小雪说"呸！"，肖四海也说"呸！"。

纽扣在门后找到了，肖四海说你没拿，那就以后再送点什么吧！

夏小雪说撒泡尿照照。

刘玉笛老师喜欢肖四海，说肖四海有个性，是特色男孩。肖四海一转来便主动申请入团，这批入团他有希望。然而江老师反对，说他不够条件。按校团委规定必须所有任课老师同意才行，有一人反对也不能入团。现在别的老师都同意，被江老师一票否决，肖四海入团受阻。

肖四海在原先那学校已申请入团，他除了爱撩女生没大毛病，他遵守纪律，敢向不良现象做斗争，热爱劳动，做清洁积极，拾金不昧，是够条件的。但因有"特色"，有的老师不喜欢，才入不了团。到了新学校还是那样，自然入团愿望难以实现。

其实肖四海要入团也不难，只需主动找江老师承认尊重老师不够，保证以后改正，江老师是会同意他入团的。但肖四海说宁可不入团，也不低下高贵的头颅。有人建议他转到不是江老师教的三班或四班去，刘玉笛老师也同意他转班。可他也不肯，他说我为什么要转班？同学说那你便入不了团，命运不在自己手里。肖四海说命运在自己手里。

肖四海蔫蔫的，上语文课伏桌上睡觉，那是无声的抗议。

这天作文课，江横渡老师在黑板上出题目之后，照例背着手在教室里遛弯说："注意审题想好再写，不慌动笔。列提纲，不要想到哪写到哪。注意打好标点，不要都是逗号。不会写的字要问，不要写错别字。"

不时有人举手问字，江横渡老师一一走过去告诉怎么写。他表扬问字的同学，说学问学问就是又学又问，要多问才能提高。

肖四海伏桌上睡了几乎一节课，才爬起来写作文。江老师知道他有情绪，也不管他，肖四海举起手，江老师走过去问哪个字不会写？

"不是字，而是一句话写不出。"肖四海低声说。

"哪句话？"

"'柳暗花明又一村'的上一句是什么？"

肖四海拿过张纸，将手中的钢笔递给老师。江横渡老师接过笔，在纸上写"山穷水尽疑无路"几个字，还顺手将下句"柳暗花明又一村"也写上。继续遛弯儿去了。

"谢谢老师！"肖四海说。

当天下午江老师开始批改作文，第一本是肖四海的，说明他最后一个交本子。肖四海几乎睡了一节课，作文仍写了三张半纸，而且紧扣题目，围绕中心，段落层次也分明，语句顺畅，这家伙是有点鬼才，只是太调皮，专与你作对。

江横渡老师看着看着，像发现了地雷，惊得一跳：他告诉肖四海的"山穷水尽疑无路"的"山穷水尽"被肖四海用与他的字不同的仿宋体写的"山重水复"代替，字体不同是为了提醒批阅者注意。

错了！作为老师在课堂上出现这种错误是不可原谅的，这是知识性错误。从教20余年，江横渡老师第一次感到学问的欠缺。他不大喜欢古诗词，知道得不多，能背的更少。他只注重字词句教学研究，语法修辞是他专攻。对陆放翁的《游山西村》他知道的只这两句，还弄错一句。其实只要稍动脑筋，便会发现"山穷水尽"字面上也讲不通。唉！都怪自己大意了，疏忽了。

正当江横渡老师被"山穷水尽"弄得山穷水尽时，校团委书记小周跑来就肖四海入团问题再次征求意见。他手一挥说："同意，没意见。"

就这样，肖四海终于入团了，实现了夙愿。他从笔盒中取出那张折叠着的纸打开，亲吻"山穷水尽"几个字，没有它，便没有"柳暗花明"。他悄悄地将那张纸撕掉了。

当团委的大红喜报一贴出，肖四海便跑去街上买几包上海名牌金丝猴喜糖发给大伙吃。"金丝猴"入团发金丝猴喜糖，大伙直乐。肖四海也乐，说他没注意，不知是自己牌的喜糖，他对自己绰号毫无忌讳。大伙说金丝猴发喜糖，金丝猴结婚了，新娘是谁？有人指夏小雪。夏小雪口里含着糖，居然不十分恼，笑骂指他的人不要脸。严秀秀口里也含着糖，跟大伙一起笑。肖四海说："大家严肃点，别搞庸俗了。"

肖四海非常高兴，他注意到夏小雪和严秀秀口里都含着糖，他还担心她俩不会吃他的糖哩。大家都长大了，吵吵闹闹已成昨天。肖四海还有两包糖，他准备一包给刘玉笛老师，一包给江横渡老师。

特色女孩（延伸法）

我们班有一女生，小鼻子，小眼，小个子，长得极为可爱。这便是我们班的"活宝"——石莹。也许你会说，形容她只能用小吗？当然不是。在形容她心眼的时候，要用小的反义词。

一日，她偶得印章一枚，兴奋无比。就在这时，我们班的另一位可爱女生王鹏走了过来。她马上飞奔过去，左手搂王鹏，右手拿印章，嘴里说了一句："我太爱你了。"再看王鹏，那俏丽夺目的容颜上，出现了一只无比可爱的小兔子。石莹"诡计"得逞，自然非常高兴。可她并不满足于此，继续"祸国殃民"。一个课间过后，环视四周各位同学，脸上都有一只"啃大萝卜的小兔子"（除石莹外）。

同学们一个个都气得火冒三丈，于是抢过她的印章，每个人都在她脸上印了一下。注目观看，石莹那嫩白的肌肤上，出现了一片片的萝卜地，一群群的小兔子。

当我们知道玩得太过分了，刚要向她道歉，她却开始发表长篇大论了："天啊，我太幸福了。我没想到同学们是那么的爱我，上天对我真是太好了，我真是受宠若惊。我太感谢你了，我太感动了，我要哭了。"接着，她便跟同学们一一握手，表达她的感激之情。

由于她如此的活泼可爱，又那么的小巧玲珑，同学们便给她起了一个很雅致的绰号，叫"活泼小天使"。天使就是天使，总喜欢帮助别人解决疑难杂症。

一日，数学老师要进行考试，同学们个个都异常紧张。因为这次考试要是不及格的话，就要剥夺我们吃午饭的权利。当做课前准备的时候，我突然发现尺子不见了。这下子麻烦了，我像热锅上的蚂蚁一般。这时，一向对考试不重视的小天使石莹，踱着四方步走了过来。她看见我这里狼藉满桌，便问："哎，怎么了，蚂蚁炸窝了，位斗乱得跟耗子洞似的。"

"我尺子找不着了。"

"嗨，不就是一把尺子吗，找不着找我呀。"

"找你干什么，你也不能当尺子用。"

"啊，这话说得的确有几分道理，我是不能当尺子用，但是我会变'魔术'，我能给你变出一把来。"

"别吹了，你会变魔术？鬼才相信你说的话呢。"

"香山不是堆的，火车不是推的，牛皮不是吹的，不信你看着。"

说着，她便拿出了自己的尺子，在空中摇了几下，说了一声"变"。接着，又听见"啪"的一声，那尺子应声而断，成了两半。她把一半放进了自己的铅笔盒里，另一半给了我。

"这可是新的呀！"我说。

"新的怎么了,玩不了几天就变样了。"她爽朗地说。

天使就是天使,总喜欢救人于水火之中!!!

第一篇选自学生们喜爱的杂志《中学生文学》,第二篇是学生的仿作。仿写文的语言活泼,完全得益于"样文"的启迪!再看下一篇,更加精彩。

差不多先生传(节选)

胡 适

所谓差之毫厘谬以千里,但是就有人不这么认为。

你知道中国最有名的人是谁?

提起此人,人人皆晓,处处闻名。他姓差,名不多,是各省各村各县人氏。你一定见过他,一定听过别人谈起他。差不多先生的名字天天挂在大家的口头,因为他是中国全国人的代表。

差不多先生的相貌和你和我都差不多。他有一双眼睛,但看得不很清楚;有两只耳朵,但听得不很分明;有鼻子和嘴,但他对于气味和口味都不很讲究。他的脑子也不小,但他的记性却不很精明,他的思想也不很细密。他常常说:"凡事只要差不多,就好了。何必太精明呢?"

他小的时候,他妈叫他去买红糖,他买了白糖回来。他妈骂他,他摇摇头说:"红糖白糖不是差不多吗?"

他在学堂的时候,先生问他:"直隶省的西边是哪一个省?"他说是陕西。先生说:"错了。是山西,不是陕西。"他说:"陕西同山西,不是差不多吗?"

后来他在一个钱铺里做伙计,他也会写,也会算,只是总不会精细。"十"字常常写成"千"字,"千"字常常写成"十"字。掌柜生气了,常常骂他。他只是笑嘻嘻地赔小心道:"'千'字只比'十'字多一小撇,不是差不多吗?"

　　有一天，他为了一件要紧的事，要搭火车到上海去。他从从容容地走到火车站，迟了两分钟，火车已开走了。他白瞪着眼，望着远远的火车上的煤烟，摇摇头道："只好明天再走了，今天走同明天走，也还差不多。可是火车公司未免太认真了。八点三十分开，同八点三十二分开，不是差不多吗？"他一面说，一面慢慢地走回家，心里总不明白为什么火车不肯等他两分钟。

　　有一天，他忽然得了急病，赶快叫家人去请东街的汪医生。那家人急急忙忙地跑去，一时寻不着东街的汪大夫，却把西街牛医王大夫请来了。差不多先生病在床上，知道寻错了人，但病急了，身上痛苦，心里焦急，等不得了，心里想道："好在王大夫同汪大夫也差不多，让他试试看吧。"于是这位牛医王大夫走近床前，用医牛的法子给差不多先生治病。不上一点钟，差不多先生就一命呜呼了。

　　差不多先生差不多要死的时候，一口气断断续续地说道："活人同死人也差……差……差不多，……凡事只要……差……差……不多……就……好了，……何……何……必……太……太认真呢？"他说完了这句格言，方才绝气了。

　　他死后，大家都很称赞差不多先生样样事情看得破，想得通；大家都说他一生不肯认真，不肯算账，不肯计较，真是一位有德行的人。于是大家给他取个死后的法号，叫他作"圆通大师"。

　　他的名誉越传越远，越久越大。无数无数的人都学他的榜样。于是人人都成了一个差不多先生。——然而中国从此就成为一个懒人国了。

差不多先生传（逆向法）

　　话说差不多先生上了天堂，知道自己在胡适笔下成了中国人劣根性的典型，不禁气愤难当："我有这么差吗？不，我要改变自己的人生！"说完，重新投胎去了……

"孩子，妈妈今天多赚了三分钱，给去买个糖吃吧！"差不多今年七岁了，家庭条件不怎么好。他蹦蹦跳跳买了糖往回走。刚剥开糖纸，他听到了"呜呜"的哭声，抬头一看，原来是个小姑娘摔倒了。他小英雄似的跑过去，扶起小姑娘，把糖递给她："别哭了，给！""那你呢？""你吃我吃是差不多嘛！"于是，差不多笑嘻嘻地看着小姑娘吃了糖。谁会想到十几年后这个水灵灵的丫头成了差不多的老婆呢？他还真没亏。

村子里搞捐款，差不多与好友去看捐款榜：王大文20，张小翠17……好友纳闷了："咦，你不是捐了25吗？咋没名呢？"差不多笑笑："捐了款就行了，上不上榜没关系，反正差不多嘛！"村里第二天恰好发物资，也许因为差不多在捐款时最大方，也许因为忘记登榜而抱歉，反正村支部把一头大黄牛分给了他。朋友笑言："真是傻人有傻福啊！"可是没过几天，差不多竟把大黄牛跟隔壁的瘸子张换了一只鹅。朋友骂他："你真是个呆头鹅，一只鹅值几个钱？那可是价格不菲的大黄牛啊！"可差不多竟说："他腿有毛病，干活需要大黄牛，我很健康，可以自己干。再说，牛给他给我，差不多嘛！"那年，他二十一岁。

差不多四十七岁时，不慎患病，早在海外发达了的瘸子张记得当年的一牛之恩，送来十万块钱。差不多在弥留之际，叫来了村长。他颤抖着从枕头下面掏出存折，交给村长："用这个钱盖个学校吧！"村长面有难色："可你不留给儿子了？""让他自己赚吧！这钱用来造学校和留给他差不多嘛！"没几天，他就与世长辞了。

学校终究盖了起来，差不多也成了名人。人们都向他学习，中国也富强起来了。

差不多也在天堂感慨道："付出之后再接受，与不付出可是差得多呢！"

（江苏考生 2004 年中考百佳作文）

古人说："浅者偷其字，中者偷其意，高者偷其气。"就是对我们提出的三种仿写方法最好地诠释。其实，这些方法倒不是谁的发明创造，生活中运用这些方法的现象比比皆是！原开明版教材，初一语文课本 185 页有一篇知识短文叫《听话抓中心和要点》，其中有一词是"过耳不忘"，我们一看就知道，是"过目不忘"用了置换法，有新意。在《体育报》上，我曾看到把"甲 A"写成"假 A"是批评中国甲 A 足球联赛中踢假球的。在《北京日报》中，也曾有过这样的广告词是写旧货市场的——"便宜有好货，好货也便宜"，一看就是"便宜没好货，好货不便宜"的新说。一个爱听歌的学习困难生，给老师写了一封信，其中有两句就是歌词的仿写，叫这位老师很感动，一句是："对面的老师看过来。"另一句是："想说真话是一件不容易的事，这需要太多的勇气。"这样的例子，还有很多。有方法，有环境，学生学着就有劲头！

从词语开始，到句子、片段，再到整篇的仿写，三种方法可以贯穿始终。再加上精选的仿写范例，学生就会在兴趣盎然中，一往无前。

以上是从教师的角度说，要精选例子，激发兴趣，教给方法，指导思维，教会阅读和写作。

那么，从学生的角度讲，又该如何呢？

2013 年北京高考语文 148 分的获得者，北京十一学校的孙婧妍，考后接受采访，有一篇文章在网上广泛转载——《语文学习就这么简单：多读、多仿、多写》。一开篇，她就言明："我认为一个有素养的学生，应该是会读书、会写作的学生。"如何做到？她也给出了明确的回答。

关于读书，她谈道："所有学生都是读书的，而语文素养的区分，在于读什么、怎么读、能不能坚持。""一本言情小说、一本参考书、一本名著，都是人类智力与体力的凝结，去读它们也都可以称为读书。"三者的区别在于："言情小说或许能够给人一时的愉悦，看过以后却什么都不会留在记忆里；参考书对升学固然有用，然而高考后也会迅速地被忘诸脑后；经典名著给人的教育则是永恒的、无法磨灭的，通过阅读名著得来的思考与精神洗礼，很可能将会伴随人的一生。""在选择了正确的书后，阅读方法就成为素养的又一标志。再好的书如果只是利用挤公交的时间哗啦啦翻过去，那么从这本书中汲取的养分必然将会微少得近乎无。至少就我的阅读体验来看，一本好书至少值得阅读两到三遍：第一遍略读以满足自己的阅读兴趣并了解书的内容与结构，第二遍精读以摘抄、把握整本书的布局以及其中一些巧妙的铺垫与伏笔，如果还能再读一遍，我就会抽时间写一些类似专题研究的心得，比如对整本书思想的一个探讨，或者对书中某种表达的质疑。我认为，只有当你抱着学习的心态去品味、去研究、去思考甚至去质疑书本时，它于你才算得上有意义。除了阅读方法外，读书应当是一件精细而持续的事情。与填鸭般在假日里一天读十本书相比，培养细水长流的读书习惯无疑更为重要。读书的目的不在快、不在多，而在于从书中汲取营养，在于通过整个阅读过程修养一颗宁静而富有感知力的心灵。""我读名著、读国学经典、读诗歌、读历史、读哲学文学的理论、读时事。如果没有纸质书就用电脑、手机，每天短则二十分钟，长则十余个小时。在高考前的那个学期，为了保持语文学科的感觉，每天我至少要抽出一个小时来读书，教室后面的窗台堆满了我带到学校的各类书籍，有时候抽出一本会造成大规模的坍塌，尼采压在泉镜花上，紫式部淹没在赫胥黎、刘勰和纪伯伦里。阅读实在是一个太有益的习惯，即使是抱着功利的目的，如果能因此潜下心去读书，也是大大的好事情。读书多了，就会培养出语感。""你叫一个有语感的人去做卷子，他或许并不能清楚地告诉你那些字词的正确读音与写法，也没法给你讲出来阅读题的答案为什么该是这个，因为他做题目凭借的不是系统的训练与大量题目的积累，他没有那种足以归纳成经验的东西。但是，他一定能做出最正确的答案。这就是——语感。为什么说读书能够培养语感呢？这是因为世界上的任何一本经典都是时间沉淀下来的精华，它之中的字词语句都是最为准确、最为质量上乘的。当一个人见多了经典、熟悉了经典中语言的运用方式，他再回过头去做题时，很容易便可在密密麻麻的试卷上找到正确的东西，因为他一直以来都在阅读着那种语言的'正确'。学英文我们讲究读原著，是同样的道理。没有什么比读书更能培养语感，没有什么比语感更能保证分数，这就是阅读最为显性的益处。"

关于写作，她说："阅读与写作简直是玻璃的两面，无论你看着哪一面，都意味着你也正在凝视另一面。""对于高中写作，也就是以应试为目的的作文，我的建议只有六个字：多读、多仿、多写。从阅读与写作的关系上来看，读书多的人绝大部分是会写作的人，而一个能写出很好的作品的人更不可能不爱读书。这只因在看了足够数量的文化精品后，哪怕只是东家模仿一点、西家拼凑一点，再加上一点点自己的领悟与润色，最后拿出来的成品，也足以令许多人拍案叫好。"她说自己写作的一个特点是引用多，"有直接引用也有化用""这些引例都是平时我从阅读中积累下的东西""这里我想到一个很有趣的现象，一篇作文里同样是大量引用，有的人的作文会被评价为'丰富'，有的人则是'杂乱''堆砌'。为什么？我觉得这是对作文中所引用的内容理解程度的差异造成的。同样的东西，有的人是在阅读中看来、研究并思考过的，有的人是从类似《高中生议论文论点论据大全》中看来的；前者是深入理解，后者则只得了个皮毛。比方说，同样引用尼采，有的人写'尼采，这个伟大的哲学家教会我一种高贵的精神'；而有的人直接引用他的作品《苏鲁支语录（查拉图斯特拉如是说）》写道："'太阳！若无你所照耀之物，你的光辉为何？"，由是开始了苏鲁支的堕落，亦开始了尼采在这世间无止境的追求。他像苏鲁支一样为世界奉献着他的热爱与智慧，也像苏鲁支一样不断经受着世俗的冷笑与中伤。尼采，这个"疯子"、这个智者，从来没有放弃，也没有停止过他的追寻。'孰优孰劣，不言而喻。阅读对于写作而言还有一个好处，那就是提供模仿的条件。我最早开始写东西，正是始于阅读中的模仿，不管是何种作家，只要我觉得好，我就会按他的风格仿写。小学时我就开始有意识地在我的作文中学习一些冰心儿童文学奖获奖者的风格，后来读的书更多也更杂，我能记起来自己模仿过的作家有鲁迅、夏目漱石、郭敬明、村上春树、钱钟书、杜拉斯、三毛……还有一些恐怕是忘记了。我还自己写古典诗词，甚至模仿司马迁为自己写了一篇文言文小传，可惜没能保留下来。在模仿这些个性鲜明的作家的过程中，我慢慢开始有了自己的风格。我是怎么发现这一点的呢？这得归功于我的癖好，那就是写了点什么就想给人看。以前看过我写的东西，大家看完后会说'这次是模仿××的吧'，后来，他们的评价逐渐转向了文字本身，直到某天我惊觉已经很长一段时间没有人对我说过我是在模仿某某作家。最后，一本文集里如果有我的作品，大家会说'一看就是孙婧妍写的'；我的作文混在一堆作文中装订起来，老师会知道哪篇是我的；我在网上发些文章，评论里会有很多说我写的东西有风格。到这时我就知道，这是我写作的第二个阶段了，我在从模仿走向创作。写东西写得好，与其说是天赋，倒不如说是熟能生巧，就像做饭、洗衣服、开车一样。我现在写文章很少构思或查证，笔到文来，半小时之内在电脑上完成千来字的短文对今天的我来说根本不叫事。但这背后呢，是我从初中起每天不间断的练笔。"

在文章的结尾，她写道："语言对于任何人来说，都应该是工具而不是目的。我们学习语言是为了什么？为了在考试中拿好看的分数？为了考各种各样的语言能力认定证书？为了自豪地告诉别人这个字我认得？如果对于上面的问题一个人的答案是'是'，那么，他已经忘记了语言这种东西产生的初衷。""语言，是为了表达，是为了表达精神，是为了为这个世界表达爱、表达美、表达动力、表达希望。读那些经典的文学作品，我们会发现无论国家、无论时代，那些作品所拥有的打动人的力量绝不是因为它的文字有多么华丽、布局有多么复杂、词语有多么精准，而是由于其中蕴含着人类最为高贵的、永不过时的某种精神。有很多成功的作家，他们出道时接受文化教育的水平绝不比现在的中学生要高，让他们去做我们的考卷，他们的分数不会比很多普通高考生高。但为什么他们可以成为语言大师、文学巨匠？是因为他们能够抓住中文这种语言的内核，他们知道该如何运用语言去表达，也知道应当用语言表达些什么。只要能运用语言去传递你想要送给这个世界的东西，那么，你在这门语言上的学习就是成功的。我最自豪的绝不是我是 2013 年北京市的语文状元，而是我能够如我所愿地运用文字。""这才是学习语文真正带给我的、令我感激的礼物。"

这篇文章介绍的语文学习过程表面上看是个例，实际上有着广泛的共性，许多语文学习好的学生，都有着类似的经历。所以，很值得我们教师借鉴和反思。

三、巧用工具教思维

工具在这里用的是比喻义，是指用以达到目的的事物。有教的工具，也有学的工具。虽然是辅助手段，用好了，却有意想不到的效果。既可以让人的能力得以延展，也可以消除人之间的一些差异。对教师的教和学生的学都是十分有益的。

1. 卡片夯基础

在我的教学工作成长中，见过一位优秀老师，也听过她的公开课，她的卡片教学独树一帜，教学效果非常好。卡片就是她的教学工具，每节课前三五分钟，她都会把学生学过的应知应会的字词，用毛笔写在自制的卡片上，迅速地过一遍，她随机抽取，学生一个接一个回答，周而复始。我也学着尝试过，教学成绩明显提升，特别是字词积累这样的基础教学。后来，电化教学，许多老师改用幻灯片，也有异曲同工之效。

时代变更，工具的属性发生变化，但所追求的教学目标并没有改变。

用工具在教学中打基础还只是一方面，更重要的是对于学生思维能力的提升，效果也是非常明显的。

2. 用图表使知识系统化

学习是一种科学。学习现代科学理论，我们知道学习知识的复杂性，因此，我们必须教会学生知识如何系统化。学会运用工具整合知识就是其中重要的一项。

（1）知识树

魏书生老师有一篇文章专门谈知识树，他说，学生们感觉现行语文课有这样两个特点：第一，每篇课文，即使是最浅显的课文，人们都能够围绕它设计出成百上千道考试题；第二，每篇课文，即使是千古名篇，讲课时你缺了课，只要基础好，期末或升学考试，成绩照样优秀。

针对第一个特点，有的青年教师想方设法猜题押题，采用题海战术，千方百计想堵住各种各样的偏难怪题，于是面面俱到，疲于应付。教师教得苦不堪言，学生学得苦不堪言。

针对第二个特点，学生感觉，别的学科知识结构清楚，每天每节课的知识都一环扣一环，少上两节课，心里就很着急，怕落下课程。语文呢？有的优秀学生说："别说少听几节课，就是一个月不上语文课，我的语文成绩也不会低。"问他语文成绩优秀的原因，原来他的学法是：任你万道题海，我有一定之规。他扎扎实实学字、词、句、语、修、逻，认认真真作文，又喜欢读中外名著。尽管他不做练习册，对过细地分析课文也不感兴趣，但能以不变应万变，每次考试，成绩都优秀。这说明语文学科知识也有规律，也有较稳定的结构方式。

我们去一个遥远而又陌生的地方时，通常都要带上一张地图，一路看地图，明方向、定目标，选择最佳路线，才能少走冤枉路，少在死胡同里兜圈子，节省时间，顺利到达。学语文的时候，学生也应该有这样一张"地图"。1979年，魏书生老师开始引导学生画语文知识结构图，也叫"语文知识树"。首先，把初中阶段的六册教材集中起来，后面的教材还没学，没有书怎么办，就请同学们跟已经毕业的亲属、邻居们家的哥哥姐姐去借。然后，和学生们讨论，认识到六本教材180课，二百多篇文章（包括诗词）当中渗透的编者的主要意图——不仅仅是让我们读懂一篇篇文章，更重要的是通过学习教材，使我们掌握系统的语文知识，提高听说读写能力。六本书中系统的语文知识大致有4部分：基础知识、文言文、文学常识、阅读和写作，这是第一层次，是知识树的支干。再进一步分析，就会发现，基础知识还包括语音、文字、词汇、句子、语法、修辞、逻辑、标点这8个方面。文言文包括字、实词、虚词、句式4个方面。文学常识包括古代、现代、当代、外国4个方面。阅读和写作知识包括中心、选择、结构、表达、语言、体裁6个方面。这是第二层次，共22个方面。再进一步分析，每个方面又包括若干知识点，如语法，就包括词类、词组（现在叫短语）、单句、复句4个知识点。这是第三层次，大约130多个知识点。打个比方说，这张语文知识结构图，像中国交通图。第一层次的知识像省，第二层次的知识像市，第三层次的知识像县，第三层以下还有更细密的知识细胞，好比乡镇、村一样。学生先将教材知识划分为不同层次，再把握住一、二、三层中这些主要的知识点，总体语文教材怎样读，总共要学哪些知识，哪些先学，哪些后学，哪些是书籍的，哪些是未知的，就可以做到心中有数。这样学生自学时，就可以驾驶着思维的汽车，在知识的原野上奔驰，一个层次一个层次，一个类别一个类别地征服语文知识目标，就不会感觉语文知识混乱，无从下手了。语文知识树，学生画得不一样，有的认为该画4部分19项108个知识点，也有的画5部分21项120个知识点，七八十位同学有五六十种意见，总体来说大同小异，在细枝末节问题上就不再引导学生争论，先在大的方面，基本确定为4部分22项131个知识点，知识树就可以使用了。实现了用较少的时间和精力获得较多的学习成果。

（2）大图表

笔者用得最多的工具是"大图表"。这是我上中学时，向一位初中同学学来的，他的成绩特别优秀，我和其他同学都望尘莫及。有一次，我去他家，发现他家的墙上贴满了各学科的各种各样的表格，他笑着说这是他的秘密，我仔细看，发现他是以表格的形式对各科知识进行了梳理和总结。后来，我自己也学着做，成绩果然有所提升。当教师后，就把这种学习方式也教给了学生。首先，尽量找大张的白纸，或者用旧挂历的背面，设计好表头，然后，根据需要对一本书或者是六本书的内容进行梳理，概括填充后，学生之间互相交流，最后，教师指导修订。

这种大图表，可以系统明确地展示学习内容。特别适用于整体性和比较性的学习。如教材的梳理和比较阅读。表格运用到语文教学中，就能使复杂的内容变得要点明确，语言简明，重点突出，思路清晰。这是表格本身的特点决定的：表格行列分明，纵横交错，按顺序设计可突出思路；每一框格，可涉及一个内容，目标具体，要点明确；表格形式紧凑，框格范围有限，准确填写必须语言简明；一个完整的表格其实就是一个知识框架，其中的重难点也会一目了然。

图表对于培养学生的综合能力和概括能力特别有好处。现在，考试中也有图表题，会用则会考。

3. 思维导图

思维导图是一种现在许多老师在用的学习工具。从语文学科来说，特别适用于阅读和写作教学。阅读方面，比如，整本书阅读，边读边画，读完再画，画完再读，锻炼了学生的整体感知能力，效果突出。这一工具樊登用得非常好，凭着自己梳理的一张思维导图，就能将一本新书的内容在很短的时间内精彩地介绍给大家，引发听众强烈的阅读兴趣，堪称高手。写作方面，比如曾经轰动一时的"爆破作文"，训练学生的发散思维，既解决了部分学生没的可写的问题，也解决了一些学生思维狭窄的问题。这是个让人终身受益的工具。我认识一位特别优秀的校长，每次他的发言都能给大家留下深刻的印象，他说除非有要求，他一般不用PPT，他最爱用的一款软件工具就是思维导图，一层一层地展开，条理清楚，无论对于听众还是他自己的准备都是有益的。

4. 六顶思考帽

六顶思考帽是"创新思维学之父"——英国学者爱德华·德·波诺博士开发的一种思维训练模式，或者说是一个全面思考问题的模型。它提供了"平行思维"的工具，避免将时间浪费在互相争执上。强调的是"能够成为什么"，而非"本身是什么"，是寻求一条向前发展的路，而不是争论谁对谁错。运用德·波诺的六顶思考帽，将会使混乱的思考变得更清晰，使团体中无意义的争论变成集思广益的创造，使每个人变得富有创造性，特别适合当下所提倡的任务式学习、深度学习、项目式学习。

人工智能技术发展迅猛，应用于语文学科的学习工具越来越多，未来，就工具的使用，让我们在信息时代也充满期待。

四、结语

欲使语文教学简单，教师的工作并不简单，需要"广博深钻"，只有广泛学习，深入研究，我们的教学才能深入浅出，化繁为简。这本身对于学生的成长也具有示范性。可谓一举多得！

附录：
仿写之植物篇（课例）

解决的问题：针对学生作文结构问题，通过"美文"赏析，感悟经典，仿写托物言志类文章的篇章结构，进而把握植物类文章写作的基本技巧。力求通过一种类型（植物）的仿写训练，使学生触类旁通，举一反三，学会对其他类文章结构方式的把握。

一、教学设想

（一）教学分析

本节课针对初中一年级学生的写作现状，结合学生喜好模仿的特点，就植物类文章，如何谋篇布局这一作文训练点，尝试引导学生踏上科学高效的仿写历程：访遍名山（指美文），取其精华；赏心悦目，品悟真谛；仿写华章，学会谋篇。即三步历程：访—赏—仿。

（二）学情分析

课前我们设计了写作现状调查问卷，进行了调查分析，明确了通过仿写来实现习作质量提升的目标。学生写作现状是：以植物为写作对象时，见物写物，不会描形状物，托物言志，更突出的是文句散乱，缺少谋篇布局，不会组织文章结构。而这些困难恰好可以通过仿写美文，按图索骥，学会布局篇章；课堂上，以要仿写的美文为载体，研究美文篇章的起承转合，把握文章的结构脉络。

（三）设计对策

就仿写之植物篇，设计了五节课。

作文仿写之植物篇（一）：把握喻意，感受志趣。

作文仿写之植物篇（二）：博览美文，领悟精华。

作文仿写之植物篇（三）：博学巧仿，布局篇章。

作文仿写之植物篇（四）：运用修辞，仿其神采。

作文仿写之植物篇（五）：品读韵味，仿其风格。

（四）课前准备

1. 收集积累：师生收集写植物的诗、词、文章，从语文教材、优秀作文选、报纸杂志、个人习作中精选。

2. 筛选品析：选出自己认为经典的写植物的美文，课前自读赏析，做好写作积累。

3. 师生整理归类：课前按照植物类别、自己所好、言志特点整理归类，并写出 100 字左右的自我赏析体验，便于学习仿写。

专家点评：教师对自己的课堂教学定位比较清晰。他能够统筹分析学生在仿写作文中的实际困难，有自己的训练体系，将目光放大到一个系列和类型文章的训练思路上，循序渐进，步步推进，不是很突兀地上一节"情绪性的灵感课"，不是让学生吊起了兴趣，又突然冷却。按照一般惯例，教师往往对于作文训练缺乏系统的安排，这其实也正是当下造成作文教学困境的主要原因。就此点而言，本节课值得肯定。

二、教学目标分析

仿写植物篇作文，须先把握植物喻意，了解植物的言志精神，师生通过鉴赏、交流、比较，仿其志趣，从而提升仿作的文采与韵味。有了较为规范的范文以及清晰可辨的比较分析，组织布局谋篇就容易得多了。

（一）教学目标设计

1. 美文赏析，运用求同求异思维，透视作品，梳理结构。

2. 仿照共性结构，把握托物言志类作文的基本技巧，完成仿写。

（二）教学重点的确定

赏析美文，找准仿写点（掌握双线四步图）。

（三）教法实施

自主探究、小组合作、讲授指导。

三、学习准备分析

（一）教师设计前测问卷

问卷侧重点归类如下：

1. 调动写作激情，开展课前积累。

2. 摘选植物美文，写出读后赏析。

3. 尝试文章分类，浅谈分类依据。

4. 整合爱好倾向，揣摩情感志趣。

（二）教学资源准备

1. 师生收集名家写植物的篇章。

2. 师生拍摄校园内各类典型植物的照片。

3. 组织学生从家里带来自己喜欢的一盆植物（用于课堂赏析激趣）。

专家点评：写作文最怕的就是老师抛出一个题目，告诉学生：好好想，赶紧写！殊不知学生还没有一点观察、积累、感悟体验呢。本节课最大的特点：调动了学生课前活动的能量，真真切切地让学生的思维活动。他的前期准备很丰富，并不是教师包办，而是学生充分参与到写作前的准备中。试想，学生要是能从家中拿来一盆植物，而且是自己喜欢的，那他一定就能说出喜欢这盆植物的一二三条理由来。这恰恰是静悄悄地引领学生走过了观察、积累、感悟的体验过程。平面的作文，就成为立体的写作训练。

四、教学过程与研究

（一）看美图

教师：百花嘉禾，请你欣赏。

（投影展示学生收集的植物美图）

设计意图：引领学生入境入情，感受植物之神韵。体会植物中蕴含的美丽欣喜、哀婉忧愁……

学生活动：入境入情，通过视觉观察引领感悟。

专家点评：教师导入没有闲言碎语，创设感悟语文的独特情境，而后生发联想，水到渠成。

（二）谈感触

教师：你最喜欢什么植物？请几位同学说说心里话。

设计意图：培养学生观察感悟的能力，引领学生从生活体验出发，说出自己最感兴趣的植物，因为感受深入，才有可能提炼出细节。

学生活动：学生谈个人最喜欢的植物，并说出理由。感悟植物的形神之美。

（学生举手，并走到课前自己带来的植物前）

学生（桓宇）：我喜欢这盆芝麻掌，虽然它小，但是它的生命力十分顽强。我查过资料，仙人掌是一种生命力特别顽强的植物。笑傲沙漠，生命不息，我喜欢这坚强的植物。

其他学生畅谈。

专家点评：教师注重学生的认知规律，从学生的原有情感体验出发，让学生心底有话，脑中有形。这一设计，避免了教师问题和活动设计的虚无缥缈和架空现象，防止教师的活动设计看似丰满、充满逻辑性，但学生不知所云，不知从何下手谈起，失去问题设计的实质意义。这是一个较为开放的问题，也是一个学生有的可说的问题，没有局限得太死，为下面用文字袒露思想情感做好了准备。一石激起千层浪，每个学生肯定都会有点自己的想法。

（三）说思路

教师：写植物，托物言志应该是我们作文中的一个难点。如果让你把心中最赞赏的一个植物写出来，你准备怎么精彩设计？思考一下。谁来简单描述一下你的构想？

设计意图：先让学生交流植物类文章写作的构思框架。

学生（刘春晓）：我认为应该先写一下赞赏植物的话，然后再把植物的外形详细地描写一下，让人的脑海当中有一个印象，再写为什么喜欢它，写植物的精神和品质。最后再总结一下，把它的外形和品质结合，让人对这个植物的印象更加深刻一些。

学生（周彤）：我选写竹子，文章开头先写一下我喜欢竹子，然后写出竹的特点，再通过它的特点，写出它的精神，最后赞美它。

专家点评：教师的这个设计，考虑到了学生原有的谋篇布局的能力积累，应该说不是让学生从零开始，是在自有基础的基础上，推进教学，没有做无用功。其实这也是学生互相示范作用的体现。

（四）赏美文

教师：名家是怎样布局篇章写植物的呢？（同学们课前收集了三篇名家美文，老师集体打印下发）今天我们来研究写植物的美文，学习如何谋篇布局，组织结构。

（教师板书：博学巧仿，布局篇章——植物仿写篇）

设计意图：赏析同学们收集的美文三篇；领会美文，分析结构框架。

学生活动：赏析美文三篇，阅读文本，分析范文的构思。

专家点评：对于初一的学生来说，布局谋篇并不容易，有时心中有话，也难以成文。这个环节设计有实用价值，教师考虑了学生的课前积累。前面交流分析了自己的习作，现在欣赏名家作品，聆听文学名家的心声，从认知上是合理的，从实效上有强化的效果。教师运用比较教学法，通过求同思维，发现这三篇美文在篇章结构上有何共性，这也是课标的精神：通过探究，通过学生的自主思维活动，自我发现问题，突破疑云，找寻规律和方法，而教师只是适时的点拨者。不难发现，规范的经典的美文，它的示范作用是鲜明而有力度的，学生钻得进去，也能跳得出来。

（五）作分析

教师：请你分别为三篇美文绘制结构双线图，并分析这三篇美文在篇章结构上有何共性。

设计意图：美文系列分析，培养学生研读文本的能力，引导学生发现布局篇章的特征。

学生活动：绘制结构双线图，归纳文章结构。

学生（李洁）：我发现这三篇文章都大体由四部分组成。

教师：你认为由哪四部分组成？

学生（李洁）：第一部分是总写作者喜欢这种植物；第二部分写植物的外形；第三部分赞美植物的品质；最后写作者想向这种植物学习。

教师：表述得很清晰。提一个建议，你举一篇范文分析一下。

学生（李洁）：例如《草》这篇文章，作者先写他喜欢草，第二部分写的是草在风里雨里的各种姿态，第三部分写的是小草顽强的生命力，最后一部分写他要向小草学习。

教师：是否这样，谁再来验证一下。

其他学生交流发言。

师生归纳文章结构框架，共同绘制结构双线图，并整理仿写点。

· 内容线：引发主题 ➡ 描形状物 ➡ 揭示本质 ➡ 联系自我

· 结构线：起 ➡ 承 ➡ 转 ➡ 合

图1 植物篇文章的结构双线图

专家点评：范文的作用充分发挥了。其实我们现在的学生在写作上往往困惑的就是——怎么写都行，那么怎么写才好呢？教师越强调文无定法，学生就越无从下手。倒不如用点务实的方法，先引导学生明白一类文章的常规结构，让学生先学会仿"定式"，然后自己独立地走，再求变，就是创新。教师在教学引导中，注重了从描绘植物外形到揭示植物本质精神的过渡，这是写托物言志类文章的关键，这就是规律，是我们教学的重点。通过美文实例赏析、透视，掌握了托物言志类文章的篇章结构，是否还会对学生有别的启发？比如写动物类的文章又如何呢？

（六）比不足

教师：通过绘制结构双线图，我们已经发现了三篇名家美文的共性结构。你的习作是不是这样的结构？现在请同学们对比分析。

这三篇文章都有着四个环节。作者在托物言志的文章中，每一个环节都在表达他的用意。同学们发现了一些规律，再看我们仿写过的文章是否具备这样的框架。

学生活动：学生按照双线图，为自己的习作分别注明四步；习作跟美文对比，自己发现不足；拿习作，上讲台，用投影展示习作，并解说思路。

学生（周彤）：这是我写的一篇关于荷花的文章，我写的时候也是大致分为四个部分。第一部分写了荷花的外形，第二部分是引题、点题，第三部分是写荷花的精神，第四部分写我爱荷花，爱它圣洁的高贵品质。通过美文的分析参考，我觉得如果把第二部分的引题、点题放在前面，就会更加贴切顺畅，而且还应该在文章结尾写我要学习荷花的品质。

教师：参照美文，谁再来剖析一下自己的习作？

其他学生自我剖析习作。

教师：老师也尝试写了一篇作文《百合花》，写得还有待提高，和同学们共同学习，我读一下。（学生鼓掌）

教师接着谈自己的写作思路。

专家点评：教师再次设计了一个对比教学的环节，即先把学生的习作与美文对比，让学生侧重求异思维，从刚才师生总结出的结构规律的角度来比较，关注起承转合、谋篇布局。这里的比较分析，比课堂最初的对比探究有了一个更深层次的提高——学生用总结的规律来验证自己的篇章结构。同时，教师也参与实践，也是一个比较，特别值得肯定——师生共学，共同进步，共度一段生命历程。

（七）补遗憾

学生活动：看图片（投影展示植物图片）；写仿写片段（课堂给时间，选写图片中一种植物）；读仿写片段，互相评价。

教师：时间已到，谁来展示一下。

设计意图：通过仿写实践，强化学生布局篇章的能力。

学生（柴雨婷）：（投影并诵读自己的习作《草》）你是春的象征，你是一个在炮火中死而复生的战士；你是一种并不珍奇、美丽的植物……细细的叶片，一片片呈鹅羽状对称排列……我是多么喜欢你——拥有顽强生命力的小草。我愿做一棵平凡的小草，用心灵散发清秀，用坚韧鼓舞斗志。（有略）

教师：下面我要采访一下。刚才我观察到你在作文中画了一些波浪线，请你解释一下这篇文章你是怎样构思的？

学生（柴雨婷）：我先用比喻引出小草，然后描写小草外形，与其他花作对比，突出它的不起眼，第三段我写的是通过它的细小身体，看起来是那么脆弱，却很顽强，引出它的精神，最后写出我想学习它那种平凡而又伟大的品质。

其他学生也从不同角度交流课堂习作，教师采访写作思路。

专家点评：学生积极交流仿写习作，从不同角度展示仿写的成效。教师设计交流体验这一环节，引导学生分析习作质量变化的原因，从而认识仿写文章结构的重要性。这也是教给学生一种具体可行的学习方法。教师采访学生写作思路，是让学生强化谋篇布局的意识，也帮助意识上可能还模糊的学生，再次强化谋篇布局的过程，照顾了各类学生水平提升的需要。

五、延伸与拓展

教师：通过这节课，我们发现了要写植物，应该掌握一些规律性的方法。希望大家课后整理，告诉别人——我有一法（仿写植物的方法）！课后，请你写一篇"如何仿写植物"的小论文或者学习体验。

设计意图：让学生对课堂学习的知识规律再次强化，梳理出自己的仿写思路，服务于后期的仿写学习。

专家点评：教师注重归纳仿写规律，巧妙地设计学生课后作业，强化仿写能力。一节课，教师通过系列的教学设计教会学生赏析美文，学会仿写。小论文既强化了本节课学习重点，又培养学生的元认知能力。

总体评价与建议：

1. 本节课最大的亮点是教学的思路清晰，脉络分明，步步推进，最终实现教学目标。教师设计了三条线：理念线、内容线、结构线，从不同的角度指向学生的能力形成，这是教规律。

建议：教师在三条线的落实中，把学生对内容线、结构线的对比分析作为侧重，引导学生从自己习作、名篇美文两个文本载体中亲自动手画出双线图，之后关键是找准美文与习作的相通性——结构要相通，才具有模仿性。在课堂教学中建议教师也要同时告诉学生，模仿美文的结构，只是我们初步学习植物仿写的方法之一，并不是千人一面，始终用一个模子写作或者组织文章结构，要让学生明白：仿是为了"不仿"，不变为了"万变"！

2. 第二个亮点是运用对比教学法：教师精心设计对比教学，从学生的认知心理出发，不断引导学生自己发现自己的优劣，充分凸显初中学生的活动优势——好动、好说、好强、好胜、好表现的心理。通过课前习作与课堂习作、学生习作与名家习作、自己习作与他人习作，教师习作与学生习作，纵横对比，赏析反思，让作品与学生真切地面对面地交流对话。教师不是一味地说教，教学的过程不是老师告诉了什么，而是引领学生感受到了什么、发现了什么，让学生成为自我发现的主人和知识、能力生成的主人。

建议：本节课对比教学的关键是要盯准对比的目标。就是对比学生文章与优秀作品在结构上的差距。至于立意、语言、修辞等，不是本节课要解决的问题。教师在教学设计中，要保持一个清晰的主导思路——始终比较的是篇章结构的设计。这样，目标简明，范围具体，有限的一节课，解决问题的目标就容易达成。让学生下课后，再写类似结构的文章，三下两下就能行得通，就不是很犯难的事情了。

3. 第三重点突出：通过美文实例赏析，掌握托物言志的篇章布局规律。写植物，并不是简单地写外形、描轮廓、照猫画虎，重点在抓住植物的本质特征，把植物内在蕴含的"神"刻画出来。植物篇的仿写，倘若只是一味地精雕细琢植物的外形，而疏忽了对其精神本质的抛光打磨，仿写的文章很难提升档次。这就要求教师在引导学生写植物类作文的时候，先有一条清晰的思路。必须先要领会所写植物的精髓品质，这也是让植物闪烁"高尚灵魂"的关键。因为感受到了青松的刚毅、健竹的不屈，才能物我相融，写出精彩，激励人心。

建议：一节课，让学生学会一种篇章结构的设计，还要在"建构"到"变构"上作引导，灵活运用，会更有收获。例如，引导尝试"点题—描形—本质—联我"，也可以开门见山"描形—本质—联我"，更可以"本质—描形—联我—点题"。百花齐放，百家争鸣，学生的思维才能彻底打开，实现"教是为了不教"。

仿写之植物篇（前测材料）

一、阅读积累

同学们，你会描写植物吗？把情感寄托在植物上，托物言志，表达自己的感情，这可是大作家的绝招啊！你知道吗？作者描写的植物蕴含着不同的象征含义，而且同一种植物也能表达不同的感情（例如写花，可以表达快乐，也可以表达伤感）。不同的植物，各有各的象征含义，好似它具有了像人的品格。广泛阅读文章，然后请收集各种植物的精彩文章（报纸、刊物、语文书、作文书上的都可以）。老师相信，你一定能汇集一本这种通过描写植物表达情感的文章小册子。汇集好以后请把书名写在横线上：＿＿＿＿＿＿＿＿＿＿＿＿＿

如果用心读读，你会有很大的进步，假如把这本书在新的学期推荐给大家，那将会使更多人受益。

二、写作积累

1. 请你查查资料，看看植物分为哪些类型？

类型：＿＿＿＿＿＿＿＿＿＿＿＿＿＿＿＿＿＿

2. 写出你自己最喜欢的几种植物及它们的特点：

（1）植物是：＿＿＿＿＿ 特点是：＿＿＿＿＿＿＿＿＿＿＿

（2）植物是：＿＿＿＿＿ 特点是：＿＿＿＿＿＿＿＿＿＿＿

（3）植物是：＿＿＿＿＿ 特点是：＿＿＿＿＿＿＿＿＿＿＿

3. 定向积累：

树类：＿＿＿＿＿＿＿＿＿＿＿＿＿＿＿＿＿＿＿＿＿＿＿

松树品格：＿＿＿＿＿＿＿ 柳树品格：＿＿＿＿＿＿＿ 其他：＿＿＿＿＿＿＿

花类：_____

梅花品格：_____ 菊花品格：_____ 其他：_____

要求：（1）以上这些列举，同学们可以先查资料，填写各种品格。

　　　（2）每一类植物，最少选两种具体的，再摘抄一篇描写这
　　　　　 种植物的优秀作文或者名家文章。

4. 请摘抄古诗中写植物的诗句，分类摘写在 400 格作文纸上，品味
一下。

5. 细心阅读你收集的写植物的优秀文章，品味它们好在哪里？文章
结构怎样？在摘抄文章后面，同学们写出一篇自己的佳作跟名家文章比
比，或许你也很棒！新的学期，班级《作文集荟萃》中，让大家也学学
你的佳作吧！有可能的话，还会推荐发表呢！

第二章　好　玩

> 好的教育就是启发人的学习兴趣、学习的自觉性，培养人的上进心，引导人们好学，不断完善自己。
>
> ——杨绛
>
> 没有爱就没有教育，没有兴趣就没有学习。
>
> ——顾明远

第一节　如何理解好玩

什么是好玩？"有趣；能引起兴趣。"（《现代汉语词典》第七版）著名的逻辑学家金岳霖在西南联大上课，一位女同学（巴金夫人萧珊）发问："金先生，你的逻辑学有什么用？你为什么搞逻辑学？""为了好玩。"金先生答道。"好玩"两个字，是一种心态折射，金先生的回答，道出了许多大家读书、做研究的真实状态。也许，正是这种发自内心的喜爱，才能让人忘我地投入进去，终有所成，造福后人。学习也应该先从"好玩"两个字开启，并让学生带着这种心态，找到自己的职业理想，走向未来。

学习，说到底是学生自己的事。语文学习，如果从教的角度讲，能先让学生觉得"好玩"，我认为语文教学就成功了一半。爱因斯坦说过："把学生的热情激发起来，那么学校所规定的功课，就会被当作礼物来接受。"

如何让学生觉得语文学习"好玩"？

首先，要激发学生对语文学科的兴趣。可结合语文学科的特点，比如：

1. 利用活动激发兴趣增加"具身认知"。如猜谜语、编谜语，说笑话、写笑话，说绕口令、编绕口令，编故事、讲故事，编演小品，演课本剧，演讲比赛，说相声、写相声，写歌词、用歌词比赛，创作短小的文学作品的比赛……。著名的教育家杜威说过："经验表明，当儿童有机会从事各种调动他们的自然冲动的身体活动时，上学便是一件乐事，儿童管理不再是一种负担，而学习也就比较容易了。"

2. 利用表扬激发兴趣。人人都希望被别人认可，特别是处于青春期成长中的学生，恰如其分的表扬可以让他们拥有自信，沉着地去面对各种人生的挑战。所以，表扬也是一门学问，教育者要格外用心。除了一般性的表扬外，我们还要学会夸张性、戏剧性、玩笑性的表扬。充分运用"语文"的方式——口语、书面语，立体全覆盖，最好的方式就是与家长"一唱一和"，这样，表扬也变成了语文学习，口语交际中也有"表扬"一项内容。告诉学生要学会为别人"喝彩"，善于为他人着想——能在适当的时候，及时激励鼓舞别人的人，不但会赢得别人的"喝彩"，也将和更多的人建立良好的人际关系。表扬，自然而然也就成了学生成长和前进的风帆。

3. 利用心理激发兴趣。琢磨一下学生的心理是非常必要的。懂得学生的心理，顺势引导，就不会出现"顶牛"的情况，而且无论做什么，学生的精神状态都会非常好，学习效果自然也就不会差。如学生不喜欢老师留作业，就可以让他们自己留（当然，需要指导一下，比如：分分类，保证学生自己留作业的全面性）；以前的学生特别想看电视，我就留看电视的作业（这样家长才会放行）。前者按听说读写分一下类，后者稍微限定一下时间和节目，是丝毫不会减效的；同时，也赢得了学生的心，使他们发现语文学习的空间竟是这么广阔。兴趣和效果都有了，我们教师何乐而不为呢？

第二，要突出强化学生学习的主体地位，给学生创造更多的自主学习的机会，比如，以"不写错别字"为题，召开讨论会，学生交流经验，分享办法，增强学生的主观能动性，就比教师指正、罚写遍数效果要好得多。只有强化学生的主体意识，培养学生的自学能力，建构学生的自信心，才能使学生都得到全面发展，立德树人的根本任务也才能更好地完成。

1963 年，叶圣陶先生巡视福建，看第一个语文教学大纲（草案）的试用情况后，题词十六个字：何以为教？贵穷本然。化为践履，左右逢源。

"左右逢源"一语出自《孟子·离娄下》，原文是："君子深造之以道，欲其自得也。自得之，则居之安；居之安，则资之深；资之深，则取之左右逢其源，故君子欲其自得之也。"这句话大意是讲，一个人最好的学习状态和结果是：自动—自求—自得。

第三，要时刻考虑学生的能力和需要，教他们需要而又力所能及的，学生就会觉得语文学习"好玩"，而后又能学得趣味无穷！比如，选取一些品质优秀的流行歌曲的歌词，进行赏析，如香港著名词曲作家黄霑先生为电影《黄飞鸿》作的主题曲《男儿当自强》。"男儿当自强"语出北宋年间著名学者汪洙写的《神童诗》："将相本无种，男儿当自强。"这首歌词借助黄飞鸿侠义报国的故事，宣扬了一种坚强上进的精神，借助古曲《将军令》铿锵的旋律，把歌曲的气势烘托得更加激动人心。它抒发了中华男儿发愤图强，气吞万里如虎的豪情壮怀。歌词中流露出来的豪气可与岳飞的《满江红》相媲美，击筑而歌叫人热血沸腾。这首歌词气象雄阔，古典意蕴尽显。我们能读出作者的真性情和深厚的国学底蕴，更折射出作者的特立独行和胸怀坦荡。无论从哪个角度讲都值得学习。这样的作品还有很多，学生们是乐于接受的。

第二节　如何做到好玩

一、内容新颖

（一）意想不到

一首英文小诗，翻译转换之后，便有了各种版本的汉语诗歌，虽有微瑕，却不掩瑜。学生意想不到，顿感趣味无穷。

原文

You say that you love rain,

but you open your umbrella when it rains...

You say that you love the sun,

but you find a shadow spot when the sun shines...

You say that you love the wind,

But you close your windows when wind blows...

This is why I am afraid

You say that you love me too.

普通版

你说你喜欢雨，但是下雨的时候你却撑开了伞。

你说你喜欢阳光，但当阳光播撒的时候，你却躲在阴凉之地。

你说你喜欢风，但清风扑面的时候，你却关上了窗户。

我害怕你对我也是如此之爱。

文艺版

你说烟雨微茫，兰亭远望；

后来轻揽婆娑，深遮霓裳。

你说春光烂漫，绿袖红香；

后来内掩西楼，静立卿旁。

你说软风轻拂，醉卧思量；

后来紧掩门窗，慢帐成殇。

你说情丝柔肠。如何相忘；

我却烟波微转，兀自成霜。

诗经版

子言慕雨，启伞避之。

子言好阳，寻荫拒之。

子言喜风，阖户离之。

子言偕老，吾所畏之。

离骚版

君乐雨兮启伞枝，

君乐昼兮林蔽日，

君乐风兮栏帐起，

君乐吾兮吾心噬。

五言诗版

恋雨偏打伞，爱阳却遮凉。

风来掩窗扉，叶公惊龙王。

片言只语短，相思缱绻长。

郎君说爱我，不敢细思量。

七言绝句版

恋雨却怕绣衣湿，

喜日偏向树下倚。

欲风总把绮窗关，

叫奴如何心付伊。

七律压轴版

江南三月雨微茫，罗伞叠烟湿幽香。

夏日微醺正可人，却傍佳木趁荫凉。

霜风清和更初霁，轻蹙蛾眉锁朱窗。

怜卿一片相思意，犹恐流年拆鸳鸯。

　　不知道这世界上是否还有第二种语言能像汉语这样，产生出如此极具美感的文字来。这是我从网上找到的学习材料，拿来和学生一起讨论、学习，学生的兴致特别高，效果也特别好！除了这种"英汉诗"，我还用过"日文信"教学生学习如何通过抓关键词跳读整体把握文章大意。学生没学过日语，仅仅通过信中的一些汉字，在老师指导下就猜出了信的大意。学生觉得特别有意思！这些材料的选择立足于新颖。这样，每一天、每一次的语文课，便令学生充满了期待！

　　（二）成长需要

　　大诗人泰戈尔说："教育的目的就是向人类传递生命的气息。"从古至今，诗歌都是文学殿堂里璀璨的明珠，是文化中灵魂一样的东西。诗歌的学习，更是取之不尽用之不竭的教学资源，诗歌和生活之间没有鸿沟。中学生对诗歌的喜爱也是有目共睹的，青春和诗歌仿佛是孪生姐妹。虽然我们的中高考作文，曾经一直是"诗歌除外"，但依然不能阻挡孩子们对诗歌的喜爱，只是因为功利的原因，有时我们语文教师不敢放手教学，岂不知，诗歌教学还可以帮助我们解决语文教学中的许多难题。著名作家毕飞宇认为："要想真正理解语言，最好的办法是去读诗，它可以帮助你激活每一个文字。""诗歌是由字组成的，反过来，也只有诗歌才能最大范围地体现字的价值，彻底解放每一个字。"[1] 著名诗人，儿童文学家金波说："诗歌能培养一个人的良好气质。韵律帮助他们发展听觉，培养语感。""由爱读诗到爱写诗，这是一个提高文学素养和培养文学纯正趣味的过程，也是在生活中发现诗意、感受诗意的过程。"[2]

我个人对诗歌教学是偏爱的，一是因为学生喜欢，"少年不识愁滋味，为赋新词强说愁"；二是，我自己也喜欢，上中学的时候，我被诗歌的简洁之美、诗歌中的思维之美深深打动。不学诗，无以言。有诗，才有远方。诗歌带给我的快乐和美好的感受，我也想传给我的学生。我的教学策略是：兴趣第一，情感第二，方法第三。

我的诗歌教学一般分四步走，一是感受诗歌之美，二是发现诗歌之趣，三是仿写诗歌之律（规律），四是创出诗歌之地（天地）。

前面的例子已经从一个角度说过感受诗歌之美，下面再举例说明发现诗歌之趣。

比如，用几个简单的数字，书写入诗，就能给诗歌带来不一样的美和趣味。

山村咏怀

〔北宋〕邵雍

一去二三里，烟村四五家。

亭台六七座，八九十枝花。

---

[1] 毕飞宇. 李商隐的太阳 [N]. 文汇报，2017-03-03.

[2] 金波. 儿童是天生的诗人 [N]. 中国教育报·文化专刊，2011-05-30.

从小到大，依序排列，巧妙镶嵌，十个数字，幻化成境，写尽了山村的小巧之美，诗人那发自内心的喜爱之情跃然纸上。

无题

侠名

万岭千山百里云，十花九树八成荫。

七家六五四双燕，三李二桃一片春。

这一首诗数字运用更多，从大到小，从远到近，呈现的景色确是美不胜收：一眼望去，群山连绵不绝，白云无穷无尽，处处好风光。让人顿觉心旷神怡，仿佛在告诉人们，即使生活欺骗了你，也不要悲伤，不要忧郁，看看这美好的大自然，请相信，快乐的日子总会来到，让我们微笑着面对生活吧！也许这就是诗歌的力量！

有些诗背后还有引人入胜的故事。比如这首：

怨郎诗

〔汉〕卓文君

一朝别后，二地相悬。

虽说是三四月，谁又知五六年？

七弦琴无心弹，八行书无可传。

九连环从中折断，十里长亭望眼欲穿。

百思想，千系念，万般无奈把郎怨。

万语千言道不尽，百无聊赖，十依栏杆。

重九登高看孤雁，八月中秋月圆人不圆。

七月半，秉烛烧香问苍天，

六月伏天，人人摇扇我心寒。

五月石榴红似火，偏遇阵阵冷雨浇花端。

四月枇杷未黄，我欲对镜心意乱。

忽匆匆，三月桃花随水转。

飘零零，二月风筝线儿断。

噫！郎呀郎，巴不得下一世，你为女来我做男。

西汉年间，蜀郡著名辞赋文人司马相如和临邛富商卓王孙之女卓文君为情私奔，终于成就鸾凤大喜。他们婚后不久，司马相如因《子虚赋》被汉武帝召见到京城，又作《天子游猎赋》被封官。卓文君痴心等待心爱的丈夫来信，这一等就是五年。这一天，望眼欲穿的卓文君终于等来了丈夫的来信，可是打开一看，信中只写了几个数字："一、二、三、四、五、六、七、八、九、十、百、千、万。"聪颖过人的卓文君当即明白了来信的用意，数字中就是缺个"亿"字，这不是丈夫暗示对她已无"意"了吗？卓文君悲愤至极，她含着泪水给丈夫写了这封回信，请来人带给司马相如。司马相如阅信后，悔恨不已，深为卓文君的聪明才智和纯贞爱情所感动，亲迎卓文君到长安。并从此杜绝犬马声色，兢兢业业做学问，终成辞赋大家。

当下，整本书阅读越来越受到重视，其实，在古典名著中，这样的诗也不少。吴承恩的《西游记》第三十六回："师徒们玩着山景，信步行时，早不觉红轮西坠，正是：十里长亭无客走，九重天上现星辰。八河船只皆收港，七千州县尽关门。六宫五府回官宰，四海三江罢钓纶。两座楼头钟鼓响，一轮明月满乾坤。"一首数字诗，意义无非是当时唐僧师徒所看到的景象：夜深人静。然而，这样的写法却让小说读来别有一番风味。

这样的诗歌还有很多，收集来，因为有故事、有场景，是学生非常感兴趣的学习材料。

再比如，还有一些特色诗，既形式优美，又闪烁着智慧的光芒。

顶针诗

探君归来步缓慢，来步缓慢醉梦微。

醉梦微醒鸡报晓，醒鸡报晓探君归。

每一句的最后 4 个字又做第二句诗的开头 4 个字或 3 个字。14 个字的 2 句话，能演变成 28 个字的 4 句话，这就是"顶针诗"。

半字诗

半水半山半竹林，半俗半雅半红尘。

半师半友半知己，半慕半尊半倾心。

半醒半迷半率直，半痴半醉半天真。

半虹半露半晴雨，半皎半弯半月轮。

全诗总共有二十四个"半"字，半山、半水等无一圆满，人生不如意十之八九，如意者一二，世上本无十全十美的事，曲折也是一种完美。有苦，自我释放；有乐，欣然品尝。人生的路，悲喜都要走，不骄不躁，不气不馁，只有经历了，才是完整的人生。

一字诗

一瓣心香一瓣荷，一泓秋水一泓波。

一池碧叶一池影，一路风光一路歌。

有时候简单如一，也是一种美。简单做人，简单做事，简单生活。生活要想不烦恼就简单，坦坦荡荡过生活，简简单单走人生。

嵌字诗

【三】语【三】言【三】字经，

【月】圆【月】缺【月】长明。

【桃】红【桃】绿【桃】含笑，

【花】谢【花】开【花】舞风。

用特定的格式将字嵌入诗中，从格式上看也是别有一番风味。

复字诗

月缺月圆月高悬，

月暗月明月似盘。

月亏月盈月有信，

月清月淡月中天。

人有悲欢离合，月有阴晴圆缺，此乃自然规律，面对人生的无奈，我们应该学会释然，"不以物喜，不以己悲"，洒脱、旷达，生活才能和和美美。

同头同心诗

独守一方土，

独耕一亩田。

独居一斗室，

独享一朝闲。

几句简单的诗句就勾勒出一幅田园闲适的风光，一院、一山、一水，恬淡、悠然的生活，谁不喜欢？

回文诗

四时花影上窗纱，

影上窗纱笼晚霞。

纱笼晚霞烟照暖，

霞烟照暖四时花。

与之相关还有一种"通体回文"，是指一首诗从末尾一字读至开头一字另成一首新诗，顺着读也可以，倒着读也可以。

顺着读：

石山染痕苔青青，

绿水春荫柳啼莺。

池荷生叶红莲碧，

溪流泛舟轻拂风。

倒着读：

风拂轻舟泛流溪，

碧莲红叶生荷池。

莺啼柳荫春水绿，

青青苔痕染山石。

是不是别有一番滋味？

宝塔诗

蝶，

俏丽，高洁。

花下舞，水边歇。

飞上琼阁，落于玉阶。

老庄托梦幻，梁祝恨离别。

春色采来酿蜜，韶光留住成结。

美人团扇笑相戏，素手轻捉趣与谐。

"宝塔诗"顾名思义，诗的排列像是一座宝塔，起始的字既是诗题也是诗韵。

"语文（的学习）是会让人变聪明的"，这是我常对学生说的"口头禅"。用这样的材料学习，无疑会达到这样的效果。教师在此稍微下点功夫，就会有意想不到的收获。

诗歌的仿写和创作，也是我的教学重点。这一过程，既是在学写诗歌，欣赏诗歌的语言美、意境美、含蓄美、节奏美，提高诗歌鉴赏力，也是在训练学生的思维，学以致用，借鉴诗歌的语言美和想象丰富，来提高作文水平。以咏物诗为例，诗人鲁藜的名篇《泥土》："老是把自己当作珍珠 / 就时时有被埋没的痛苦 / 把自己当作泥土吧 / 让众人把你踩成一条道路。"这首诗发表于 1945 年，他劝诫人们，不要自视过高，自寻烦恼，要甘于从小事做起，做出自己的贡献。

当代诗人黄淮在这首诗的基础上发挥想象力，写了《泥土——续鲁藜》："老是把自己当成泥土 / 就时时有被践踏的痛苦 / 还是把自己当成珍珠吧 / 便时时有被发现的幸福。"两首诗旨趣迥异，我们能从中看出不同时代的人对实现人生价值有不同的理解。同样的题材，表达不同的观点，读这样的诗，无疑对培养学生的多样化的思维是有好处的。

为了让诗歌亲切可感，我们可以先向学生介绍一些与他们生活实际贴近的作品，比如：

"蜡烛：站得不正的，必将泪多命短。"

"蚕：用尽了心思，到头来作茧自缚。"

"皮球：越是打击，越是奋起。"

"种子：不怕埋没，就怕吹捧。"

"镜子：只有看得起我的人，我心里才会装着他。"

"眼睛：能容山容水容天容地，却容不下一粒沙子。"

这些短诗，用精练的语言写出了事物的特点，赋予了很深的生活哲理。下面就是学生仿写的题为《太阳》的咏物诗，虽然稚嫩，却能看出他们思维的活跃。

"再伟大，也有落山的时候。"

"从开头到结尾，始终都是圆满的。"

"能否奉献爱心，并不在于距离的远近。"

"身居高位，是为了把温暖送向更多的地方。"

"该退的时候，便主动把显耀让给满天繁星。"

"即使是光芒万丈，也有被乌云遮住的时候。"

诗歌的语言是精练的概括的，具有很强的抒情性。我们经常说，作文语言要有文采，那么诗化的语言不能少。诗歌语言究竟有什么特点呢？诗是非理性化的形式，遵从情感逻辑而非科学逻辑；它的语言搭配是奇特的，往往运用独特的比喻。

为了训练学生写诗化语言的能力，布置学生以"友谊"为话题写一句话。同学们这样写道：

"友谊是一把伞，风雨交加或是日头暴晒时，方显其风采。"

"友谊仿佛是一条射线，认识的端点开始后，无限的浓情与甜蜜便延绵不断了。"

"友谊是一瓶陈年老窖，日子越长味越好。"

"风铃要互相撞击才发出动人的声音，心灵要互相碰撞，才能诞生真挚的友谊。"

　　学学诗歌语言，学生作文的语言能少一些口水话，多一些简洁；少一些干巴，多一些文采。

　　咏物类的哲理诗歌，通过独特的视角，选择一个最好的切入点，进行精到描述、传神刻画，使读者不游而游历名山大川，不识而识很多大自然之胜景，不懂而懂得了物类中蕴含的丰富人生哲理。如《瀑布》："从未停止呐喊：/ 水 / 也 / 可 / 直 / 立。"这是一首典型的咏物短诗，写的是瀑布，抒发的却是人的一种生存状态，一种自强不息，奋发向上的积极状态。如此短的诗歌，却蕴含了一个多么深刻的哲理啊。《悬崖松》全诗寥寥数语，却是言短而旨远，你看："无路可走 / 就站着 / 足趾生根 / 手臂依然高举 / 绿色的梦。"第一句，"无路可走"，说明处境险恶，已到绝境。第二句，"就站着"，表明了松正视现实的顽强果敢态度，是站着，而不是趴下或者逃避，实际表明做人的一种积极向上的态度。第三四五句，"足趾生根 / 手臂依然高举 / 绿色的梦"，赞颂了松立足脚下，顽强拼搏，不屈服于命运，为理想而付出全部努力，终于托举出了自己的绿色梦想。这首诗，表面上是对一棵悬崖松的歌咏，实际上却是在启示人在身处险恶的不利环境时，应该直面人生，战胜自我，实现自身价值。往深了思索，这首诗歌的意义不仅是对一个人或者对一部分人有启发作用，而且对一个处于不利条件下的发展中国家也一样有启发：要有悬崖松的品格和毅力，做到了这点，就可以摆脱困境，托举无数的绿色的生命希望。《小草》中写道："它是多么希望 / 风能离开 / 给它留下一个 / 永久的安稳 / 可是当风真的走了 / 就再也 / 没有人看到它 / 跳舞。"作者通过细致的观察，写出了一种患得患失的小草，我们读的是小草，却马上就会想到，你我他也常常犯了小草的毛病，从而令人醒悟，做到知足常乐。《夏日荷花》是一首语言清新、意境优美的诗歌，诗歌里到处都洋溢着美感。"一张张硕大的叶子 / 似涌动的波浪 / 载着你行走于古今 / 诗文的长廊"，她的美，眼可见，耳能闻，心更可感。她不是荷花，她就是一个奇妙美丽的女郎啊，让你不得不倾慕和爱怜她。"彩蝶纷纷／牵不去一缕芳香／根深入淤泥／而目光却／高高系在天上"，美却不浮躁，不为诱惑所动，因为她的心高洁到了天上，这是出淤泥不染之荷。当然高处不胜寒，她也"就会有露珠般的泪／默默流进／金灿灿的蕊中"，可天下谁人不识君？自有心存高远的作者敬慕这美丽而高洁的荷花，所以就有了"我""真想化为一条小鱼游到你身边／将你细细端详"的美丽愿望。这首诗歌的审美意义和思想意义都是相当深远的。

先从咏物诗仿写入手，简单易行，学生好把握，引导到位，学生就会给我们一份意想不到的惊喜。下面是学生的一些作品：

砖

只你单身一个
永远不能成为建筑

砖

只有烈火
才能锻造坚强

粉笔

身躯渐渐耗尽
灵魂慢慢升华

粉笔

失去了黑板
便不能实现自身的价值

课桌

易朽的木材

培育了不朽的人才

墨汁

虽不芳香怡人

却能流芳百世

奖状

一张普通的花纸

代表着崇高的荣誉

桥

历经风雨

你铸造了自身

啄木鸟

对你的敲打

就是对你的拯救

充电器

虽能替人带来光明

却也依赖别人的能量

磁带

有美妙动听的乐音

但都不是自己的

姓名

父母起的

自己维护

别人评价

时钟

可以准确表示时间

可你停了时间也依旧

电线

在黑暗里穿梭

却输送着光的原料

水

因为不够坚强

所以四处流浪

橡皮

虽减少了自己的寿命

却修正了别人的错误

云

无风时,

你趾高气扬。

风起时,

你魂飞魄散。

尺子

常对别人说长道短

从没丈量一下自己

落叶

已完成自己的使命

光荣退役

躺在大地的怀抱里

做一个绿色的梦

月牙

只有嘴馋的孩子

才会认为

我的那一半

肯定被人偷吃了

锁

对门有用

对心无用

对君子有用

对小人无用

星星

真的，别小看我

我比地球大得多

想象和联想丰富的学生，他们往往具有较强的创造力。有这样一个例子，在教完新诗写作以后，有位老师出了《铺路石》一题让学生写诗。

一个学生就问老师，能不能从天上写起，老师说，这怎么可能呢，明明是铺在地上的嘛。学生后来交了一份这样的作业上来："我是女娲补天时落下的一颗五彩石／我的伙伴自由地飞在天上／我孤独地躺在地上／那么多人从我身上踩过／那么多车从我身上碾过／我开始抱怨自己怀才不遇／／有一天／我忽然意识到／我的伙伴点缀着美丽的星空／我铺展这广袤的土地／这不都在实现着自己的价值吗／当夜深人静的时候／我和伙伴遥隔万里／诉说衷肠。"这个学生不仅写了出来，而且还写得很好。想想我们自己，是否曾经扼杀过学生的想象力和创造力呢？为此，我们"仿写"课题组进行了一系列的探索，都取得了不错的效果。我自己尝试了借班上课，同样受到同学们的欢迎，课例被评为北京市优秀课例。

课题	诗歌仿写	1课时	授课教师：李万峰	
教学目标	1. 明确诗歌仿写的基本方法。 2. 了解诗歌的特点，学习诗歌写作的基本技巧。 3. 引导学生对生活进行思考，培养学生的多种思维能力和写作的创新意识。			
重点	掌握诗歌仿写的基本方法和诗歌写作的基本技巧			
难点	培养学生的多种思维能力（逆向、发散、形象）和创新能力			
教具	学案两页			
环节	教师行为		学生行为	设计意图
一、 导入	人们常说："自古英雄出少年"，我看了同学们的诗歌仿写作品后，想说"自古诗人出少年"。		听	营造氛围 激发兴趣
二、 新授	（一）我们来品评一下同学们的仿写作品，先看第一首，读一读，你觉得怎么样？ 原作 **一代人** 黑夜给了我黑色的眼睛（反） 我却用它寻找光明（正） 学生仿作： 1.磨砺给了我坚实的翅膀 　可是我却用它飞往幸福		齐读原作和学生的仿作 学习置换法 学生读自己仿写的诗 学习逆向法 同学品评赏析 学习延伸法	指出诗歌仿写中的问题 借鉴 学习 如何读懂仿作 展示、交流 鼓励、激发兴趣 培养逆向思维能力 欣赏、提高

环节	教师行为	学生行为	设计意图
二、新授	学生优秀的仿作： 2. 困难给了我们（积蓄的）压力 　　我们却用它来寻找契机 3. 大地给了我们低下的头 　　我们却用它来仰望天空 4. 光明给了人们明亮的眼睛 　　人们却用它来寻找垃圾 5. 太阳给了我光明 　　我却用它来掩盖黑暗 6. 一代人 　　过去的一代人 　　尝遍了酸甜苦辣 　　最终懂得了勤劳 　　我们这一代人 　　从没尝过酸苦辣 　　最终只懂得怕 7. 一个人 　　一个人 　　在顺风时， 　　为我拉起风帆 　　在逆风时， 　　为我拽好纤绳 　　被风帆蒙住了眼睛 　　被纤绳压弯了腰 　　被我的琐事刻成了 　　站着的弓 　　卧着的桥 土（原作）　　　火（学生仿作） 　林希　　　　　　张婧祎 附着在大地上　　跃动于木柴间 你是土壤　　　　你是温暖 沉浮在空间里　　蹿动于森林间 你是尘埃　　　　你是凶残 （二）明确仿写的三种基本方法 2、3 置换法　4、5 逆向法　6、7 延伸法	学生读原诗和自己仿写的诗同学品评 听 听记 学生读自己写的诗 学生评老师的改诗和自己的原作	培养发散思维能力 展示、交流 鼓励 激发兴趣 赏析 提高 归纳仿写的三种方法 从感性到理性提升学生的认识 简单明确 加深印象 从仿到写 会仿会写 展示、交流 鼓励 激发兴趣 赏析、提高 通过比较掌握写诗的技巧 明确诗歌的特点欣赏

环节	教师行为	学生行为	设计意图
二、新授	（三）简单介绍诗歌的特点和诗歌创作的基本技巧 1. 特点。 音乐性　形象性　跳跃性 2. 技巧。 技巧一：用节奏　诠释情感 技巧二：用修辞　转化生命 技巧三：用转折　发人深省 （四）结合学生作品的评改练习，教给技巧，提高能力 1. 展示学生作品，学习技巧一。 学生原作： 悄悄是别离的笙箫·忆晓旭 风踏着轻轻的步子 送着春回家 而你悄悄循着风的步子 与他们一道别了人间 请让我们再凝视一次你今宵的容颜 只为一转身 你我便阴阳两间 听 是你黄泉路上的叹息吗 啊 当然不是 只是步子也那般凄美怅然 教师修改： 悄悄是别离的笙箫·忆晓旭 风踏着轻轻的步子 送春回家 而你悄悄循着风的步子 与他们 道别天涯 请让我再次凝视 你今宵的容颜 只为一转身 便阴阳两间	学生读自己的诗 听品 学生品评赏析 学生读自己的诗同学品评赏析 练习、小组交流并推荐代表在全班交流互评仿写的诗歌 学生对比分析两首诗的优劣	赏析 借鉴 通过比较发现问题学习技巧 同学之间学习借鉴 讲练结合学练结合生生互动 找到仿写中存在的问题巩固学习效果

续表

环节	教师行为	学生行为	设计意图
二、新授	听 是你黄泉路上的叹息吗 啊 当然不是 只是步子 那般凄美怅然 教师表扬该生创作的另一首诗，同时引出另一位同学的作品《寻》： 小憩 风吹啊吹的 云飘啊飘的 柳摆啊摆的 想你的心摇的 而你的影子隐隐若现 寻 亲爱的，你在哪里？ 为何悄悄别离 我想追寻你的痕迹 但却无从寻起 来到初恋的绿地 禁不住想起那些亲密 现在只能默默哭泣 什么东西 让你离去 没有你 生活毫无意义 天知道我们的距离 该死 我已无法自已 亲爱的，你在哪里？ 2. 教师读《蒲公英的遗产》引导学生比较分析，学习技巧二。 蒲公英的遗产（原作） 秋。 蒲公英老了， 子女问： 有什么遗产？	填空 欣赏老师的诗歌 谈自己的认识 评价	自主发现 "转折" 在诗歌创作中的巨大作用 检查效果 练习巩固诗歌的仿写 明确写作的规律 师生互动激发写作欲望

环节	教师行为	学生行为	设计意图

二、
新授
	母亲默默地，
	在每个孩子的头上，
	戴上了一把远飞的伞。
	
	雨夜（学生作品）
	雨夜
	我默默地走着
	脚下是潮湿的小巷
	眼前只有惨白的灯光
	我慌忙地想避开寒冷的光
	可是光
	狼一样
	在这黑暗潮湿的小巷
	练习：
	①以棋或下棋为话题写一首小诗。
	②请另选一物进行仿写。要求用拟人的修辞方法、符合该物的特征并寄寓一定的思想感情。（6分，2003春季高考）
	原作： 仿写
	雨伞 _____
	你注定一生与乌云为伴， _____
	时时为别人遮风挡雨， _____
	却湿透你自己。 _____
	   3.教师引导阅读、比较、练习，学习技巧三。
	   学生作品：
	无题
	昨天去了，
	今天来了，
	今天去了，
	明天来了。
	今天变成了昨天，
	明天变成了今天
	时间就是这样逝去的。
	无题
	龙卷风——		

续表

环节	教师行为	学生行为	设计意图
二、新授	摧残了高贵的花朵 带走了优雅的枝条 却留下了—— 平凡的根 小练习： 鸟笼 非马 把笼门打开 让鸟飞走 把自由还给（　　）		
三、小结	从仿到写，会仿会写，诗歌如此，作文亦如此！		
四、布置课后作业	修改以前诗作或重写一首。 教师自写与学生课后交流作品： 象棋 楚河汉界 烽火重燃 三千年后的我 一直等待 将那段历史 重新 编排 弈 面对黑白的世界 沉思 那条情感的曲线 就在合围的刹那 你总是 轻盈地 闪开 直到最后一颗心 点下		

专家点评：

李万峰老师的这节诗歌仿写课，特色鲜明，活泼顺畅，对我很有启发。

刚看到课题时，我曾想：学生能仿好一般散文就不容易，仿诗有必要吗？随着听课，我的认识变化了。

的确，诗歌是伴随着孩子们成长的，也曾对他们语言的"原始积累"和语言的发展起着不小的作用。从妈妈的摇篮曲，到儿童游戏玩耍的儿歌、童谣、顺口溜，它们不都是诗吗？不必说北京地区的"水牛儿，水牛儿""丢手绢儿，丢手绢儿"，连老太太哄孩子念的都是诗啊！我在农村就见过一位老奶奶逗一个两三岁的孩子。老奶奶先自言自语"老王，老王，拉屎靠墙"，又笑着对孩子说"墙倒了……"，孩子马上对答："老王吓跑了！"听到的人都哈哈大笑起来。事隔多年了，我忘掉了多少名篇大作，仍然记着这首打油诗！这种语言教学，先于我们的语文课，是启蒙性质的、很生动的语文实践活动。

年轻人爱诗是个普遍现象，诗歌的仿写受学生欢迎是很自然的。学生仿写诗歌的积极性这么高，我们不应该忽视这方面教学资源的开发。

当我接触到李万峰老师收集的学生的仿写之作时，我惊讶了。老师要求学生仿写诗句，"黑色给了我黑色的眼睛，我却用它寻找光明，"有个学生写道："太阳给了我们光明，我们却用它来掩盖黑暗。"这样的句子，能让人一下子陷入沉思！有个学生写道："光明给了人们明亮的眼睛，人们却用它寻找垃圾。"这简直是警句，我感到它比原句毫不逊色！

再看两首学生的习作。球（仿《咏鹅》）："球！球！球！中国甲A愁。World Cup尽是输，球星照样牛！"这不是民众的心声么！学生苦（仿《山坡羊》）："作业如聚，人心如怒，升学考试登天路。望得分，意踌躇。伤心试卷红叉处，勤奋努力都作了古。优，学生苦！差，学生苦。"

学生的仿写能力、再创作能力如此出色是我没有料到的。当然，仿写中出现的问题也不少。但幼稚面对成熟是绝不用感到羞愧的。学步的幼儿趔趔趄趄是再自然不过的了。

诗歌，篇幅短小，语言精练。好诗，是语言的精华。用词，句式，修辞，意境，无不闪烁着思想的火花，闪烁着智慧的火花，可以迅速激发学生的感悟。

要仿写，学生必然会自己去精读原作，深入琢磨和消化原作。平时我们的教师不都在为学生读不进去而烦恼吗？可以说，仿写，就是使人不能不读进读物的捷径。它促使学生阅读理解，激发学生的创作欲望，发展学生的语言能力和思维能力，让学生感受到成功的乐趣，我们的语文教学，何乐而不为呢？

李万峰老师的这节课，还有一大值得借鉴的地方，那就是课堂的活动形式。对仿写之作的交流、评议、修改等等，都充分体现了合作、互动的功效，体现了在语文实践中学习和提高的课标精神。这是不必多说的了。

对这节课，或类似的课，我提出以下三点建议，仅供讨论参考。

第一，用来模仿的诗歌原作，选材一定要典型、精短，内容要丰富多彩又浅显易懂。

这就像教材的选文，说容易做起来很费事，尤其是文坛上的新诗，问题不少，精品不多。不过教师收集资料的过程一定会有许多意想不到的收获。

诗作的仿写，起点要定得低一些，再低一些，以适合学生对语言模式的学习。像民谣、新旧儿歌、打油诗，甚至歌词等等，都可以考虑。篇幅上，可以多作句的模仿，作小节的模仿，内容上，应以形象的描摹为主。

我们不是想培养诗人，而只是想变换着形式促进阅读理解，发展学生的语言能力和思维能力。

第二，"诗言志"，要鼓励学生写真情实感。

在仿写活动中,应渗透写作目的的教育。"缘事而发""因事立题""文章合为时而著，歌诗合为事而作"，应避免"为仿而仿，无痛呻吟"等装腔作势的倾向。

应特别注意的是，不要对学生的仿作刻薄挑剔，人为划定许多条条框框，要鼓励学生自己品评。

第三，诗的仿写，在教学上如何安排，应再作探索。

在写作教学中，仿写，是一个系列，诗的仿写又是一个小系列。要把诗的仿写穿插在一个学期，甚至一学年的写作教学活动中，次数应不宜过多。如何适当安排应经过试验对比再得出结论。

（三）可以显摆

初中生爱显摆，那我们语文学习，就给他们提供一下可展示才能的平台。比如学习对联和绕口令。绕口令可以短平快，也可以持续学习，通过比赛更能激发学生的兴趣，学生在班里不一定是冠军，但在家里，在外面，亲朋好友面前，就大不一样了！对联是中华优秀传统文化，博大精深，影响深远。生活中应用场景多，人们喜闻乐道，也时常被用作考场的考题。现代著名学者陈寅恪，中华人民共和国成立前曾在清华大学任教，一次在拟定入学考试的国文试题时，他特地加了"对对子"一项，原题是"孙行者"三字，要求考生以另外三字相对。为什么会别出心裁地想出这种试题来呢？他说每种文字都有其特性，对子最能显示中国文字的特性，能对对子才能分别虚实字和平仄声。从对对子的好坏，可以看出读书之多寡，语汇之贫富，以及思想之有无条理。五四运动期间担任北京大学校长的著名教育家蔡元培，也十分重视对对子对于培养学生写作能力所起的巨大作用。他曾写有《我在教育界的经验》一文，其中谈到"对课"（即对对子）时说："对课与现在的造句法相近。大约由一字到四字，先生出上联，学生想出下联来。不但名词要对名词，动词要对动词，而且每一种词里面，又要取其品性相近的。例如先生出一'山'字，是名词，就要用'海'字或'水'字来对，因为都是地理的名词。又如出'桃红'二字，就要用'柳绿'或'薇紫'等词来对……这一种功课，不但是作文的开始，也是作诗的基础。"由此可见，对对子是一种非常好的学习语文的方式，过去是蒙学的必修课程之一，现在依然有着深广的学习价值。因为，学生如果在游戏中下了一番"咬文嚼字"的功夫，他们遣词造句、触景生情等基本技能都会得到很大的提升。对联的教学，就需要集中时间了，我一般会集中两三周的时间，上大课，以教师讲为主。对联的学习，一般分四步进行：第一步，讲对联故事，激发兴趣；第二步，收集对联，广开眼界；第三步，背韵对歌，语感奠基；第四步，创作对联，挑战"绝对"。

1. 讲故事，激发兴趣

对联的故事很多，选一些通俗易懂的，讲给学生听，会激发他们学习的欲望。明代大才子解缙，才华横溢，主持编纂了《永乐大典》。《永乐大典》是中国最大的一部类书，被学术界称为"辑佚古书的渊薮"，《不列颠百科全书》在"百科全书"条目中称其为"世界有史以来最大的百科全书"。关于解缙的对联故事就有许多，很多还被改编为相声，学生特别喜欢。比如下面的几个故事：

（1）解家在曹尚书府对面，曹家园里有一片翠竹。正对解家大门。一年春节，解缙在大门上贴了一副对联："门对千竿竹，家藏万卷书。"曹尚书看了，觉得这是讽刺曹家有竹无书，不是书香门第，很是气恼，就叫人把竹子砍了。解缙见了，不声不响地在原对联下添了两字："门对千竿竹短，家藏万卷书长。"曹尚书更气了，叫仆人把竹子连根刨掉。解缙于是又在原对联下添了两字："门对千竿竹短无，家藏万卷书长有。"曹尚书无可奈何，只好暂时作罢。

后来曹尚书听说对联是小孩解缙所作，不胜谅讶，忙派人请解缙入府相见，尚书故意不开正门，让解缙从小门进，解缙不肯。曹尚书借机取笑他："小犬乍行嫌路窄。"解缙一听，分明是捉弄自己，便反手一击，对道："大鹏展翅恨天低。"表明自己是大鹏。曹尚书一听，心生佩服，赶紧叫打开大门。进到中堂，墙上挂着一张《月夜杜鹃图》，就信口出了一联道："月下子规喉舌冷。"解缙见他行文已乱，故意照式对个下联说："花中蝴蝶梦魂香。"谁知曹尚书只顾后，不顾前，一见别人句子有毛病，马上挑剔说："试问花中蝴蝶，倘不睡去，哪来的梦魂香甜？"解缙又眨眨眼睛说："然而月下子规，也未必启口，喉舌之冷，一样无从说起！"曹尚书一听，哎哟，我也错了！便问小解缙："那么依你说又当如何？"解缙说："如果把'月下'改作'啼月'，'花中'改作'宿花'，岂不是'舌冷''梦香'？"曹尚书欲要叫好，但又反问："你既然早已知道，为何将错就错？"解缙笑道说："因为老爷失口在先，解缙之所以将错就错，无非是步老爷后尘，照葫芦画瓢罢了。"

入席后，尚书见解缙穿着一件绿袍子，其色颇近青蛙绿，便出一联相戏："出水蛙儿穿绿袄，美目盼兮。"解缙乍一听，没找到适当的对句，正愁间，桌上刚好上来一道大红虾，他见尚书穿的那件红袍正似虾色，又猛地联想到曹尚书迎送客人总要点头弯腰，于是马上得了下联："落汤虾子着红袍，鞠躬如也。"曹尚书呷了一口酒，面对墙上挂的一幅墨迹，脱口就说："醉爱羲之迹。"解缙随口吟就："狂吟'白也'诗。"（注："白也"，取自诗圣杜甫评李白的诗句"白也诗无敌"。此联平仄考究，"也"与"之"虚词相对，使联语妙趣横生。）曹尚书马上又出一上联："风吹马尾千条线。"解缙立即答对："日照龙鳞万点金。"曹尚书额上冒汗，但还不肯认输，就又出一联道："眼珠子，鼻孔子，珠子还在孔子上。"（这联里镶嵌了孔子和朱子）解缙冥思片刻，遂得一联回敬："眉先生，发后生，后生更比先生长。"此联寓意深刻，暗含讥讽，可谓颇具匠心。

一日，曹尚书又邀解缙进府。你来我往地又对了几联后，曹尚书一直未占上风。于是，便使用最后绝招：利用"谐音"双关，企图"一石三鸟"压倒解缙。他出的上联是："庭前种竹先生笋。"解缙立即对出："庙后栽花长老枝。"曹尚书笑道："我这上联的意思是，庭院前面种的竹子，先长出了竹笋。"解缙说："我下联的意思是，庙后头栽的花，长出了老枝。"曹尚书又道："我的上联另有别解。说是庭院种的竹子，长得不好，教书先生把它砍了，所以是'庭前种竹先生损'。"解缙马上接着说："我这下联也还有层意思，说的是庙后栽的花被风吹斜了，长老用木棍把它支撑起来，故有'庙后栽花长老支'。"曹尚书哈哈大笑："解神童有所不知，我这上联，还有第三个意思，说的是庭前种竹子，教书先生询问别人，这是什么原因，所以是'庭前种竹先生询'。"解缙拍手笑道："曹大人，别急，我这下联也另有意思，是说庙后栽上花，小和尚急急忙忙地去告诉长老，长老说早已知道了，所以是'庙后栽花长老知'。"

（2）一次，解缙与小伙伴们玩踢球，其中一人用力过猛，将球踢进了将军家的花园中。由于将军是当地一个有权有势的人，小朋友们谁也不敢入内要球。解缙挺胸大步上前，被守门的家丁拦住，两人便在门前吵了起来。那将军出门见是解缙，便对家丁道："休得无礼，快放神童解缙进来。"解缙进门后，有礼貌地说明原委，将军笑道："我出个上联，对得好重重有赏，对不好就不还球给你。"解缙说道："既是将军有令，解缙莫敢不从。"将军便指着挂在墙上的龙虎图说道："画图中，龙不吟，虎不笑，见个童子，可笑可笑。"解缙看见桌台上一棋盆内，正有一残局，随即答道："棋盆内，车无轮，马无缰，喝声将军，莫跳莫跳。"将军又惊又喜，忙命人将球取来，又打赏纹银百两给解缙，亲切地说道："银子助你上学，好好用功，将来必有作为，有空别忘了来看看老朽。"

（3）明朝洪武年间，吉水遭遇水灾及蝗灾，民不聊生。灾情报到京城，皇帝便命钦差察看。就在钦差到达灾区时，途中遇上两个醉汉冲撞。大臣遂以此为由，坚决不开仓赈灾。县令只好苦苦哀求。钦差没法，便想了个刁难的方法道："要开仓，先要对个句。"说完，便道出上联："红绿交加，醉汉不知南北。"

县令苦苦思索，怎么也对不出下联。此事传到解缙耳中，他急如星火般走到县衙，往钦差面前一站，大声说道："下联早已有了。"随着说出下联："青黄不接，穷人卖尽东西。"

大臣见下联对得工整，又道出了实情，只好立即开仓赈灾。

（4）一天，解缙应一位朋友去闲聊。可当解缙到朋友家门前时，只见门上贴了一副联："闲人免进，盗者休来。"

解缙陷入沉思：我今天之来，既非闲人，也非盗者，而且是应约而来，朋友为何如此无礼？但他仔细再看，发现对联的下方还留有空白处，门边还放着笔墨。解缙恍然大悟：朋友有意让他续对，才可入内。解缙想了想，便提笔将对联续成："闲人免进贤人进，盗者休来道者来。"

解缙写完，便推门入内。朋友一见便道："我门上不是写着闲人免进吗？"解缙笑道："你再去门上看看，我今天以贤者之身，堂而皇之进来，令你蓬荜生辉，还不谢我？"朋友一看门上的对联，哈哈笑道："老兄真是筹高一码。"

（5）解缙年轻时，曾在一友人家中做客。友善对，二人相逢少不了作乐一番。友出了一上联："天当棋盘星当子，谁人敢下？"

解缙稍为思索，随手指道："地作琵琶路作弦，哪个能弹？"

朋友指着门外石狮子再出一联："石狮子头顶焚香炉，几时了得？"

解缙眼珠一转，又对出下联："泥判官手拿生死簿，何日勾销？"

朋友听罢，觉得解缙非同凡响，自己却已才尽，又没有好上联，好不尴尬，忽见杯中映出墙上蒲叶，即景再出一联："杯中倾蒲叶。"

解缙望了望园中，手指石榴花笑道："人面笑榴花。"

朋友见解缙对答如流，十分敬佩。

（6）一天，解缙应同僚之请赴宴。席间，一位自命不凡的当权大臣见他年纪很轻就当上了京官，处心积虑要奚落他一番。便道："解学士，老臣有一上联，可能对上？"解缙笑道："不妨赐教吧。"那大臣便阴阳怪气地道："二猿断木深山中，小猴子也敢对锯？"

解缙明知他借对句（锯）为名，实把自己比作小猴子，也毫不示弱，稍一思索，便道："大人，晚生对上来了，但恐令人不快。"那大臣道："但对无妨，但对无妨！"解缙道："一马陷足污泥内，老畜生怎能出蹄。"

解缙以出题（蹄）为借口，骂当权大臣为老畜生，以牙还牙。大臣听后，满面通红，却又无可奈何。在座者莫不笑爆肚皮。

（7）解缙七岁时，有一天，父亲带他去江里洗澡。父亲脱下衣服挂在江边树枝上，向解缙吟出一句上联："千年老树当衣架。"解缙望了望烟波浩渺的大江，立即对道："万里长江作浴盆。"这胸襟气魄怎不叫人拍案叫绝！

名人的对联故事，不胜枚举，如苏轼的、纪晓岚的，都闪烁着智慧的光芒。除了老师讲，也可以让学生收集，然后，开个故事会，一举多得。

2. 收集对联，广开眼界

收集对联，是为了继续增加学生的感性认识；广开眼界，还需要老师的引导。我的教学策略如下。

（1）从历史入手，讲对联是一种独特的文学形式。对联在我国有着悠久的历史。它从五代十国开始，据历史记载，后蜀之主孟昶在公元964年除夕题于卧室门上的对联"新年纳余庆，嘉节号长春"是我国最早的一副春联。明清两代尤为兴盛，乾隆、嘉庆、道光三朝，对联犹如盛唐的律诗一样兴盛，出现了不少脍炙人口的名联佳对。随着各国文化交流的发展，对联传入越南、朝鲜、日本、马来西亚等亚洲国家。这些国家至今还保留着贴对联的风俗。每年的春晚都有大量的富有特色的"送春联"环节，更将这种文学样式推向全世界。

（2）从知识入手，讲对联的要求：字数相等、词性相同、句法一致、内容相关、平仄相调。讲常用作法：正对法、反对法、描绘法、比拟法、烘托法、变音法、藏字法。讲分类，从反映的内容和使用的场合来看，对联可以分为：春联、楹联、婚联、寿联、挽联等。讲对仗，从结构和句式关系上，可以分为：工对（也称严对）、宽对、接对、正对、反对、当句对、隔句对、错综对、流水对、有情对、无情对。这一部分知识量比较大，也有难度，所以以例子说明为主，穿插故事，知识不要求强记。比如，讲宽对，我们就举了一个极端的例子。窃国大盗袁世凯一命呜呼之后，全国人民奔走相告，手舞足蹈。这时，四川有一位文人，声言要去北京为袁世凯送挽联。乡人听后，惊愕不解，打开他撰写好的对联一看，写着："袁世凯千古，中国人民万岁！"

人们看后，不禁哑然失笑。文人故意问道："笑什么？"一位心直口快的小伙子说："上联的'袁世凯'三字，怎么能对得住下联'中国人民'四个字呢？"文人说："对了，袁世凯就是对不住中国人民！"

（3）从中高考题型入手，讲命题指向——指向课文中的名家名篇，指向名著阅读，指向家乡独具特色的人文资源；讲题型以及应答的方法。

（4）从课文入手，帮学生建立联系。如为名篇《醉翁亭记》写对联："山行六七里亭影不孤，翁去八百载醉香犹在。"

（5）从修辞入手，讲对联中修辞的应用。

比喻　心血操尽，革命伟业似巍峨泰山耸寰宇

　　　骨灰撒遍，深海恩情如滴滴甘露润人心（挽周总理联）

顶真　国士无双双国士，忠臣不二二忠臣（岳飞 文天祥词联）

反诘　经忏可超生，难道阎罗怕和尚？

　　　纸钱能赎罪，居然菩萨是赃官！（佛坛联）

疑问　泉自几时冷起？峰从何处飞来？（杭州灵隐寺泉亭联）

象征　校园迎春绿，桃李向阳红

拟人　绿柳舒眉观新岁，红桃开口笑丰年

夸张　门辟九霄，仰步三天胜迹

　　　阶崇万级，俯临千嶂奇观（泰山南天门联）

对比　心清水浊，山矮人高（郑板桥题天师洞台榭）

这样例子很多，有故事，有情景，这何尝不是换个角度学修辞的好方法！

3. 背韵对歌，语感奠基

为了找语感，我选取《笠翁对韵》的部分内容，让学生熟读成诵。

天对地　雨对风　大陆对长空　山花对海树　赤日对苍穹　秋月白晚霞红　水绕对云横　雨中山果落　灯下草虫鸣

耕对读　牧对樵　麦穗对禾苗　清泉对朗月　海日对江潮　风飒飒雨潇潇　长堤对短桥　青鱼潜绿水　白鹤上碧霄

来对往　去对回　雨雪对风雷　松梢对竹叶　草舍对柴扉　潮涨落月盈亏　暮色对朝晖　窗前莺共语　窗外燕双飞

藤对蔓　豆对瓜　绿叶对红花　撷英对采蜜　煮酒对烹茶　山有色水无沙　猎户对农家　开轩面场圃　把酒话桑麻

冬对夏　暮对晨　走兽对飞禽　鱼唇对鹿角　虎爪对龙鳞　杨柳岸杏花村　白雪对红云　鸟归沙有迹　帆过水无痕

晴对雨　暑对寒　天地对山川　鱼鸟对草木　旷野对平原　三月柳九秋莲　露草对霜菅　大漠孤烟直　长河落日圆

悲对喜　爱对嫌　地北对天南　行舟对纵马　射日对移山　风习习雨绵绵　李苦对瓜甜　蕊香蝶竞采　泥软燕争衔

金对玉　宝对珠　玉兔对金乌　孤舟对短棹　一雁对双凫　三尺剑五车书　返璧对还珠　浩气自当有　冰心岂能无

这一部分相对简单，即使基础差的同学，也并不觉得难。当然，对于学有余力的同学来说，可以自己"加码"。

4. 创作对联，挑战"绝对"

创作对联，从易到难，先模仿，再创新。李大钊曾经为朋友题写过一副有名的对联：铁肩担道义，妙手著文章。他是化用了明代杨继盛的对联：铁肩担道义，辣手著文章。经历了积累感悟，学过仿写的方法，学生写起对联来，就并不觉得困难。学生的第一次练习就有了下面的对联：

奥运会 世博会 荟尽天下英才

迎春杯 春蕾杯 杯闪英雄本色

航空展 航海展 展现科技精华

竞技场 竞艺场 广招天下高手

临近春节，学生写一副自己创作的对联贴在家里，迎接亲朋好友，真是快乐无穷。苏格拉底说："教育不是灌输，而是点燃。"至此，学生对对联的学习热情已经被点燃，那我们就再加把火，挑战"绝对"。据说，纪晓岚的夫人在糊窗户时偶得一联："明月照纱窗，个个孔明诸葛亮。"结果难倒了纪晓岚。至今，仍然没有人对出下联，香港楹联协会曾经以三万美金做奖励，也没有征集到。我就把这个挑战抛给了学生。学生们的热情，超出了我的想象，我一下成了早晚被追堵的目标，学生一有新对，就来找我，乐此不疲。下面两联就是学生作品：

清风送幽香，郁郁畹华梅兰芳

烈日晒瓜子，粒粒子长司马迁

我觉得已经有点意思了。其实，能不能对出来，并不重要，重要的是对语言运用的探索和追寻。后来，我又陆续给学生出了下面的题目。

（1）七里山塘，行到半塘三里半

相传，王安石曾出三个对题为难苏东坡。这个，竟将苏东坡难住了。

提示：上联在数目字上用了除法运算。另外，山与三是同韵字。

（2）驾一叶扁舟，荡两支桨，支三四片篷，坐五六位客，过七里滩，到八里湖，离开九江已有十里

相传，北宋诗人黄庭坚到江州府游玩，在船上遇一书生，要与他对对子。书生吟出上联。黄庭坚却百思不得妙句以对。

（3）柳映池中，鱼钻鸟巢鸟戏水

相传，明朝嘉靖年间，一个才貌双全的女子，以征联择婿。结果，秀才挤破门，却无中意之作，她一气之下削发为尼。

提示：写水中倒影，有景有趣。

（4）浙江江浙，三塔寺前三座塔，塔塔塔

据说，此联难住了对联大师明朝大学士解缙。

提示：难对之处，就在重复三。

（5）荷塘月色自清春

提示：《荷塘月色》《春》皆是朱自清先生的散文名篇，虽全嵌，但不落痕迹，颇富诗情画意。征上联。

（6）马背诗人，用平平仄仄枪声吟诵，二万五千里长征是最长一句

提示：马背诗人指毛泽东，此联精彩之处，是将"二万五千里长征"比喻成毛泽东吟诵的"最长一句"诗。一句诗概括了气壮山河、震惊中外的长征，气魄之大，很符合毛泽东的浪漫主义伟大情怀。

学生经过反复练习之后，开始逐步掌握字音的平仄、词类的虚实、构词的方式、造句的规律，以及各种修辞方法和逻辑关系。对于他们学写诗帮助更大，因为汉语诗歌是最讲究形式美的：有整齐的美，这就是对仗；有抑扬顿挫的美，这就是平仄；有回环的美，这就是押韵。语文的学习，一下子成了学生快乐的源泉。

（四）方式多样

1. 课上有趣

课堂教学是主阵地，但这个阵地的主角不一定是教师。

（1）小老师

小老师，就是让学生来讲课，做老师。这是一项特别能激发学生兴趣的活动，符合学习金字塔原理。同时还能加强师生沟通，学生通过备课、讲课、评课，不但了解了老师上一节课的辛苦，而且学会了听课，启发了思维，培养了学生的创造性。如在讲课中，我的学生就"发明"了"倒背"法、"立体教学"法、"奖勤并不罚懒"法……个个都新颖别致，课上得趣味盎然。教师坐在学生的座位上，轻松而又有收获，当然，这分轻松也来之不易。如何让学生上道、上手也是需要下一番功夫的。

①选谁先上

首选是中等生，这里是指语文学科的中等生。他们能上好了，在他们后面的学生，也会觉得这不难，跳一跳够得着，优等生自然觉得不在话下。

②课前准备

如何让学生上好，是要下一番功夫的。所以，教师并不轻松，特别是初期，第一轮的时候至关重要。功夫不到，美好的设想就会化为泡影，学生就会丧失兴趣，再也不想做这件事。语文教育史上有过实验，结果并不都令人满意。所以，如何做好课前准备就是个关键问题。应该注意三点：

第一，教参等辅助材料给学生并告诉学生如何使用，全程帮助学生备课，做好充分的预设，不留死角。这个过程最好在保密中完成，至少不大张旗鼓。

第二，学生要试讲，教师要反复指导。台上一分钟，台下十年功。这个过程既是教方法，也是立德树人。

第三，帮学生创新自己的上课方式。每个学生都会有畏难情绪，每个学生同样希望自己有一次精彩的亮相，所以，对学生的指导既要有共性，又要寻找个性化表达与展现。

③课后评价

课后评价也要指导。不然，课上完，就成了批判会。学生评价时往往善于挑错，不善于发现亮点。我们要指导学生、做评价要一分为二，客观公正。只是口头说说是不够的，要规定学生评价要先说优点，再讲问题，优点要说够三条，缺点只说一条。教师也要做出评价，教师的评价，既要评课，也要评价学生的评价，要把这个过程作为语文教学的全过程。

（2）多比赛

学生在学校最喜欢的就是开运动会了，比赛是吸引人的。语文教学的运动会如何开呢？方法很多，例如开展系列大师赛。如背诵大师赛，每班通过比赛选出一名背诵最快的学生，并为其颁发奖状，上书：背诵大师。不仅这名学生大受鼓舞，其他学生也在比赛中获益匪浅。其他还有书写大师、朗诵大师、识字大师、造句大师、快速作文大师、复习整理大师……总之，尽量去发现每一个学生的优点，尽量给每一个学生提供机会，尽量让每一个学生都能展现风采，以使其具备强烈的自信心，因为他曾获得过第一。当然，有自信，就会有更多竞争，就会促进学生的良性发展。有这样一个事例：一名叫郑丽宏的女生，有上进心，却没有自信心，语文从没达到过优秀，第一次考试后，还找我为其加分；第二次我准备再为她加分时，她竟不要了，而且肯定地说，她一定会上优秀的，因为她已经拿了两个第一：选词组句比赛第一和诗配画第一。果然，学年末，最后一次考试，她得了90分。这使我觉得，自信心对于一个学生来说是最重要的！其实想一想，我们又何尝不是呢？语文教学就要想方设法创造学生都能当第一的机会。语文学习，是需要高峰体验的，布鲁姆认为："高峰学习体验是极为生动的，以致学生在多年后还能详细地回忆起来——一般来说，它们是对学科产生新的兴趣的源泉，是重大的态度与价值变化的刺激物，它们起到了使学习变得真正令人兴奋的作用。"我常对学生说的一句话就是：人人都能学好语文，语文让你更优秀。

（3）多师时代

有人说，这是个后喻时代，长者许多时候要向年轻人学习。我认为，这是个多师时代。一个学生，可求教的人很多，岂止三人行必有我师，网上有千师万师，学会求教，取百家之长，也是一个人的核心竞争力。过去，网络不发达，我请过家长——一位农民作家进课堂教写作，请过化学老师教书法，因其擅长，因其新鲜，学生觉得有趣，效果自然更胜一筹，被请者也乐得其所。于是乎，皆大欢喜，今天，网络无所不在，师者，四海皆可用，天地更宽，选取得当，效果更佳！

2. 课下有趣

课下学习包含两部分，预习和作业。预习有趣，从课上预习到课下预习，从纸笔预习到听读预习，从个体预习到群体预习，形式不断变化，学生就会乐于完成。作业有趣，是指不留重复性作业，不刷题，不做偏、难、怪题。基础类作业，大多在课上通过比赛完成，课后作业，多为开放性作业。从个人成长和认识社会的角度以及思维品质提升的角度布置作业，注重交互性。

比如，从个人成长的角度：

（1）生活中，有哪些善意的谎言？你遇到过吗？可以借助网络收集一两个案例，写下具体事件，并简明写上你的观点和看法，也可以是自己的困惑。准备参与全班的讨论。

（2）你快乐吗？你认为什么是快乐？如何才能获得快乐？请为快乐下一个定义，可以请教父母和长辈，可以上网收集名人的观点和主张，综合之后写下你的想法，并列出能获取快乐的两三种途径，也可以是自己的困惑。准备好书面材料，参与小组交流和全班讨论。

（3）你希望交到一个怎样的朋友？列出这样的朋友的特点，并写出原因，同时，列出你的特点，举例说明。准备好，参与班级同学讨论。

（4）如何实现自己的愿望，或者帮助同学实现他的愿望。可以请教师长，也可以通过读书等途径寻找方法。

从认识社会角度：

（1）有时，我们常常做一些自己并不乐意做的事情，如休息日参加一些补习班或兴趣班，针对这个现象，请从你的角度、父母的角度和社会的角度，谈谈有无必要性，可以是你的观点，也可以是同学的观点、老师的观点或专家的观点，写好发言提纲，准备参与班级讨论。

（2）从你看过的影视作品中选一部印象最深刻的，也可以请父母或者老师同学为你推荐，并得到你的确认。写一篇介绍，要讲清影视作品的名称、主要内容，具体写出最感人的情节和自己的感想，力求打动别人，唤起观看的愿望。

从提升思维品质的角度：

（1）你对自己的生活环境满意吗？从乡村（小区）环境、交通环保、文化生活等方面举例说明，并提出自己的改进设想，最好在国内找到可实施的案例，写一篇给政府部门的建议，可以咨询父母或者网上查询自己的建议应该投给哪个部门。准备好，班级交流，评出最佳，以集体的名义送交相关部门。

（2）1905年，法国人马塞尔发明了一次性使用的圆珠笔。后来，随着圆珠笔进一步改进，可以重复使用的钢笔和钢笔水淡出了人们的视野。那么，使用一次性产品，到底是利大于弊，还是弊大于利呢？请联系生活实际加以说明。需要引入专家不同的观点。

以上是平时的作业，如果是寒暑假，我最爱留的交互性的作业就是写信，是真的通信。可以学生之间，可以师生之间，可以写给自己崇拜的人。当然，这里需要引导和指导。纸短情长，和学生的书面交流，对于增进师生间的情感是特别有益处的，亲其师信其道，对于学生的语文学习和个人成长是双赢。我做教师坚持多年与学生通信，以至于许多学生毕业后，依然保持着和我通信的习惯。

（五）方法有趣

美国著名的投资思想家查理·芒格说："只有当人类发明了发明的方法之后，人类社会才能快速地发展。"同样地，只有当学生掌握了学习的方法之后，学习的效果才会更好。不管是听的方法、说的方法、读的方法、写的方法，都需要我们找到恰当方法。这方法的特点就是简单、好玩、易上手！

比如，学习修辞的方法。谁都希望自己的文章写得有文采，这就涉及修辞的问题。以往学修辞我们多是在课本上取材，给人的感觉是：大多没意思，偏难。那么，究竟怎样学修辞效果更好呢?

新课标强调：语文是母语课程，学习资源和实践机会无处不在，无时不有。因而，应该更多地直接接触生活中的语文材料，在大量的语文实践中掌握运用语文的规律。

因此，我想修辞是不是可以这样学——看广告学修辞。

广告，是厂家、商家或宣传单位精心制作的，是智慧的结晶，生活中已是无处不在。它在向我们传递信息的同时，也展示着我们民族博大精深的语言艺术，特别是广告语中匠心独运的修辞手法，更是我们日常学习模仿的好材料。

1. 比喻

（1）"人类失去联想，就像鸟儿失去翅膀。"（联想集团的广告语）鸟儿不能失去翅膀，当然人类也就不能失去"联想"；形象、生动，引人深思。（兼有双关）

（2）"大地的美容师——柳工机械。"把机械比作了美容师，显示了其神奇的功能。

2. 拟人

"让疗效说话——宝康。"服用了宝康药，"疗效"就会说话，"妙"！

3. 排比

"质量就是信誉,质量就是生命,质量就是未来。"(建材城广告)在越来越重视诚信的今天,它有力地说出了大家的心声。

4. 夸张

"管排三江。"(管材广告语)胃口真大,一个塑料管尽能排三江之水,夸张地宣传了管的功能与性能,你可以不信,但你恐怕不能不记住。

5. 反复

"上上下下的享受,是三菱三菱三菱,购买电梯,请拨打电话——4303030。"(兼有谐音双关)

6. 对偶

(1)"担四海风险,保九州平安。"(中保人寿公司宣传语)既对偶又夸张地宣传了保险公司的业务、责任,以及对广大客户作出的承诺。

(2)"爱人民如父母,视驻地为家乡。"(军民共建双拥宣传语)整齐、和谐、亲切。

(3)"司机一滴酒,亲人两行泪。"(交通宣传语)对比强烈,触目惊心。

7. 双关

(1)"抗病毒,治感冒——不服不行。"(抗病毒冲剂)"服"字,一字双关:一意为"服用",二意为"佩服"。感冒了只要你服用抗病毒冲剂,你就会佩服它的疗效。

(2)"胃(喂),你好吗?"(胃康灵)深情地关怀着你的"胃",和亲切地问候"喂"。

8. 仿用

"车祸猛于虎,请君谨慎行。"(交通宣传语)仿用孔子的"苛政猛于虎"极言车祸危害之重,提醒司机小心驾驶。

还有没有其他好玩的方法学修辞,举一反三,学生可能会想到:歌词、台词、短信祝福等等。试一试，这样，就更好玩了！

（六）评价创新

美国著名的教育评价专家斯蒂金斯说："任何课堂教学的质量最终都取决于那里所运用的评价的质量。"可见评价对于教学的重要性。

评价是科学，评价更是"艺术"。需要智商，也需要情商。语文的学习不像理科的学习需要特别严谨，完全可以放开些，放松些，评价方式和评价标准也可以增加些趣味性，其实，无伤大雅。当然，这不等于说评价可以随意，评价的科学性就体现在：能有效地改善学习。

1. 评价是美好的——没有不及格

考、考、考，老师的法宝；分、分、分，学生的命根。其实，分数只是个评价尺度，应成为老师促进学生成长的法宝，而绝不应该是学生的"命根"。对于学生来说，它应该只是欢喜的尺度，或是努力前进的动力和源泉，不应该是忧。所以，改革一下判分制度，就可能会产生一分惊喜。比如，以 100 分为基准，好的无限上加，如 100+50，差的略减，如 100-1。这样，学生的本上就全是高分了。家长一看是惊喜，学生更是乐意。再加上采用积分制、折分制，各种奖励分制，每个人的学习周期里，都有扳平分数的机会，分数就从一个让学生头痛的家伙变得美妙无比，学生简直快喊分数万岁了。这里需要说明的是，这种打分方法主要用于单项评价。比如，作文在规定时间内能写够字数（农村中学生要解决的问题之一），就给 100 分。如果在规定时间内完成了作文，也打 100分。然后，是加减分项，加分为主。第一条，根据书写的好坏决定加减分，清楚整齐的要加分；第二条，没有错别字的要加分；第三条，没有病句更要加分。反之则相反。不同的是加分时加的要多，10 分为一档；减分时减的要少，1 分一档。这样，学生就会有针对性地努力，不知道怎么解决的也会主动向老师和同学请教。我教过一个特别的学生，在另一所学校读不下去了，转到我的班，作文课一个字都写不出，除了名字。

看到同学都积极主动地写，很轻易地就得了 100 分，也有点心动，就问我，是不是真的写够字数就给 100 分，我说是。结果作文交上来，我一看，惊呆了，字数是够了，写的却都是一句话："我叫张东，我是大傻蛋！"我找到他，我说，按理说，老师得给你一百分，你在规定时间内写够了字数，字迹工整，而且没有错别字，但老师这次不能给你，因为你写的内容老师不认可。你看这样好不好，你改一下，我再给你满分。他问，怎么改？我说，你是真的想写好作文吗？他说是。我说，那好！你就写，"我叫张东，我不傻，我想写好作文，我一定能写好作文！"他写了，我给了一百分。他的家长不识字，看到他得 100 分，都不相信，跑来问我是不是真的，我说是，家长的眼泪就下来了，因为这是第一次。我及时表扬这个孩子，特别是夸他的字，写得工整有力，很大气！他再次找到我，承认第一次是自己故意的，就想看看新老师怎么对他，这次作文，虽然得了 100 分，他也觉得这样写不好，他想写一篇像样的作文，问我怎么办。我问他，你有想法吗？他说，根据您给的作文题目，我从优秀作文选上找一篇差不多的，抄上行吗？我说行，但我有个要求，你得改两句，别全抄上！他说行。结果再写作文，他写得很快，第一个交上来了，我一看，还好，减了一句话，加了一句；内容与题目也相符。我表扬了他，结果其他同学不干了。我就课下对他说，咱们得变变，你抄作文选，其他同学有意见，你看看怎么你抄了还不被同学发现。他说，老师，您放心吧，我有办法！结果真的没有同学再举报过。可我一看就知道还不是他写的，就问他，他是怎么做到的。他说，开始是放桌斗里看一句写一句，结果又让同学看见了；他就开始背作文选，这回就发现不了了。后来家访，他家长说，那段时间，他简直着魔了，晚上做梦好像都在背什么。等到我做仿写研究，他终于实现了由仿到创的转变，写出了自己作文，建立了学好语文的自信，请看他的仿作——

水调歌头·初三

假日几时有，伸头望外边——但见儿童嬉戏，老人得悠闲。我欲抱球出门，又恐妈妈御语：出门言在先，做完数学题，背熟语文诗篇！扭扭脖，搓搓眼，揉揉肩，不应有恨，何时才能做得完？题有易难多少，书有薄厚长短，此事谁敢怨？但愿吾长命，熬过这一年。

2. 评价是多元的——总在变化中

激发学生学习语文的兴趣，要力求做到既有恒，又有变。有恒，是让学生觉得学习语文有章可循，会计划、会预习、会听讲、会复习、会总结，教会学生会学习，会做事。有变，就是在形式方法上不断变化。

听说读写的能力训练是恒，怎么听、说、读、写，就要变，变就是推陈出新，让学生每天上课都有一个惊喜，每天都盼望着一个惊喜，又永远都不可预见那个惊喜。"喜新厌旧"是人们的一种通病，新鲜的话语、与众不同的做法都会让学生瞪大喜悦的眼睛。我要求自己绝不说与其他老师相同的话（有的是方式不同）；讲汉语时，会和英语作一些对比，甚至说两句日语。经常贬低自己，抬高学生，并且接受学生的挑战。"老师，您总评点我们的作文，我也想评点一下您的作文，行吗？"面对学生的挑战，我先是一愣，继而笑了——因为自己曾号召学生要"热爱丢脸"，自己也就不能怕丢脸了。"好，下节课请同学们批改老师的作文。"学生们立刻欢呼雀跃起来！从那时起，我开始以学生为师，不但和学生一起写作文，还尝试创作诗歌、散文、小说，并和学生一起交流。学生的作品发表了，我的作文也被《中学生》《中国校园文学》《北京晚报》等报纸杂志刊登。

评价方式越多元，学生越喜欢。学生互评打分，按类打分评价，这样，不同类型的学生就都可能得满分。学生的期末总成绩重预习分的比重，缩减考试成绩的比重；期末复习时，别的班学生备考忙得不亦乐乎，而我则带领学生准备下学期的学习，定计划、布置任务，学生有一种与众不同的轻松感、超越感，成绩自然不错。我们的口号是"小考小玩，大考大玩，不考玩好"。这样，学生就已经离不开语文了。2001年，我参加中考命题，外出一个月。许多学生在日记中写道："突然间，没了语文课，仿佛生活都失去了乐趣。"还有学生写道："语文、语文我爱你，就像老鼠爱大米。"

3. 评价是个性的——这个属于你

评价面向全体，一把尺子量到底，貌似科学，实不公平。学生培养不是流水线上的工业化产品的生产；只有加强个性化的评价，才更具有针对性和生命力。语文教学的评价，更应该体现多样化和个性化。这样，才能通过个性化和多样化的评价，点亮学生的未来。

如何实施个性化评价？孔子早已经给出了很好的原则性回答——在因材施教的基础上因人而异，《论语》中就有这样的故事记载。语文教学评价有一个便利的地方，就是语文学习的材料多、途径多，不必拘泥于教材课文的学习，可谓充分体现了条条大路通罗马。这里有个赵伟的故事。赵伟是个成绩一般的男生，特别喜欢刘德华，家里贴满了刘德华的照片，录音机旁堆满了刘德华的磁带，发型模仿刘德华，笔记本上写的也是刘德华……家长和班主任对这件事都有点头痛，因为他的成绩一直上不去。作为他的语文教师，我却觉得这没有什么大不了的，只要引导到位，他会是个全面发展的好学生。我给他的学习定位就是：从刘德华学起。我认为刘德华是有正能量的演艺明星，其个人故事也很励志，所以赵伟的语文学习就围绕着刘德华展开了：刘德华的个人成长故事、刘德华的演唱歌曲、刘德华媒体采访答对、刘德华的演讲都成了赵伟的语文学习材料，他的札记收集的是刘德华的材料，他的作文写的是刘德华的个人风采、做公益事业的故事以及他的歌评和影评。我同他的班主任和他及家长说好，这些爱好只能用学语文的时间做。同时，希望他别的时间专心干别的，争取全面提高。三年的学习结束了，结果是令人满意的，他不但考上了理想的学校，而且继续发展自己的特长——因为歌评写得好，被一家专业杂志《当代歌坛》聘为特约撰稿人，不仅仅是写刘德华的歌评了。后来，听说他还因为这个身份见到了自己的偶像。

这样的案例其实还有很多。为每个学生找到属于他们自己的语文学习天地，并予以同样公允的评价，对一个孩子的成长来说是至关重要的，会让他们在学习中感受到成长，为未来赢得一块幸福的天地。

第三节　好玩是相对的

好玩是相对的，"好玩"是一种心态，是让学生喜欢语文，跟着老师走。美国杰出教师英特拉托在《我的教学勇气》一书中写道："教学要讲究点技巧，但其作用有限。能关心孩子、关注教学内容，与学生心心相通才是关键。"这就需要我们教师通过"三研"过"三关"。

一、研究学情过学生关

如何才能与学生心心相通，赢得学生的喜爱？首先，要真爱学生。每个学生心中都有杆秤，都在"称"老师是否真的对他好。有个学生曾直言不讳：什么是好老师？对我好的老师就是好老师！其次，要分析学生的性格特点，可以依据心理学等的研究成果。第三，借鉴脑科学的最新研究，分析学生的学习类型和学习风格。这样，我们才能全面地了解每一个学生，不因学生的某个性特点做道德绑架而伤害学生。

二、研究课文过教材关

经典课文研究透，教法在其中。研用教材需要比较，要确定专题、划分领域。通过积累和实践，会让我们手中的教材内容，特别是经典篇目的教学增加深度和广度。视野的不断开阔，也会激发学生探究的兴趣。

所谓经典课文就是指那些一直留在教材里的文章。这些篇目能历久弥新，其价值自然不言而喻，值得我们深入研究，只有深入，才能浅出，才能发挥其独特育人价值和语文功效。研究的方式最好是巧借他山之石，攻自己之玉。下面，以散文教学篇目《背影》为例，观其不同年代教学"发展历程"，我们会有许多新的感悟。

（一）常规阅读式

［教例简述］

例一

1. 课内交流段落提纲

回家奔丧——丧事毕，赴南京，父子同行

南京送别——事虽忙，不放心，亲自送行，看行李，拣座位，再三叮咛，穿铁道，见背影，几度落泪

北京思父——持父信，见背影，泪光晶莹

2. 讨论

（1）本文人物描写的手段有哪些？

（2）本文怎样描写父亲？

（3）这些描写各安排在什么场景？

（4）为什么要这样穿插安排？

3. 反复朗读，体味作者真挚、深切的感情

（见《语文教学与研究》1982 年第 1 期 P20 王松泉文）

例二

1. 将第六段作为讲析的切口。板书：

背影

买橘子：外貌——落魄潦倒　动作—— 一片深情

分离时：走几步、回头、说；混入、再找不着

两次落泪

2. 父亲送行的地方、动作、言谈. 板书：

车站

终于自己送——爱子心切 看 讲 拣 嘱——无微不至

我自责、负疚

3. 当时的家境？原因？板书：

奔丧

祖母死，父亲差使交卸——祸不单行

还亏空，办丧事、赋闲——家境惨淡

4. 读首段，引起学生心灵的共鸣。读末段，让学生更加深刻地感受到课文所饱含的真挚的父子之情。

（见《教学月刊》1987 年第 8 期 P14 张兆龙文）

例三

朱自清的《背影》是一篇语言十分朴素自然的散文。他对动词的重复使用（如两次使用"踌躇"）、同义动词（如"嘱咐""嘱""嘱托"）、动词同其他动词或助词的联合使用（如"看了看""须穿过""须跳下去""爬上去"）、动词的照应使用（后边的"走过去"同前边的"穿过"、后边的"探身下去"同前边的"跳下去"、后边的"爬上"同前边的"爬上去"）等则是非常具体的说明。通过对这些动词的分析，就可体会到父亲真诚朴素的情感。抓住了这些特点来教学，就会大大提高课堂教学的精度，就必然能节省许多时间。

（见《语文教学通讯》1992 年第 3 期 P13 徐绍仲文）

《背影》的教学案例丰富多彩，可谓仁者见仁，智者见智。以上三例，是《背影》教学设计中的一隅：从教学思路来看，例一为"顺向思路"，教者主要是"顺序"从篇首讲至篇末，思路简洁清晰；例二为"逆向思路"，教者从重点段落讲起，一步步地回溯，引人入胜；例三为"选点突破"，抓住文中"动词"的使用规律和表达作用进行咀嚼，韵味无穷。

从教学的着眼点看，例一重在篇的理解，例二重在段的讲析，例三则重在线条的集聚。教学的"切口"越来越细小，讲析和品评越来越细腻。

从讲授的主要内容看，例一呈"并列式"，人物分析、场景分析、情景分析、情感分析可形成几个板块；例二呈"回扣式"，教师先突出中心段，以后每讲析一个层次都回扣一次中心段；例三呈"聚焦式"，所有的内容都从不同角度指向"动词"这个中心。

三个案例，可谓各有千秋，均是很好的学习范式。

（二）读写结合式

1. 第一节课的教学内容：

导入新课，教学铺垫。

第一步：概说课文，文意把握。

建议大家这样概说课文：概说全文的主要内容，概说文章的行文脉络，概说父亲的形象特点，概说你认为的课文重点段落的主要内容。

活动方式：请每个同学从上面四个角度中自选一个对课文进行概说。

同学们思考、交流。

老师小结，用五六个句子对课文进行概说。注意突出一下对课文第六段的概说。

第二步：切入与深化，承接前面的活动，切入到课文第六段。

建议大家这样品析：轻声地朗读课文第六段，感受关于父亲"背影"的故事；轻声地朗读课文第六段，感受这一段的结构层次；轻声地朗读课文第六段，感受这一段中情感的抒发。

然后，请同学们从下面的话题中自选内容研读课文：①这一段中的"事"与情。②欣赏段中的"定格描写"。③欣赏段中的"连续动作"描写。④"泪"的表"情"作用。⑤黑色与红色。⑥父亲的话语欣赏。⑦动词的表现力欣赏。⑧父亲的外貌描写欣赏。⑨说说这一段中的两写"背影"。⑩说说这一段与全文的关系。

同学们进行课堂交流活动。

教师与学生对话并进行课中小结：这一段中的事件是全文的中心事件——"父亲买橘"。"他用两手攀着上面，两脚再向上缩；他肥胖的身子向左微倾，显出努力的样子，这时我看见他的背影，我的泪很快地流下来了。"这是全文关键的一句，全文表现的焦点就是这个"背影"。作者层次分明、语言朴素、情感深沉地描写了父亲的背影。那布帽、布马褂、布棉袍，表现了父亲家庭败落、生活贫困的境遇；那蹒跚的步态，那探身、攀手、缩脚、倾身等一系列动作，形象地描绘了父亲的费劲吃力，那"心里很轻松似的"的动作，表现了父亲不让儿子觉得自己劳累的细心；那叮嘱的话语，表现了父亲的关怀备至，那流泪、又流泪的叙述，则表现着作者内心非常复杂的情意。总之，这一段处处都表现了父亲深挚的爱，处处都表现了作者的感动之情。

第三步：回扣与顺联。

建议大家这样探究：

主问题：如果就单纯地描写父亲去买橘子，故事会有这样感人吗？

回扣：从对背影的描写回扣课文的首段，体会祸不单行、家境惨淡的特定环境。

顺联：从对背影的描写引出课文的末段，体会父子相爱相怜的真挚感情。

于是，在这一节课中，全文的教学形成一种选点突破、辐射全篇的格局。

2. 第二节课的教学内容：回顾所学，交代本节课的学习内容。

第一步：趣味学习活动。

请同学们就"与"这个话题对课文进行发现。

比如开头与结尾：

我与父亲不相见已二年余了，我最不能忘记的是他的背影。

唉！我不知何时再能与他相见！

同学们进入课文，进行横向联系，进行探寻。学生会有很多的发现，然后进行课堂交流。

再如父亲与儿子：

他踌躇了一会，终于决定还是自己送我去。我再三劝他不必去；他只说："不要紧，他们去不好！"我说道："爸爸，你走吧。"他往车外看了看说："我买几个橘子去。你就在此地，不要走动。"

黑色与紫色：

他戴着黑布小帽，穿着黑布大马褂，深青布棉袍，蹒跚地走到铁道边，慢慢探身下去……他给我拣定了靠车门的一张椅子；我将他给我做的紫毛大衣铺好座位。

内疚与思念：

唉，我现在想想，那时真是太聪明了！唉！我不知何时再能与他相见！

年少与年老：

他少年出外谋生，独立支持，做了许多大事。"我身体平安，惟膀子疼痛厉害，举箸提笔，诸多不便，大约大去之期不远矣。"

实写与虚写：

等他的背影混入来来往往的人里，再找不着了，我便进来坐下，我的眼泪又来了。我读到此处，在晶莹的泪光中，又看见那肥胖的、青布棉袍黑布马褂的背影。

教师顺势引出下面的内容：

简述与详述：课文第二段，简述，几句话写了几件事。课文第六段，详述，很多话写了一件事。

教师讲析：简述与详述的处理，在这篇文章里显得非常重要，在一篇以记事为主的叙说文中也显得非常重要。在这篇课文里，作为简述的这一部分的作用是：介绍家境，突现背景，表现心情，进行铺垫。作为详述的这一部分的作用是：突现场景，描绘细节，表现人物，抒发感情。如果没有简述，详述的内容显得比较突兀，不够自然；如果没有详述，则没有动人的细节，没有故事的味道。所以，简述与详述是相互映衬、相得益彰的。

第二步：课堂构思训练。

教师出示作文题：平淡生活中的幸福。

构思要求：准备用这个题目写自己亲身经历的一件事，构思出自己所准备写的文章中"略写"与"详写"的内容提纲。

学生构思，交流，教师评说。

（见余映潮：《这样教语文　余映潮创新教学设计40篇》，

北京：教育科学出版社，2012年，第5—8页。有删改。）

（三）背景沉浸式

往事如昔

赵群筠

当我轻轻地离开了你，当我轻轻地离开了你，

让我回到我北方去，让我回到我北方去，

当北方已是漫天大雪，当北方已是漫天大雪，

我会怀念遥远的你，我会怀念遥远的你。

在那寂静如水的夜里，当我轻轻地唱起了你。

我曾紧紧拥抱着你，爱的记忆飘满四季，

满天的繁星无声无息，当春风吹干了你的泪滴，

幸福让人满心欢喜，青春无悔往事如昔。

以"父与子"的几幅漫画导入，展示生活中的父子关系，体现父亲可叹可怜的形象。

这是一个普通的中学国文教员的永恒记忆："一九四八年八月十三日，走出家门，就看见一群小学生在争着抢着地看一张当天的报纸，其中一个惊慌地喊道：'老师，作《背影》的朱自清先生昨天死了！'看到孩子们那种怆惶悲戚的神情，我不禁无言地流下泪来。"

2007 年 6 月 17 日——父亲节那天，"百度"随意搜索到 28700 个中国网站或博客转载了朱自清的《背影》，把它作为对父亲最好的感谢和祝福，共有几十万人回了帖子。有个叫"雪帘栊"的网友说："今天是父亲节，友人在空间转发了朱自清的《背影》，我不敢看，也用不着看了。每看一次，感触就多出几分。许是经历生死离别后，再看才有了切实的痛感。"

谨以朱自清的《背影》，献给天下所有的父亲。

我看见他戴着黑布小帽，穿着黑色大马褂，深青色棉袍，蹒跚地走到铁道边，慢慢探身下去，尚不大难。可是他穿过铁道，要爬上那边月台，就不容易了。他用两手攀着上面，两脚再向上缩；他肥胖的身子向左微倾，显出努力的样子。

这是一个_____的背影，我是从_____看出来的。

我身体平安，惟膀子疼痛利害，举箸提笔，诸多不便，大约大去之

期不远矣。

父亲——

爱的表达和期待……

儿子——

爱的理解和延续……

朱自清曾说："我写《背影》，就因为文中所引的父亲的来信那句话。当时读了父亲的信，真是泪如泉涌。我父亲待我的许多好处，特别是《背影》里所叙述的那一回,想起来跟眼前一般无二。我这篇文只是写实……"

我们的父亲朱自清

——朱自清先生的百年诞辰访他的儿女们

父亲四十多岁以后脾气有些暴躁，我们小孩子都不敢惹他生气。然而父亲依然是那么谦虚，连让我们帮他做件小事都要用"请"字。我长大以后回想起与父亲一起生活的时光，才体会出他那时的暴躁实在是因为心头压了太多东西，国事、家事、身为一个文人的种种心事，使他受了多少折磨啊！——朱思俞（小儿子）

我每次读到《背影》这篇文章，眼前就好似有一个蹒跚、辛劳的父亲的背影，只是这背影是朱自清先生自己的，所以更加瘦弱憔悴。——朱闰生（大儿子）

过去在父亲身边时隐约可以感受到的东西，多年后才渐渐地理解了，而这正是父亲教给我的最重要的东西。——朱乔森（三儿子）

1928年，我家已搬至扬州东关街一所简陋的屋子。秋日的一天，我接到了开明书店寄赠的《背影》散文集，我手捧书本，不敢怠慢，一口气奔上二楼父亲卧室，让他老人家先睹为快。父亲已行动不便，挪到窗前，依靠在小椅上，戴上了老花眼镜，一字一句诵读着儿子的文章《背影》，只见他的手不住地颤抖，昏黄的眼珠，好像猛然放射出光彩。

115

父亲在看到《背影》的几年后，便带着满足的微笑去世了。

朱自华《朱自清与〈背影〉》

这是一首让我们永远吟唱的歌……

当我们走进《背影》世界，我们看见的不仅是亲情相拥，血脉相连，我们还看见了一个人生的轮回——

我们每一个人都是背影！

我们该在自己的人生路上，留下怎样的一个背影！

儿子眼中的父亲：

7岁："爸爸真了不起，什么都懂！"

14岁："好像有时候说得也不对……"

20岁："爸爸有点落伍了，他的理论和时代格格不入。"

25岁："老头子一无所知，陈腐不堪。"

35岁："如果爸爸当年像我这样老练，他今天肯定是个百万富翁了。"

45岁："我不知道是否该和老头子商量商量，或许他能帮我出出主意……"

55岁："真可惜爸爸去世了。说实在话，他的看法相当高明！"

60岁："可怜的爸爸！您简直是位无所不知的学者！遗憾的是我了解您太晚了！"

这个教学设计的特点是：所有能用的背景材料都用上了，意在打通作者和读者的感情通道，进而理解作品，理解生活，产生共鸣。

这三组材料，不知道大家看完了作何感想？中国第一个乒乓球世界冠军庄则栋说：创新先需识众。教学也当如此。

（四）专题活动式

永恒的眷恋

袁卫星

教材说明：

这里的教材由三部分构成：一是课文整合重组。包括人教版义务教育课程标准教科书语文七年级上册《散步》（莫怀戚）、《风筝》（鲁迅）、《羚羊木雕》（张之路），七年级下册《爸爸的花儿落了》（林海音），八年级上册《背影》（朱自清）、《我亲爱的爸爸妈妈》聂华苓，八年级下册《我的母亲》（胡适）。二是师生利用阅览室、图书馆或者互联网搜索到的亲情诗歌、亲情散文、亲情故事等，包括相关图书、影视作品。三是师生创作的以亲情为主题的作品（包括作文、贺卡、电视散文等）。

根据新课标的精神，教科书有着一定的开放度和机动性。在合理安排课程计划和课程内容的基础上，作为教师，对教材拥有开发和选择的空间；作为学生，对教材有选择和拓展的余地，这样才能满足不同学生学习和发展的需要。正是基于这样的考虑，本专题尝试创造性地活用教材，将学生从课内引向课外，使家庭、社会的信息流向课堂，在"大语文教育观"的指导下，构建一个以课堂教学为主体，以语文课外活动和良好的语文环境为两翼的新的语文教学体系。

本专题所选教材都围绕着"亲情"主题，并以此为语文学习的"核"，力求形成语文学习的"场效应"。

设计理念：

现代人正面临着"情感的暖死亡"，"嗜新症"使人类毫无留恋地抛弃一切——不只是物品，而且包括亲情、友情与故土。① 当代中学生在日

---

① [奥地利] 康拉德·洛伦茨. 文明人类的八大罪孽 [M]. 徐筱春译，合肥：安徽文艺出版社，2000.

益浮躁的社会环境中同样变得越来越现实和功利。那分至真至纯的感情就像深埋在地下的"矿泉水"，静静地流淌着，却很少被人们去开掘和饮用。因此，本案拟用"永恒的眷恋"这样一个专题式语文学习来唤起学生对于亲情的感知和体认。在对学生落实语文教学"知识和技能""过程和方法"的同时，落实这样的"情感态度和价值观"：今生即使父母什么也不给我们，也是很伟大的了，因为他们首先给了我们生命。亲情就像你捧着的一杯白开水，喝起来可能是淡淡的没什么滋味，你若加点茶叶，就会醇香四溢；你若加上糖，加点咖啡粉，再加点温度，慢慢地搅拌，品起来就会味沁心底，弥久不散。

本专题的设计还依据以下三点：

1. "教育的核心是人格心灵的唤醒。教育的最终目的不是传授已有的东西，而是要把人的创造力量诱导出来，将生命感、价值感唤醒。"（［德］斯普朗格）学生的亲情唤醒，能为语文乃至整个的教育带来能动作用、促进作用。

2. "没有'人的感情'，就从来没有也不可能有人对真理的追求。"（［苏联］列宁）积极向上、追求美好的情感能陶冶人的爱心。学生美好的情感被调动起来，可以成为强大的学习动力，推动他们去关心社会，关心他人，发愤图强，创造美好的未来。

3. "语文学习的外延和生活的外延相等。"亲情是生活中的重要构成，让学生感悟亲情，就是让学生回归生活；让学生回归生活，才能让语文走向现实和朴素。

设计思路：

1. 教学目标

（1）认识亲情，珍视亲情，培养眷恋亲人的美好感情；（2）认识到亲情是人类各种崇高感情发展的基础，并将亲情升华为对他人、集体乃至人类的关爱之情；（3）了解叙事散文在形象塑造、情境创设等方面的一般方法，掌握散文"形散神不散"的艺术特点；（4）理解结构复杂、含义丰富的语句，体会精彩语句的表现力，培养品味语言、理解文章感情的能力；（5）掌握"情在事中"的抒情方法，写出情真意切的叙事散文。

2. 教学安排

此专题学习时间为一周（本教案安排在八年级第二学期），其中"旧文重读"一课时，"佳作共享"两课时，口语交际及写作指导一课时，作文讲评一课时。此外，有相当多的环节安排在课外进行。

教学流程：

1. 旧文重读

教师将学生学过的课文（人教版义务教育课程实验教科书）重新印发给大家，它们是：七年级上册《散步》（莫怀戚）、《风筝》（鲁迅）、《羚羊木雕》（张之路），七年级下册《爸爸的花儿落了》（林海音），八年级上册《背影》（朱自清）、《我亲爱的爸爸妈妈》聂华苓，八年级下册《我的母亲》（胡适）。这些课文，要求学生采用金圣叹批《西厢记》的批注式阅读方法阅读，其中《背影》一文由教师设置一个个的问题给出阅读指引，既侧重表达技巧，更侧重内容理解；其余几篇，由学生自己提出问题，自主阅读，自加批注。

《背影》一文设置的导引有：

（1）你能不能在理解下面一些词语在文中意思的基础上，结合自己的生活体会，选择其中的若干个词语造句，形成一段富有真情实感的文字？（惦记、嘱托、交卸、奔丧、踌躇、蹒跚、颓唐、琐屑、晶莹、祸不单行、触目伤怀）

（2）文章有一条分界线，分开了回忆与现在两个部分，你能把它找出来吗？

（3）文章还有一条线索，把全文的故事情节连接并且贯串起来。这条线索是什么？你写作文用过类似的线索吗？

（4）文章四处写到"背影"，请你把相关句子找出来并且画上横线，然后再说一说，哪一处最打动你，为什么？

（5）并不仅仅只是"背影"能够打动人，在我们的日常生活中，有许多细节让我们感动，你能写出一两个这样的细节吗？关于父亲或者母亲的。

（6）文中作者三次流泪，请找到相关语句，画出来，细细品味。

（7）在生活中，你有"不禁簌簌地流下眼泪""我的泪很快地流下来了""我赶紧拭干了泪。怕他看见，也怕别人看见""晶莹的泪光"的时候吗？如果有，把它说出来，带着上面的一些句子。

（8）作者的父亲有着怎样的体貌特征？把文中相关词语勾画出来。

（9）父亲过铁道给儿子买橘子，这个感人的场景中有一些动作描写值得品味。把相关词句勾画出来，并且结合生活中的场景，想想你的父母有没有类似的动作给你留下过深刻的印象。

（10）文章最后写到父亲关于"大去之期不远矣"的来信，你读了是怎样的感受？作者是怎样的感受？这一笔在文章中的作用如何？

在旧文重读的教学过程中，学生对课文理解较以前普遍加深了一层。例如在教师引导下，学生对《背影》一文第三部分父亲关于"大去之期不远矣"的来信给予了更多的关注，认为这不仅强化了"我"对父爱的感受和留恋，同时也构成了作者写作本文的重要原因。学生阅读《散步》，连类比照，想到了"牵手"，说小时候是"大手牵小手"，长大了一定要"牵着母亲过马路"。

【旧文重读的目的之一，是让学生通过反复的揣摩、深入的理解来读出文章的典型意义。有人写了一篇读《阿Q正传》的随笔，随笔中说："读这篇民族的杰作，绝不是看一遍所能消化的。看第一遍：我们会笑得肚子痛；看第二遍：才咂摸出一点不是笑的成分；看第三遍：鄙弃阿Q的为人；看第四遍：鄙弃化为同情；看第五遍：同情化为深思的眼泪；看第六遍：阿Q还是阿Q；看第七遍：阿Q向自己身上扑来……"其实，何止《阿Q正传》，举凡世界上优秀的文学作品，都是需要我们反复阅读，才能读出作品以及作品形象的典型意义来的。目的之二，是让学生通过批注式阅读来改变不求甚解、马马虎虎的读书习惯，形成有效阅读。许多学生读书"只是眼睛在书页上跑过，只知道故事的极简略的梗概"。长此以往，"养成了马马虎虎的读书习惯，可要吃一辈子的亏"（叶圣陶：《阅读是写作的基础》）。目的之三是这几篇课文恰好切合了亲情的主题，容易让学生进入"情境"。这里的"情境"，是黑格尔所说的"使本来在普遍世界情况中还未发展的东西得到真正的自我外显和表现"的"更特殊的前提"。】

2. 佳作共享

学生利用互联网上的搜索引擎，键入关键词（如"亲情""诗歌""美文""故事""父亲""母亲""爱"等），进行网上搜索。喜欢诗歌的可以选择诗歌，喜欢散文的可以选择散文，喜欢故事的可以寻找故事。搜索完后，点击进入"卫星话语"，用"撰写话题"的形式在"感悟亲情"专题论坛发帖推荐搜索到的好文章。要求写出推荐的理由，也就是打动自己的原因。同时用发网络短信的形式在线邀请一位同学（包括老师）来欣赏所推荐的文章。同时把推荐的文章抄写、复制或者下载打印一份，用批注的方法自我欣赏后，置于讲台上（也可复制多份，赠送给自己想要赠送的同学）。同学自由取阅，阅后必须签名并发表"一句话评论"。

经由学生推荐的文章有：《牵着母亲过马路》《母亲啊，您是我最好的导师》《孝心无价》《父爱》《父亲的爱，从不打折》《四封家书》《与爱同在》《我的好哥哥》《丑娘》《母爱无言》《"突袭"回家》《梦碎华衣》《姐姐，那是为了我》等。教师向学生推荐《傅雷家书》、《给儿子的信——一个父亲的谆谆教导》（［美国］肯特·尼伯恩）等图书，以及《下辈子还做母子》《背起爸爸上学》《刮痧》等影视作品，印发内容介绍给学生。

【在学生自由阅读之前，必须有两个定位，一是阅读品位的定位，二是阅读方法的定位。安排"佳作共享"这个环节，既是对"亲情"文本的拓展，更是对这两个"定位"的强化；是在"对话"基础上进一步形成"共享"。对文后签名的数据统计显示：约四分之一学生全读这些文章（四五十篇），四分之一学生读50%以上，四分之一学生读30%以上，四分之一学生读20%左右。学生的平均阅读量较以往大大增加。】

3. 口语交际及相关活动

（1）学生自由组合，向同学介绍自己的家、自己的亲人，说说对"家"的理解。

（2）学生凭记忆，当堂对父母作第一次肖像描写；回家仔细观察父母，作第二次肖像描写；向父母征要他们结婚或年轻时的照片，作第三次肖像描写。把三次肖像作一个比较，以书面形式发表随感，作课堂交流。

（3）学生在互联网上为父母申请一个免费邮箱，制作一张电子贺卡（祝福的话必须自拟）送给父母，并把它链接跟帖在"卫星话语"的"贺卡传情"一帖中，让大家欣赏。制作贺卡可利用网站。没有条件上网的同学可以采用手工制作的办法来完成贺卡。

"如果不是老师布置我们写爸爸妈妈的肖像，我还真的不知道他们正在走向衰老，我还真的不会仔细地去回忆爸爸妈妈对我的好。爸爸妈妈不求回报的付出，原来在我看来，是他们应该给我的，天经地义的，现在我明白了，这就是爱，就是人类最美好的一样东西，我要珍惜，并且应当回报……"这是一名学生发表的课堂感想。

【此环节为以口语交际为主的语文活动，旨在激发学生写作的欲望。同时很重要的一点，是要让学生在开展语文活动的同时，提高交际、交往的能力。】

4．写作

教师以一番演说（或者说是教师对亲情的理解和省察）再一次唤起学生写作的欲望与激情，要求学生写亲情，题目自定。学生作文收齐后，教师附信寄给学生笔下所写亲人，要求回信，以此作为特殊的批改。作文讲评和学校家长会结合在一起。在家长到校日，让学生和家长一起参加作文讲评。很朴素的讲评方式：读。学生读自己文章、文段或文句；家长读自己的来信、随感及心声；教师读下水作文。当掌声响起，眼光闪烁的时候，鼓励学生完成课后随笔：《记一次作文讲评》。这是教师的附信："这篇作文，您孩子写得很认真，也很动感情，所以寄给您，让您和您的孩子共享这份亲情的温暖。……也希望您百忙之中抽出时间，给您的孩子写几句话，可以写读后的感受，也可以写谆谆的教诲，更可以写埋在心底一直想说的那些……总之，让孩子更多地感受亲情的温暖吧！"

这是家长的感受："孩子，你真的长大了""十几年的心血没有白费""儿子，只要你懂，再苦再累也愿意"……

【此环节中的家长参与是关键。家长的参与，其本身就是亲情的参与。】

5．综合实践

在优秀作文的基础上，由学生自由分组，将全班分成五组，每组又分撰稿组、导演组、摄制组、剪辑组、配音组，以"亲情"为主题，摄制电视散文。各组在撰稿阶段，以中央台"地方文艺"栏目播放的电视散文录像作为学习材料，习得行文特点，在学生原稿基础上小组讨论，修改完成脚本；在导演、摄制阶段，由电教组、艺术组结合学校周末选修课程对相关学生进行技术培训，同时，学生以研究性学习的方式走出校门，采景拍摄，并且征用"群众演员""专业（此处指文中主人公）演员"；在剪辑、配音阶段，寻求学校电视台、地方电视台的大力支持，字幕由学生自己输录。在整个拍摄过程中，每组指定一位"场记"，记下活动全过程。最后集中"展评"，设"金鸡奖"一项，由全班同学并特邀全校语文组、本班任课老师投票选出，奖给最佳"制片组"。

【此环节教师旨在充分开发和利用语文教育的各种课程资源，创造性地组织语文实践活动，激发学生主动探究的兴趣，培养团结合作的精神，以提高学生语文实践能力。为了帮助学生在自由学习的氛围内保证学有所得，并对学习承担责任，教师使用了学生合约。】

这个教学设计我做了一些删减，但于当下课标修订的理念，可谓是早有思考，仔细研读，对于一个语文老师的成长，是大为有益的。

经典课文都如此研究，每学期不用多，两三篇即可，几年下来，我们的语文教学，就会大不一样！

三、研究课标过考试关

教师对课标的重视不够，是个普遍现象。以前，有考纲，当然就不重视"大纲"。现在取消考纲，看课标可操作性又不强。于是，我们看历年考试的试卷，不能说不起作用，但不如两者结合起来研究效果更好，即对着课标找考题，对着考题找课标，分类梳理，必有所获。到此，还不够，这只是考研，还要与教研紧密结合，才会使我们平时的教学不做无用功，这就要求我们要找到语文学科"大概念"和"大任务"，听说读写结合，立足核心素养，多开展语文综合实践活动，才会考而不慌，教而不乱。

本章强调"好玩"是想建立一种积极的学习心态。唯一带着中国男足冲进世界杯，倡导快乐足球的教练米卢蒂诺维奇说过一句话：态度决定一切！我想套用一下：心态决定一切！学生学习，何种情况下学得最好？有人通过调查将其梳理如下：

当学生有兴趣时；

当学生的身心处于最佳的状态时；

当教学内容能够用多种形式来呈现时；

当学生遭遇到理智的挑战时；

当学生发现知识的个人意义时；

当学生能自由参与探索与创新时；

当学生被鼓舞和信任做重要事情时；

当学生有更高的自我期许时；

当学生能够学以致用时；

当学生对教师充满信任和热爱时；

我们依然是要建立一种积极的心态，一种主动探索的心态。在这种心态下，在良好的教学氛围中，师生共创一段教与学的佳话！

第三章　有　用

语文的外延与生活的外延相等。

——美国教育家华特·B·科勒斯涅克

学校教育应当使受教育者一辈子受用。

——叶圣陶

第一节　如何理解有用

什么是"有用"？《现代汉语词典》没有收录这个词条，百度百科解释为：可以利用、有价值、耐用。近义词是有效。并进一步阐释为：人们常常把对自己物质上、精神上有帮助或者能带来实际利益的物体、人、事件、行为等等称为有用。我这里讲的"有用"，主要有三层含义：第一是用处广，语文是基础学科，工具性很强，在生活、学习中有着广泛的应用场景，我们要引导学生学会运用；第二是效用强，语文学科具有人文性，在立德树人上，是有大用的，教师应善加利用；第三是价值大，因为语文学科兼具工具性和人文性，所以，用好"语文"，利己达人，培养出大写的人是可以造福社会和人类的发展。所以，此处我所说的"有用"，既有为个人日常生活之用的"小用"之意，更有为国家培养栋梁之才，为社会发展做贡献的"大用"之说。

为什么读书？为什么求学？答案有许多。我以为：宋代大儒张载说得最好，"为天地立心，为生民立命，为往圣继绝学，为万世开太平"。有人说，这应该是教育的终极目标。作为一名语文教师，我以为，这也是我们语文学科应该为之努力的培养目标。

2015 年 3 月 6 日，习近平主席两会"走基层"到人民大会堂江西厅，讲到江西自然环境，习近平信手拈来，现场诵诗文两首："落霞与孤鹜齐飞，秋水共长天一色""飞流直下三千尺，疑是银河落九天"。他同江西老表们说，"环境就是民生，青山就是美丽，蓝天也是幸福……我们要坚持节约资源和保护环境的基本国策，像保护眼睛一样保护生态环境，像对待生命一样对待生态环境……"看得出来，习近平主席十分重视生态环境保护。我们再看这语言表达，文质兼美，句句说到人的心坎上！

今天，很多人知道习近平主席非常看重生态环境，对他的"两山论"的提出也深表赞同。但如果你只知道"既要绿水青山，也要金山银山"这一句，还远远不够。完整的表述是这样的：我们既要绿水青山，也要金山银山。宁要绿水青山、不要金山银山，而且绿水青山就是金山银山。这句完整的表述，把汉语言的特点和魅力展现得淋漓尽致，是"大用"！

第二节　如何做到有用

如何在语文学科的教学中落实"有用"这一点？立足中华优秀传统文化，借鉴西方先进教育理念，古今中外，融会贯通地学习，应是可行之路。

二十七年的语文教学中，我只做了两个课题研究："中学生作文仿写实践研究""中学生口语交际教学研究"。这两个课题，首先定位为"有用"。下面，先以第一个课题为例，阐明如何在语文学科的教学中做到

"有用"的第一重含义——"学以致用"。

一、学以致用

我做第一个课题,有偶然性,也有必然性。让学生做好词好句的摘抄,做名言、警句的积累,是许多优秀语文教师一贯做法,不能说没有一点效果,但与预期确实差距甚远。许多学生"摘抄"写了好几本,作文依然写不好,那些积累的优美的词句依然用不上。我觉得,只这样一味地摘抄是死的积累,这样的积累,再多也没有用。许多人保存着厚厚的漂亮的摘抄本,留了一辈子,也只不过是青春美好回忆的见证,那上面的积累,没有能变成自己的"本事"。我自身也有过这样的经历。所以,我做"仿写"研究,第一个要实现的目标就是:学以致用,化"死积累"为"活积累"。

(一)化"死积累"为"活积累"

下面以"名言、警句的仿写"课为例,说明如何化"死积累"为"活积累"。

1. 指导思想

语文是实践性很强的课程,应该让学生更多地直接接触语文材料,在大量的语文实践活动中掌握运用语文材料。《义务教育语文课程标准(2011 年版)》指出:语文教学要注重语言的积累、感悟和运用,注重基本技能的训练,给学生打下扎实的语文基础。如何在教学过程中实现语文课程的基本理念,提高学生的语文素养和培养学生的创新能力,是每一个语文老师必须面对的问题。

积累,是语言学习的基础。

仿写,是青少年语言模式学习必不可少的非常重要的环节之一。

名言、警句的仿写则架起了从积累感悟到理解运用的一座桥梁。

2. 教学背景分析

以名言、警句使学生接受潜移默化的熏陶，一直是许多学校教育工作的优良传统。在学生活动的许多场所悬挂着名人画像和励志名言，优化了学习环境，创造出激励学生奋发向上的气氛。让学生积累名言，用名言律己，用名言励志，也是语文老师的教学任务之一。

有鉴于此，我要求学生从初一就开始积累名言、警句，每天语文课前有两名同学把自己喜欢的名言抄在黑板两侧分享给大家。半学期下来，积累成果颇丰。在此基础上，我们又把名言分类，分为理想篇、知识篇、读书篇，惜时篇等等，更便于学生整理收获。

学生积累了大量的名言、警句，但是并不会十分恰当地把它们运用到自己的写作中去，本节课就是要解决这个问题。

再看课堂实录和专家点评，我们的设想和实际取得的效果，便可一目了然。

3. 课堂教学实录

投影展示：

厚积薄发

听故事，对名言。（目的在于激发兴趣，展示积累。为后面的仿写仿用名言作铺垫。）

师：同学们平时积累了大量的名言，今天，先让我们给大家展示一下。

师读投影：（1）1996 年世界爱鸟日，维多利亚公园应广大市民的要求，放飞了一只在笼子里关了四年的秃鹰。事过三日，当那些爱鸟者还在津津乐道的时候，在不远处的小公园里发现了秃鹰的尸体。解剖发现，秃鹰死于饥饿。

师：这种现象阐明的道理，你能用孟子的一句名言概括吗？

生答：生于忧患，死于安乐。

生读投影：（2）台湾漫画家几米有一幅名为《有效期限》的漫画，旁有小诗云："一艘小纸船，悠悠地飘过来，吸饱水分，渐渐沉没。世界上所有的美好，都有有效期限。"所以，我们要学会珍惜。由此，你想到的珍惜时间的名言是……

生1："在时间的大钟上只有两个字：现在。"这是莎士比亚说的。

生2："盛年不再来，一日难再晨。"——陶潜

生3："你热爱生命吗？那么别浪费时间，因为时间是组成生命的材料。"这是富兰克林说的。

…………

师：同学们肯定还有很多关于时间的名言，老师也想到了一句关于时间的名言，是庄子的"人生天地间，若白驹过隙"。

请学生读投影内容：（3）爱迪生说："天才是百分之一的灵感加百分之九十九的汗水。"调动你的积累，另说一句内容类似的名言。

生1："天才在于积累，聪明在于勤奋。"——华罗庚

生2：林肯说过："好学不倦者，必成天才。"

生3：郭沫若说过："形成天才的决定性因素应该是勤奋"。

…………

请学生读投影内容：（4）我们常听有些同学说："学习这么忙，作业这么多，哪顾得上读书？"此时，你想对他说？

生1："读一本好书，就像和许多高尚的人谈话。"这是哥德说的。

生2："时间是个常数，但对勤奋者来说是个变数。"这是雷巴科夫说的。

师：老师也想到了这句名言，因为这句名言巧妙地把时间和勤奋结合起来。

刚才我们听故事，对出了这么多的名言，相信在同学们的头脑中还有更多名言。我这里有几句关于名言的"名言"。（目的在于激发学生探

究名言的兴趣。)

投影展示关于"名言"的名言：

①每句名言都是你最好的心理医生。

②名言是人生中最珍贵的金子，它能激发你在任何时候都闪烁出光芒。

③名言是绝大多数人思想的摇篮，又是绝大多数人迈动双脚的动力。

师分析：名言为什么会有这么大的力量呢？让我们一起来"追根溯源"。

投影展示：

2. 追根溯源

品名言，找规律。(目的是了解名言的特点，为仿写名言、警句做准备。)

读一本好书，就像交了一个益友。

鱼离水则鳞枯，心离书则神索。

理想的书籍，是智慧的钥匙。——托尔斯泰

学生自由朗读出示的名言，体会名言的特点。

师：这些名言在形式上有什么特点？在内容上有什么特点？

学生短时间思考后，举手回答："这些名言在形式上运用比喻的修辞方法，在内容上，对人们的思想有指导作用。"

教师总结：我们可以把名言的特点概括为以下几点——运用修辞、句式简洁、语言凝练、富有哲理。

师：抓住名言警句的特点，我们也能写出这么好的名言来。我们一起试试看。

投影展示：

形神兼备仿名言。

师：什么是"形神兼备"？第一步找准仿点，第二步替换形象，因为名言警句蕴含深刻的哲理，所以，我们在仿写的时候要注意句子的哲理性。

投影展示第一句：

自信是成功的第一秘诀。——爱默生

学生思考，马上有人举手。

生1：健康是人生的第一财富。

生2：勤奋是成功的第一要素。

…………

投影展示第二句：

心灵中的黑暗必须用知识来驱除。——卢克莱修

生1：人生中的黑暗必须用信念来驱除。

生2：心灵中的花朵必须用理想来浇灌。

生3：沟通中的阻碍必须用真诚来化解。

…………

投影展示第三句：

你热爱生命吗？那么别浪费时间，因为时间是组成生命的材料。——富兰克林（中考试题）

师："记得有一句名言是'细节决定成败'，我仿的一句名言是：'你渴望成功吗？那么别忽略细节，因为细节是决定成败的因素'。"顺着这个思路，你们再仿写一句。

马上有学生举手发言。

生1：你追求理想吗？那么别害怕失败，因为失败是通向理想的道路。

师：在形式上仿得很好，但在哲理方面稍微有点欠缺。

生2：你热爱美丽吗？那么别破坏绿色，因为绿色是描绘美丽的色彩。

师：还有环保意识，非常好。

生3：你期待成功吗？那么，别忽视态度，因为态度是决定成功的关键。（有些同学笑了）

师：为什么笑呢？因为这是从另一条名言"态度决定一切"仿写出来的。

师：刚才我们展示了这么多名言，又仿写了这么多名言，抓住名言、警句的特点，我们就能写出自己的名言、警句。也许，时过境迁，今天咱们在课上写出的这些名言，若干年后，会成为学弟、学妹们仿写的材料呢！名人是如何运用名言的呢？我们下面学习仿用名言。

投影展示语段，请学生朗读：

在每一个伟大的信仰和传统中，我们都能找到宽容和相互理解的价值观。比如，《古兰经》告诫我们："我们用一对男人和女人创造了你们，使你们成为国家或部落，因而你们会相互了解。"孔子谆谆教导他的追随者："邦有道，危言危行；邦无道，危行言孙。"在犹太教习俗中，戒律"像爱你自己那样爱你的邻居"被认为是《旧约全书》的基础。

——联合国第七任秘书长安南
在 2001 年诺贝尔和平奖颁奖仪式上的演讲

师：安南在这一小段文字中，三处引用了名言，使自己的文章更有说服力。这就更坚定了我们运用名言的决心。我们怎么用呢？

投影展示另一段文字：

我之所以常感读书幸福，是从喜爱读书的亲身感受而发。笛卡尔说："读一本好书，就是和许多高尚的人谈话。"这就是读书使人向善。雨果说："各种蠢事，在每天阅读好书的影响下，仿佛烤在火上一样渐渐融化。"这就是读书使人避恶。

所以，我说，读书人是幸福人。

——《读书人是幸福人》

师：画线句子是名言，你能否学习这种句式，再引用一条名言，从另一个角度谈谈读书的意义。

学生很快按要求写出句子。

学生展示（按座位顺序）：

生1：程端礼说过，"勤于读书，益于作文"，这就是读书可以使写作变得更容易。

生2：爱默生曾经说过："只有会读书的人才能创作出好的作品。"这就是告诉我们读书才能更好地创作。

生3：卡尔德说过："仅次于选择益友就是选择好书。"可见，选择书籍对于我们是多么重要。我们要像选择朋友那样选择好书，要像爱护朋友那样爱护书籍。

…………

师：把刚才几个同学的仿句，组合在一起，就构成了一段漂亮的语段。这就是"巧用名言做论据"。

投影展示语段，请学生朗读：

李时珍写《本草纲目》用了30年，托尔斯泰写《战争与和平》用了37年，诺贝尔研制无烟炸药，屡败屡试，煎熬8年才出成果，陈景润为证明哥德巴赫猜想，拖着病体，在油灯下演算。所有这些证明了：_____

_____。

师：你能对出哪句名言？

生1：爱好出勤奋，勤奋出天才。

生2：天才出于勤奋。

师：这句名言与这段文字之间有什么关系呢？

学生纷纷回答：概括了这段文字的中心思想。

师：这就叫作"妙用名言立中心"。

师：俗话说，"题好一半文"，好题目犹如文章的眼睛，巧用名言入题，能让我们的文题一枝独秀。下面我们仿拟题。

投影展示一组中高考满分作文题目：

（1）勿以善小而不为 （2）近水楼台"贤"得月

（3）将奉献进行到底 （4）诚以养德，信以修身

学生简要分析这些题目的特点。（略）

师：我们在为文章拟题目的时候有两种方法，一种是直接引用名言，一种是化用名言拟题目。我们试着做一下。

投影展示语段，学生朗读：

有人说，读一本好书就好像和一位哲人在交谈，它能让我们明白许多做人的道理。有人说，一本好书就像一盏明灯，它能为我们照亮人生的前行之路。有人说，看到好书，生活再难也要买，时间再紧也要读，因为好书是每个人的成长食品中不可或缺的营养……

师："看到这段话，你会想到哪些与书有关的名言？"

生1：我想到的是莎士比亚的一句名言："生活中没有书籍，就好像没有阳光；智慧中没有书籍，就好像鸟儿没有翅膀。"

生2："书籍是人类进步的阶梯。"——高尔基

生3："读书给人以乐趣，给人以光彩，给人以才干。"——富兰克林

…………

师：刚才我们说了这么多与书有关的名言，请巧用名言拟题目。

学生纷纷拟出如下题目："为'书'消得人憔悴""立学以读书为本""书籍——造就灵魂""书籍是成功的奠基石""天才出于苦读""书籍是智慧之母"。

师：同学们仿得很好，相信这样的题目一定能吸引读者。

请学生朗读投影展示的语段：

美学大师罗丹曾经说过："美是到处都有的，对于我们的眼睛，不是缺少美，而是缺少发现。"今天，受这位富有创新精神的学者启发，我

135

想说："答案是普遍存在的，对于我们的头脑，不是缺少思考，而是缺少角度。"

——《旋转这只万花筒》

学生分析这个开头的特点。

师：仿照这个开头，老师也写了个开头——伟大诗人但丁说，"一个人越知道时间的价值，越感觉失时的痛苦。"今天，受这位诗人的启发，我要说：_____

让学生续写语句。教师巡视。

生1：一个人越知道知识的价值，越感觉到无知的痛苦。

生2：一个人越了解寂寞的悲伤，越感觉到朋友的可贵。

生3：一个人越知道生命的珍贵，越明了青春的价值。

……

师：仿照例段，以理想为话题再写一个语段。

学生动笔写，教师巡视指导。有些学生在小声商量。很快，有的同学写完了。

生1：英格利西说："抱负是高尚行为成长的萌芽。"今天，受这位智者的启发，我要说："理想是伟大计划成功的开端。"

生2：富兰克林说："你热爱生命吗？那么别浪费时间，因为时间是组成生命的材料。"今天，我想说："你崇尚成功吗？那么就把握住理想，因为理想是通向成功的桥梁。"

师总结：刚才，我看到很多同学写出了非常漂亮的语段。我就不再一一展示了。下面，一起看看我们这节课学习了些什么。

投影展示：

精彩回眸

博学就是广泛积累，名言、警句只是其一。今天我们以它为例，巧仿——写自己的"名言"；妙用——仿用名言做论据、立中心、拟题目、写开头。我们不断地这样借鉴、学用，我们就能实现从"用他人漂亮的语言表达自己美丽的思想"到"用自己个性的语言表达自己美丽的思想"的新境界!

专家点评:

这篇教学设计有较高的立足点，富有新意，解渴有用。

这节课，教学目标切合语文学习的规律——重视积累，体现了"学以致用"的原则。学生已经积累了不少名言、警句，引导学生运用这些积累，让学生经过语文实践尝到积累的甜头。这就加深了他们对名言、警句的认识，进一步激发了他们自觉积累的积极性。

语文教学如何培养学生的创新意识，如何提高学生的创新能力? 这篇教学设计给人以启示。学生的创新意识和创新能力不是被教师"说"出来的。组织学生仿写，就是培养学生创新意识、提高学生创新能力的一个途径。仿写，是典型的"读写结合"，而且有相得益彰的奇效。仿写，对青少年而言，不但有趣味，而且有思维难度。让他们以经典的语言模式为借鉴，尝到创新的喜悦。

这使我联想到人们对仿写意义的认识。不得不多说几句关于仿写的话。

有一个基本观点，人们常常忽视，那就是写作是一种技能。叶圣陶先生说过:"写作和阅读比较起来，尤其偏于技术方面。凡是技术，没有不需要反复历练的。"吕叔湘先生对这一点说得更形象:"使用语文是一种技能，跟游泳、打乒乓球等技能没有什么本质上的不同……任何技能都必须具备两个特点，一是正确，二是熟练。要正确必须善于模仿，要熟练必须反复实践。"

从技能形成的过程来看，人类的技能无一不是从模仿开始的。由模仿到感悟，由感悟到创造。这是技能由初级阶段向高级阶段发展的规律。

语言的学习，从幼儿张口发音的模仿，到说话的模仿，那得一点一点地长进。写字也是从模仿开始的。唯独拿起笔来"作文"了，这模仿的教学反而成了稀罕事，普遍不予以重视。不仅被轻视、忽视，还被歧视。不少人认为"仿"不是"创"，认为仿写是一种可有可无的低级的练习活动，甚至把它视同"抄袭"，不屑一顾，想叫学生的作文篇篇都具有创作的特征，要求学生也"见人所未见，发人所未发"，出现点模仿的痕迹就大加挞伐。

殊不知，学生恰恰是很需要踏过这层初级台阶在语言文字上打打基础的。模仿的实质是语言模式的学习，叫学生在拿起笔来写的时候，也从各个方面接受规范语言的熏陶。古人开笔之前，已背书背了好几年，背了许多东西。现在，学生读的就不算多，背的尤其少，再缺少模仿的练习就想叫学生作文过关，有这种可能吗？这种作文教学超越了发展规律的一个阶段，违背了技能形成的一个重要条件，造成了多数学生作文不知所措，甚至怕作文的局面。这不值得引起我们的深思吗？

再看这篇教学设计，趣味盎然地组织学生作句的仿写和语段的仿写，轻轻松松地让学生接受典范语言的熏陶，不能不使人感到这么教的深意、新意。

（二）化"枯燥乏味"为"形象生动"

语言"枯燥乏味"是初中学生作文最大的问题。据调查，学生反映因为"不知道怎样写才具体，所以不喜欢写作文"的人占到总数的92.8%，这表明，"不能写具体"直接影响了学生写作的兴趣；而教师给予切实可行的方法指导，学生是可以把作文写得具体、生动，富有真情实感的。作为一个有过多年"初三教学"经历的教师，作为一个多年参与中考阅卷工作的阅卷者，作为一个有过中考命题经历的命题人，作为一个区域参与中考阅卷工作的组织者，我深知中考作文优秀的最后比拼点也在语言表达。所以，每年这节"如何使语言具有表现力"的课程是我对初三学生的保留项目，在课堂上通过举学生自己作文中的句子，阐述含义、提供仿写示例，然后组织练习及讲评，使学生掌握把句子写具体的方法，再改写自己原来的句子，真正掌握方法，这种方法深受学生的喜爱。

下面以"如何使语言具有表现力"一课为例，说明如何化"枯燥乏味"为"形象生动"。

1. **课程说明**

京版语文教材第 18 册的"写作"部分，从"作文全过程"的角度共设计了六个知识点，其中第五个知识点就是"语言"。作文是靠书面语言来表情达意的，"内容""结构"都离不开"语言"这个载体。所以，语言的好坏是评价一篇文章优劣的重要标准。课标要求"表达力求有创意"，就是要求学生力争把作文的语言写得生动、形象、精彩。换句话说，就是具有表现力。本节课要解决的问题就是如何通过修改使语言具有表现力。

2. **教学目标**

①共同研讨修改案例，探究、总结使语言具有表现力的方法。

②学习用具有表现力的语言修改作文。

3. **教学重点**

掌握修改作文语言的方法。

4. **教学难点**

用具有表现力的语言修改作文。

5. **教学过程**

（1）问题导入

古人云："辞不可陋，故错综以润色。"上节课我们学习了什么是"精美"的语言，如何使语言"精美"。这节课我们将学习：如何通过修改使自己的作文语言具有表现力，得以"精美"。

（2）重温目标

唐代大诗人杜牧对作文语言有一段论述，他说："凡为文以意为主，以气为辅，以辞彩章句为之兵卫，未有主强盛而辅不飘逸者，兵卫不华赫而庄整者。"李白也认为："赋者，古诗之流。辞欲壮丽，义归博远。不然，何以光赞盛美，感天动神？"所以，在他们的眼里，好的文章就需要有精美的语言。让我们一起再回顾一下上节课所学——让语言"精美"的方法。

（3）剖析样文

①善于选择词语。

②善于选择句式。

③善于运用各种表达方式和修辞。

通过上节课的练习，老师发现同学们在选择句式和运用表达方式这两方面掌握得较好，但在选择词语和修辞的使用上，还需要进一步的学习。这将是我们这节课要学习的主要内容之一；另外还有同学问：让作文语言"精美"还有没有其他方法？答案是肯定的，我们这节课将再介绍另一类方法："借用"。其实，这种方法，有的同学在上次练习中，已经"无意"中用到，我们再一起探讨一下：如何用得更好？

请看第一部分"选择形象化词语"，这些练习材料都摘自同学们上节课的作业，咱们一起研究一下，总结几条具体的方法。

第一，选择形象化词语。

修改一：

原句：王奶奶很着急。

改句：王奶奶急得直跺脚，眼泪在眼眶里转来转去。

通过这个练习，老师看到：同学们已经学会了把形容词改为动词或者变叙述为描写的方法。为了便于同学们记住这种方法，我们暂时叫它：动态形象化。

修改二：

原句："张思思，你是怎么回事，竟连这么简单的基础知识都不会……这是第几次了？你仔细想想，你现在找到你物理不及格的原因了吧？"物理老师大声地责备着我。

改句："张思思，你是怎么回事，竟连这么简单的基础知识都不会……这是第几次了？你仔细想想，你现在找到你物理不及格的原因了吧？"物理老师大声地责备着我……一声紧似一声，由于"恨铁不成钢"，老师的脸色都变了……

改句对老师责备"我"时的神态进行了描写，与原句相比表现力已经增强了，但老师觉得还不够，那么，怎么能改得更好呢？我们先看个示例。

示例1：宠姬方才醒悟，美丽的脸色立刻转成灰色，抖抖索索地改口道："不是，是沾湿了你的衣裳……"

这是叶圣陶写《皇帝的新装》时用的一句话，在正式发表的时候，叶圣陶先生把"美丽"改成了"粉红色"。同学们，能说说这样修改的好处吗？

宠姬方才醒悟，粉红色的脸色立刻转成灰色，抖抖索索地改口道："不是，是沾湿了你的衣裳……"

答案要点：与美丽相比，粉红色不仅具体，而且与"灰色"形成对比，让人仿佛看到了宠姬被惊吓的程度。

下面，请同学们参考这个例子修改上一个练习。好，我们先看这一位同学的修改。

改句1：

……老师那原本粉扑扑的脸已经涨成深红色，我分明看见老师头上的黑发之间已经挤出了许多根白发……

从这个修改可以看出这位同学方法已经领会，但用词还不够恰当，

"粉扑扑"多用来形容儿童的脸；写人很生气，用"脸已经涨成深红色"也不是十分恰当。我们把这句再改一下。好，我们看看这位同学的。

改句2：

……老师那原本红润的脸色已经变成暗青色，我分明看见老师头上的黑发之间已经挤出了许多根白发……

这样改就更好了，通过脸色的变化，头发颜色的变化，形成对比，写出了老师的认真负责和辛勤操劳，这样，就给人留下深刻的印象。我们也为这种方法起个名字：颜色形象化。

修改三：

原句：有一次，我看见他作业本上错了一道题，我对他说："你这题错了。"他说："我不想改！"

改句：有一次，我看见他作业本上错了一道题，我对他说："你这题错了。"他满不在乎地说："我不想改！"

改句，加了"满不在乎"一词，来写人物说话时的神态，已经有了进步，但还不理想，我们看能否再改一下，使之更具表现力。改之前，我们再看个例子。

示例2：真倒霉，居然让我和她同桌。在老师的登记册上，她叫徐胜兰，可是在她作业本上，总写徐胜男，这分明在向我们男子汉挑战，你说气人不？

大家说说这段语言有什么特点？对，用了活泼的口语，使人物形象更加鲜明。

叶圣陶先生讲：作文就是用笔说话。怎样想，就怎样说，怎样说，就怎样写。鲁迅先生也表达过同样的意思：作文要多选用口头上活泼的语言。那么，我们想一想，与"满不在乎"相对应的口语是什么呢？

再来看看这位同学的修改。

改句：有一次，我看见他作业本上错了一道题，我对他说："你这题错了。"他满不在乎地说："一道小破题，不值一改！"

这样一改，效果是不是就更好了，人物的形象一下就突显出来。这种方法我们暂且称它为：口语形象化。

修改四：

但有一天，我和爸爸之间发生了争执，本来说好晚上该读外文，可巧这天电视放的影片很好，于是，一吃完饭，我就先向妈妈请求改变原来的安排。

这是上节课留的作业，同学们普遍反映不会改，我们还是先来看示例。

示例 3：虽然她掩饰不住脸上的困倦，一双聪颖的眼睛显得黯然无神，那<u>顽皮</u>的嘴角流露出一种无法诉说的焦急。

说说画线词语的使用特点？

"顽皮"本来是形容人的性格的，这里却形容嘴角。是大词小用，写出了人物鲜明的个性，给人留下深刻的印象。类似的说法还有很多，比如：一脸旧社会，是用旧社会的苦难来形容人的一脸苦相。桀骜不驯的眉毛，用人的一种性格来修饰眉毛的形状特点，非常有表现力。

示例 4：她从来不打骂我们，仅仅有一次，她的教鞭好像要落下来，我用石板一迎……我用儿童<u>狡猾</u>的眼光察觉，她爱我们，并没有存心要打的意思。

说说画线词语的使用特点？

"狡猾"本来是贬义词，用在这里，感情色彩发生了变化，表现了儿童的天真、可爱、活泼、顽皮。

这两种用词方法我们权且称之为：幽默形象化。使用后，文风幽默，文章富有情趣。下面我们看看练习句是否可以这样改：

但有一天，我和爸爸之间发生了"冲突"，本来说好晚上该读外文，可巧这天电视放的影片很好，于是，一吃完饭，我就先向妈妈发起了"进攻"。

"冲突"本指矛盾激化,"进攻"是说战斗或竞赛中发动攻势,都是"大词"这里"小用",感情色彩也发生了变化,用来表现家庭生活中轻松欢乐的氛围,使作文别有韵味。

我们继续研讨示例5,再总结一种方法。

示例5:到半夜,果然来了,<u>沙沙沙</u>!门外像是风雨声。他正抖作一团时,却听到<u>嗤的一声</u>,一道金光从枕边飞出,外面便什么声音也没有了,那金光也就飞来,敛在盒子里。

请分析文中画线词语的特点。

答案要点:对,"沙沙沙""嗤的一声",都是拟声词,仿佛使人身临其境,非常具有表现力。由此,我们可以再总结一条方法:声音形象化。

好,我们小结一下:以上通过将形容词变为动词、将概述变为描写、描绘色彩富于变化、将书面语化为口语、大词小用、改变词语的感情色彩、使用拟声词等方法实现了语言的具体表现力。为了便于记忆,我们概括一下这些方法:

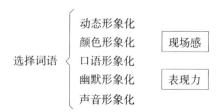

第二,恰当地使用修辞。

古人云:"情动于中而形于言"。作文首先要有强烈的情感驱动。除此之外,还要恰当地使用修辞方法,这样,语言的表现力就会更强。下面,让我们通过品评同学的修改练习进一步体会一下。

修改一:

原句:吸烟不好。

改句:吸烟好比吃苍蝇,哪怕是油炸的。

评析：改句使用了比喻的修辞方法，写出了作者对于吸烟这件事的极端厌恶之情，表达效果非常好。

修改二：

原句：电脑坏了。

改句：原本十分可爱的电脑，竟变得无情无义，任凭我如何鼓捣就是一声不吭，只用一副冷冷的面孔对着我。

评析：此句改用拟人的修辞方法，形象地写出电脑坏的程度和作者的内心感受，极有现场感。

修改三：

原句：青春是美的，青春是丰富多彩的，青春是有挑战的。

改句：青春是盛开的鲜花，用它艳丽的花瓣铺就人生的道路；青春是美妙的乐章，用它跳跃的音符谱写生活的旋律；青春是翱翔的雄鹰，用它矫健的翅膀搏击广阔的天宇；青春是奔腾的河流，用它倒海的气势冲垮陈旧的桎梏。

评析：改句通过运用比喻、拟人、排比、反复的修辞方法，具体、形象、生动地写出了青春的特点，大大地增强了语句的表现力。

由此，我们看出用好修辞确实为我们的作文带来了精彩，但如果用不好，也会带来问题，下面的问题需要我们格外注意。

修改四：

原句：稻穗已经黄了，沉甸甸地垂着。我们一镰一镰地割着。大片大片的稻子倒下了，这一派丰收的景象让人欣喜不已。

改句：……大片大片的稻子倒下了，被捆成了稻个子，精神抖擞地立在田地中，站成整齐的一排。田头剩下一小块没割的稻子，都低下了头，没精打采，垂头丧气，这一派丰收的景象让人欣喜不已。

评析：改句想通过加入拟人的修辞方法，使语言变得精彩，"精神抖擞地立在田地中，站成整齐的一排"一句很好，但"没精打采，垂头丧气"一句显然与语境不符合,本段文字主要是表达丰收的喜悦之情,此句却大相径庭,背道而驰,显得格外别扭。

那么,如何改呢?有一种办法,就是删掉此句,但显然不合作者的心意,那我们就再改一下,让它符合语境。好,看一下这位同学改的。

改句:……田头剩下的一小块没割的稻子,都低着头,仿佛与大地母亲告别:"妈妈,谢谢您哺育了我们!我们就要为人类去做贡献了!"

小结:这样就好多了。

所以,使用修辞一定要恰到好处,不能为了修辞而修辞,喧宾夺主,影响文义的准确表达。

下面我们进入这节课的第三项内容。

第三,巧"借"精彩语句。

还是先看我们同学的作品。

修改一:

原句:我们现在学习非常紧张,周六还要上课,一周只能休息一天,真是太累了!

改句:我们现在学习非常紧张,周六还要上课,一周只能休息一天,真是"六天打鱼一天晒网"啊!

修改二:

原句:面对成堆的作业,我不禁长叹:"什么时候能做完啊!"

改句:面对成堆的作业,我不禁仰天长叹:"作业何时完?把笔问青天。"

评析:这两个改句,一句借用俗语"三天打鱼两天晒网",一句借用苏轼的词中名句"明月几时有?把酒问青天",进行了改写,很恰当,很新颖,生动形象地写出了学业负担沉重之痛。

这样的运用还有很多例子,让我们欣赏一下其他同龄人的佳作:

①考试前,妈妈叮嘱我要好好复习,但我说:"我是裁缝做衣不带

尺 ——自有分寸。"可是考完后我的心里就是"十五个吊桶打水——七上八下"了。

②考试失败并不算什么，只要自己尽力就行，擦干泪，不要问为什么。

③现在每天早上训练同学们都不积极，个个都争后恐先，不使全力跑步。

④我爱水，爱它的惆怅，"问君能有几多愁，恰似一江春水向东流"；爱它的婉约，"枯藤老树昏鸦，小桥流水人家"；更爱它的豪放，"大江东去，浪淘尽，千古风流人物"。水有万味，人生亦有万味。

黄庭坚在《论作诗文》中说道："作文字须摹古人"，"取古人之陈言入于翰墨"。

这就是说可以通过"巧妙借用"前人精彩的语句达到"翻奇出新"的目的。成语、俗语、谚语，一些好的歌词、诗词名句和中外名人名言，历来具有表达精练、含义深刻、脍炙人口、深入人心等特点。在作文中若能巧借妙用，必能使文章神采飞扬，意蕴深刻。借用主要有两种方式：引用和化用。

首先，引用，指直接引入经典语句，会使句子行文显示出深厚的文化底蕴。

①人应生得光荣，死得伟大，就像泰戈尔说的"使生如夏花之绚烂，死如秋叶之静美"。

②幸福是什么？幸福是"采菊东篱下，悠然见南山"的和谐恬淡；幸福是"山重水复疑无路，柳暗花明又一村"的峰回路转，幸福是"衣带渐宽终不悔，为伊消得人憔悴"的信誓旦旦。用心体会，幸福无处不在。

其次，化用，指有些好的语句，在具体语言环境中不好直接引用，稍加变化运用，效果更好。简称"化用"。

①这两件事若有联系，那真是驴唇对上马嘴了。

②美国的富兰克林说过："兄弟可以不是朋友，但朋友有如兄弟。"而我要说："老师可能不是父母，但父母常如老师。"所以，我们要多听听父母的意见。

小结：引用也好，化用也罢，一定要注意语义相连，语境相通。

（4）指导修改

如何使语言具有表现力，以上我们学习了三类方法：1.选择形象化词语；2.恰当地使用修辞；3.巧"借"精彩语句。下面我们试一下，注意找准改点，合理修改。

请同学们修改下面的句子。

①上学随着年级的增长，越来越累！

②虽然屡屡受到打击，但我的梦想依然如歌。

③荀子曰："青出于蓝而胜于蓝。"作为一名当代中学生，我也要……

④"人家都说'心有灵犀一点通'，可你倒好。"妈妈无奈地说。

指导修改：

①上学随着年级的增长，卷子，一叠叠地堆高，书包，一天天地变重，眼镜，一圈圈地变厚——沉重！沉重！沉重！

评析：改句变叙述为描写，运用了排比、反复的修辞方法，具体形象地写出了"越来越累"的状况。

②虽然屡屡受到打击，但我的梦想依然如同那首歌——我要飞得更高，飞得更高。

评析：引用歌词，使指向更加明确，句子的表达激昂向上。

③荀子曰："青出于蓝而胜于蓝。"我也要"学于师而强于师"。

评析：化用，和我们的举例如出一辙，使句意表达更加明晓，强调了我的决心。

④"人家都说'心有灵犀一点通'，可你倒好，总跟我'心无灵犀半点不通'。"妈妈摇摇头无奈地说。

评析：逆向化用，创新表达，妈妈的无奈之情跃然纸上。

小结：这几位同学有的直接引用，有的巧妙化用，还有的变叙述为描写，同时恰当地使用了修辞，让我们的作文语言立刻变得精彩起来！

（5）梳理总结

文从字顺、具体明确地表达是基础；选换词语、变换句式和表达方式、恰当地使用修辞是提高；巧借妙用经典的语句是超越——作文语言要具有表现力是一个逐步提高的过程。

如何使语言具有表现力，今天我们主要从三个方面进行了探讨和练习：选择形象词语，恰当使用修辞，典化名言警句。今天的学习还只是开始，要真正掌握，实现飞跃，就必须在自己写和修改的过程中不断实践！

（6）拓展迁移

①美就是我们身边的万事万物。

②他的心一下轻松下来。

这是一节综合训练课，内容较多，前期虽有过专项训练，但依然需要两节课连排才能更好地完成。这里面，还有一个关键点，就是前期收集学生作文中"典型例句"，用学生自己作文中的"差句"练习修改，效果才能达到最佳。语言表达问题怎么重视都不过分，因为，这不仅仅是学生的问题。《北京作家》2012年第3期刊登了对汪曾祺的专访，在汪曾祺看来，当时中国文坛最大的问题是语言的表达出现了麻烦：普遍的八股、普遍的无趣在充斥着文坛。为此，他到处讲文字的味道、智慧的语句的要义。这样的童子功练好了，拿来就用，得心应手，学生会一辈子受益。

我做的第二个课题研究是中学生口语交际教学研究，它体现了"有用"的第二重含义——"学以'智'用"。

二、学以"智"用

一个正常人面对未来生活的挑战，离不开口语交际。信息时代，科技迅猛发展，全球化的分工合作已是大势所趋。中华民族的伟大复兴，构建人类命运共同体，"一带一路"的建设，都需要"善于沟通"的未来人才。但现实是"口语交际"至今未被重视，中学时代，我们到底应该给学生怎样的准备？这就是我做这个课题的初衷与目标，希望学生能够学以"智"用。

张志公先生早就指出："语文教学全部以书面训练（读、写）为内容，完全忽视口头语言的训练。更值得注意的是，社会上对于口语能力薄弱不以为意，还没有看到口语能力和书面能力之间的关系，没有看到口语能力不足对于现代化生活、现代化工作的不良影响。"[①] 这是事实，虽然，从"大纲"到"课标"已经发展演变。

1963 年的《全日制中学语文教学大纲（草案）》，一直被视为当代语文工具论、能力论的源头，它首次提出了令人瞩目的中学生语文三大能力："中学语文教学的目的，是教学生能够正确地理解和运用祖国的语言文字，使他们具有现代语文的阅读能力和写作能力，具有初步阅读文言文的能力。"从中明显地看出重视文章读写能力，忽视了口语表达能力。

1978 年的《全日制学校中学语文教学大纲（试行草案）》有所改观，首次提到口语表达能力："从初中到高中，学生要逐步提高口头表达能力，学会说普通话……"可以看出，这时已经开始重视这项内容了，只是要求非常简单，且缺少细目。

1986 年的《全日制中学语文教学大纲》更进一步，将口头表达和书面表达并列提出："口头表达和书面表达在现代生活中具有同样重要的意义。指导学生口述见闻、说明事理、发表意见等，不仅可以提高口头表

---

① 张志公. 张志公语文自选集（上册）[M]. 北京：北京大学出版社，1998.

达能力，对提高书面表达能力也有促进作用。"表述得更加详细，具有一定的操作性。

1992 年的《九年义务教育全日制初中语文教学大纲（试用）》，除了表明口头表达的重要性外，还在每个年级的能力训练项目中，单列"听说能力"和"说话能力"，与"阅读能力""写作能力"并列在一起。此后的大纲和课程标准都按照"听说读写"或"读写听说"的分类原则，越来越清晰、详细地表述了口头表达能力的教学要求。

2001 年的《全日制义务教育语文课程标准（实验稿）》，真正重视口语交际，提出了平行的四大能力，并把它提到培智育人的高度。"语文课程应培育学生热爱祖国语文的思想感情，指导学生正确地理解和运用祖国语文，丰富语言的积累，培养语感，发展思维，使他们具有适应实际需要的识字写字能力、阅读能力、写作能力、口语交际能力。语文课程还应重视提高学生的品德修养和审美情趣，使他们逐步形成良好的个性和健全的人格，促进德、智、体、美的和谐发展。"

2011 年《义务教育语文课程标准（2011 年版）》指出"语文课程应激发和培育学生热爱祖国语文的思想感情，引导学生丰富语言积累，培养语感，发展思维，初步掌握学习语文的基本方法，养成良好的学习习惯，具有适应实际生活需要的识字写字能力、阅读能力、写作能力、口语交际能力，正确运用祖国语言文字。"这里把口语交际能力与其他能力一起纳入语文能力的范畴。每个学段都对口语交际教学目标有专门的详细阐述。

这表明了语文教育界经过几十年甚至一百年的探索，已经真正摸索到语文教育最本质的规律，但该如何实践依然没有确定。

我对"听、说"的重视，源于两个经历：一是 2009 年到新加坡学习时，发现当时新加坡的华语学习，有听、说测试，是在体育馆进行，学生随机抽题，然后当场回答，他们特别注重学生即席发言能力的培养。

二是曾经的北京版语文教材修订，修订组把初中六册书"口语交际"这一部分交给了我，让我有机会专门进行研究，也才有了后来做课题研究的想法。当时，我想先编一套自学读本，让学生逐一学习。下面的内容就是其中的一章。

答 问

【导读】

有问有答，是构成和谐口语交流氛围的要素之一。问有讲究，答也是有学问的。本课将告诉你，如何让你的回答变得精彩！

什么是答问呢？答问是一种对问作出的回应，以解释、说明为目的的口语表达方式。从常见的答问方式看，有答记者问、论文答辩、回答咨询、审讯答话、口试应对等。这几种形式，因问的方式不同，回答的口语要求也不同，比如，论文答辩有很强的学术性，需要做较长时间的论述；而答记者问和回答咨询，没有那么强的学术性，但有很强的政治性、策略性和可行性；口试应对则有很强的知识性，不需要多少策略性——平实而准确地回答即可。至于审讯答话，则应严肃对待，老老实实应对，因为回答不实，是要带来严重后果，负法律责任的。

答问，不仅需要相关的知识，也需要交际经验和语言艺术。比如，要注意提问者提问的环境前提，即什么人在什么情况下提的问题，注意到这一点，回答才能切中要害。

例如，一位外国访问者问邓小平："大陆的经济还处在发展中，为什么大陆一定要同台湾统一？"邓小平同志说："主要有两条。第一条，中国的统一是全中国人民的愿望，是一百几十年的愿望，一个半世纪了嘛！从鸦片战争以来，包括台湾在内，中国的统一，是中华民族共同的愿望，不是哪个党哪个派，而是整个民族的愿望。第二条，台湾不回归祖国，不实现同大陆的统一，不知道哪一天被别人拿去。现在，国际上有好多人都想拿台湾问题做文章。一旦台湾和大陆统一了，哪怕它实行的制度一切都不变，但是，形势就稳定了。所以解决这个问题，海峡两岸的人都认为是一件大好事，为我们国家、民族的统一作出了贡献。"

对方提的问题是很大的，涉及国家统一的大政方针，邓小平同志利用这个机会，择其要点严肃作答，精要地阐释了我们的国策。

再比如答问的方式，在不同情境里，面对不同人物、不同问题，应该有所区别。可以用直答法，就是不回避，不含糊，直截了当地回答问题。朱镕基总理在东京广播公司接受有日本民众参与的电视采访时，就是这样回答的。

一个年轻的日本女子问："昨天我家中被贼偷了，有人说是中国人干的，你对这件事怎么看？"

答：南橘北枳。中国有句古话叫做"橘生淮南则为橘，生于淮北则为枳"。中华民族是知书达理的民族，人民勤劳、善良，在华夏大地创造出了璀璨的中华文明，贵国的先民早在唐朝就曾经拜谒过中华帝国，学习过礼仪和文化。但我想在经历了几千年的洗礼以后，贵国在礼仪上已经遗忘了许多，以至于生长于礼仪之邦的中国人民，来到贵国就有可能迷失本心。我记得战国时晏子出使楚国，曾经说齐国人可以在故园安居乐业，而到楚国却成为盗贼，原因仅在于民风问题。因此我建议贵国的政府应该致力于民众道德礼仪的培养，只有环境好了，才可以杜绝偷盗，才可以从根本上防止贵国人民忘记礼义廉耻。

一日本老人问："很多日本人认为南京大屠杀根本没有发生过，你对这件事怎么看？"

答：掩耳盗铃。这个问题其实很简单，首先您的逻辑是错误的。历史是事实，是不能改变的，是已经发生的事情，任何掩耳盗铃的企图都是徒然的。如果我说大多数的中国人都认为日本其实是中华民族的后裔，日本民族起源于我国秦王朝一个方士携三千童男童女到东海寻访仙山的事件，我想贵国政府、贵国人民，和您本人也会觉得这是一件非常荒谬的事情。当然我作为中国总理，也觉得这件事情不能接受，因为在心理上我不能容忍中华民族的后裔数典忘祖。

对于一些不友善的提问，我们不能不答，也不能激化矛盾，要多动脑筋，通过巧答，让对方自取其辱或甘拜下风，心悦诚服。

周恩来总理在北京的记者招待会上介绍我国经济建设的成就以及我国的对外方针之后，谦和地请记者提问题。一个西方记者说："请问，中国人民银行有多少资金？"这句话实质是讥笑我国贫穷。周恩来总理幽默地回答："中国人民银行货币资金嘛，有十八元八角八分。"这个回答使全体记者愕然！全场鸦雀无声，静听他的解释。他说："中国人民银行发行面额为十元、五元、两元、一元、五角、两角、一角、五分、两分、一分共十种主、辅币人民币，合计为十八元八角八分。中国人民银行是中国人民当家作主的金融机构，有全国人民做后盾，信用卓著，实力雄厚，它所发行的货币，是世界最有信誉的一种货币，在国际上享有盛誉。"他的话，立即激起场内所有听众的热烈掌声。

也可以用曲答法，这也是一种明确的回答，但答得不那么直接，是委婉、曲折地说出自己的答案。

一位外国使节看见林肯在擦自己的鞋子，非常吃惊，带点挖苦地说："啊！总统先生，您真伟大！您经常擦自己的鞋子吗？"

"是啊，"林肯回答说，"那么您擦谁的鞋子呢？"

对方挖苦自己，本可以以牙还牙，但林肯没有这样做，而是借助语境，接过对方的话，同样说擦鞋子，我是擦自己的鞋子，你难道连自己的鞋子都不擦？或者去擦别人的鞋子吗？可见你是一个什么样的人。不过，林肯选择了问句，给对方留了一点面子。这也表现出了林肯的宽容与伟大。

此外，还有避答法，这是拒绝回答、避而不答的方式。有时由于客观条件的限制，或是由于主观情感的选择，对别人的提问不能或不愿做出回答，就可以用避答法，直接说"不知道""不清楚"，或模棱两可、不置可否，转移话题、故意"打岔"等。比如，在一个周末舞会上，一位妙龄少女相貌出众，舞姿优美，令许多男青年青睐。其中有一个修养较差的青年对其纠缠不休，趁休息时与这位少女搭讪。

男：我好像在哪儿见过您，您贵姓？

女：我姓我父亲的姓。

男：那么，您的父亲姓什么呢？

女：当然姓我祖父的姓了。

男：您做什么工作的？

女：干四个现代化的。

男：你家住在哪里？

女：地球上。

男：您家有几口人？

女：和我家的自行车一样多。

男：那么，你家有几辆自行车？

女：每人一辆。

这位少女同那青年的交谈，就是属于一种有效而又无效的应对方式。表面看，有问有答，不失礼貌；实质上看，什么都没有谈，信息等于零。这既不伤和气，使交谈不"崩"，又巧妙地表示了轻蔑和拒绝。这种技巧，就是"避答"，也有人叫"闪避法"。它并非都用在不友好的场合，有时做了好事不愿留名，也用这种方法来交谈。答问的方式还有许多，感兴趣的同学做完练习后可以看小贴士继续学习。

【练习】

1. 结合语境，选择合适的选项回答填空。

（1）一名记者向美国总统罗斯福问到一个不能回答的国家机密问题，

罗斯福笑着非常得体地应答了。

记者：总统阁下能就反攻的时间说点什么吗？

罗斯福：你能保守秘密吗？

记者：这难道还有问题吗？

罗斯福：（　　　）

A. 那我只好相信你一次，但千万不要让我失望。

B. 真的吗？谁又能相信一个新闻记者的神话呢？

C. 好吧，让我想想，说不定真会告诉你的。

D. 作为新闻记者，了解不能发表的秘密，又有什么用呢？

E. 记者先生，无可奉告。

（2）两位男人谈话。一位先生说，在家里妻子不让我抽烟，憋死了。他边说边拿出香烟，问旁边的女士："我抽烟妨碍您吗？"女士笑了笑，回答了一句，既不让这位先生抽烟，又说得有礼貌，很幽默，引得两位男人都笑了。女士回答的一句是（　　　）

A. 哎，你害己又害人啊！

B. 看，没见写着"禁止吸烟"吗！

C. 您夫人还没有把您管教好吧。

D. 先生，您像在家里一样好啦！

2. 概括下面对话中答话的特点。

一个少年在火车站帮助一位外地的老奶奶找到了丢失的包裹，老奶奶问："孩子，你叫什么名字？""少先队员。""在什么学校念书？""城里中学。""家住哪里？""北京。"

【小贴士：答问的语言形式及技巧】

答问的语言形式多种多样，除了课文中提到的，下面我们再介绍一些，在谈形式时，就结合着谈谈技巧，并顺便说说适用场合和需要注意的事项。

1. 分答

所谓分答，是指不做"是"与"否"的笼统回答，而是听清话意，分解一问为几问，分别给予正确回答。

比如，有一个旨在分裂中国的外国记者向我外交部人员发问："中国政府对在印度政治避难的达赖回到自己的国家——西藏持何态度？"我国外交人员义正词严地回答："首先，我国政府从没有对达赖实行过政治迫害，不存在什么政治避难的问题。西藏是中国不可分割的一部分。我们始终希望达赖回到祖国来，他愿意的话，也可以在西藏自治区工作。"

我国外交官的这一回答，是对不怀好意的西方记者提问本身的否定。先回答：达赖没有受到政治迫害；再回答："西藏"是中国领土的一部分，只是我国的自治区之一。这是分解一问为两问，再一一给予回答。

分答，这种口语技巧要运用好，首先要会听，听清对方话语的阴谋，警惕自己不可顺势而应；其次，要分解对方的问题，这些问题一般都有两层以上的含义，分解好了，即可以逐一应答。分答之妙，还在于把对方提问题中存在的挑衅成分都给否定掉，这是最有力的。

2. 变答

变答，就是变通着回答。《孙子兵法》说："兵无常势，水无常形，能因敌变化而取胜者，谓之神。"变答，正是变被动为主动，变守势为攻势，变妨害为有利的一种巧妙应答方式。变答的技巧特点是"反"答，即在简答了对方问话之后，采用对方的内容来作答。

如：美国总统卡特竞选时，有位女记者找到了卡特的母亲，下面是女记者和卡特母亲之间的问答。

女记者："您儿子向选民们说，他如果说谎话，大家就不要投他的票，您敢说卡特从来没说过谎吗？"卡特母亲："也许我儿子说过谎，但都是善意的。"女记者："什么是善意的谎话？"卡特母亲："你不记得几分钟前，当你跨进我的门槛时，我对你说你非常漂亮，我见到你很高兴。"

卡特母亲的变答，可谓针锋相对，使得问话者非常尴尬。但这不能责备卡特母亲不友善、不礼貌、不厚道，她的应答是对方不友好挑起的，并且步步"逼问"出来的。就内容来说，其恰当、巧妙、简洁都是无懈可击的。

变答，只作为问话者含有敌意或咄咄逼人时的策略技巧，非此情况不可滥用，因为它有伤和气，其结果会出现僵局、冷场和不快。变答，要求极高的思维能力和口语表达的机敏性。

3. 牵答

有时面对故意刁难甚至侮辱性的提问，如果从正面回答则会显得无力，即使答得再好，也只是一种为自己开脱、辩解的防卫语言，这时，就可以用牵答的技巧。采用牵答，就是抓住事物之间的对应、连带关系，提一个关涉答者、问者双方的命题，造成一荣俱荣、一损俱损的态势，以抵消对方的攻势，使自己立于不败之地。

比如，晏子出使楚国时，楚王向晏子提出了一个侮辱性的问题："齐国为什么派你这么一个矮小无德的人做使臣呢？"晏子说："齐国派使臣有一个规定，不同的人朝见不同的国王。贤德的人朝见贤德的国王，不贤德的人朝见不贤德的国王。我最不贤德，就派来朝见楚王。"

楚王本想侮辱晏子，没想到反而受到了晏子的侮辱。晏子的回答，把自己的荣辱与楚王连在一起，使得楚王无法反驳，自找没趣。

牵答表达的奥妙，就是用话将自己与问话者牵在一起，不可分开，使对方不能处于优势的攻击者地位。牵答要注意分寸，因为"利害相连，荣辱与共"，所以对自己和对方都不要过分贬损，一般答话中会有"两可"的意思（我这样，你也这样；我那样，你也那样）。

4. 引答

引答，就是引用名人名言、俗语、谚语等来作答，以表明自己的意思，或佐证自己的观点。这种引用回答的好处是很明显的，既增加了说话的权威性与可信度，又省去了许多解释和说明，还能增添口语的生动性与感染力。

例如，有人问一位家长："听说你孩子寄养在刘教授家以后，纪律也能遵守了，成绩也上升了，是真的吗？"家长答："'近朱者赤'，一点也不错。"

"近朱者赤"四个字是成语，引用在这里作答，非常准确、简练、生动。

又如，汉光武帝刘秀的姐姐——湖阳公主在丈夫死去后，看中了朝中品貌兼优的宋弘。一次，刘秀召来宋弘，以言相探："俗话说，人地位高了，就改换自己结交的朋友；人富贵了，就改换自己的妻子，这是人之常情吗？"宋弘回答说："我听说'人在生活贫困、地位低下时候的朋友不能忘记，最初的结发妻子不能让她离开身边'。"（"患难之交不可忘，糟糠之妻不下堂。"）

刘秀用俗语来发问，比较含蓄而得体；宋弘也深知问话之意。但应允吧，有悖自己的人品，也对不起贫贱相扶的妻子；含糊其辞吧，还会招来麻烦；直言相告吧，既不得体（问的人未说破），又有冒犯龙颜之患，所以他也引用古语来"表态"，委婉而又直截了当地表明了自己的态度。

需注意的是：一是引用的语言要有一定的权威性，又要为听话的人所理解；二是引答要简短，不必在答完后，又啰啰唆唆解释一番，那样反而会减弱引语的表现力。

5. **拈答**

拈答，是紧承问话中的词句，利用拈连手法，在原话的基础上稍作变动，作出准确、鲜明、生动回答的一种口语表达技巧。这种答问如果运用得好，可以取得很好的效果。

如：王蒙在20世纪50年代曾因写了《组织部新来的年轻人》出了大名，后来被错误地打成右派。复出后，读者好心地问王蒙："你能不能继续保持《组织部新来的年轻人》的创作风格？"王蒙回答："不论有多少好心的读者希望我保持'组织部'的'年轻人'的风格，但是，这是不可能也是不必要的。二十年来，我当然早就被迫离开了'组织部'，也再不是'年轻人'。"

这段话运用了拈连的手法，"被迫离开了'组织部'"，说明自己蒙受冤屈；"再不是'年轻人'"，表明生活、创作风格变化的必然性，答得很艺术，很巧妙。如果直接摆出几条理由，讲些生活与创作关系的大道理，反而显得生硬、老套，这样一拈连，作者和读者之间巧接词意，收到了很有韵味的效果。

拈答，在日常生活中也常用，如，学生考试回家，妈妈问："这次考得怎么样？"这名学生回答："烤煳了！"将"考"试的"考"拈连成烧"烤"的烤，以"煳了"来比喻考砸了，答问很风趣。

拈答技巧，是拈连修辞格在答话中的运用，首先要懂得拈连的知识和用法，拈答才能用得好。其次，这种答问离不开上下文语境和语言条件，不能勉强凑合，要在条件允许的情况下才运用，要用得贴切、自然。

6. 喻答

喻答，就是对某些棘手的问题，采用比喻的方式来回答。说理既形象生动，又明白透彻。如果摆开架势直接说理，不但很费力费事，还不见得有好效果。

比如：楚宣王重用大将昭奚恤。昭奚恤后来大权在握，拥兵自重，邻国畏惧，同僚侧目。宣王也感到了他对自己的威胁，但是又想通过仁义手段使他对自己尽忠。朝廷有识之士，心明而不敢言。一日，宣王在朝，突然问群臣道："吾闻北方之畏昭奚恤也，果诚何如？"群臣一听宣王问及此事，个个战战兢兢，如临深渊，如履薄冰，良久，无人敢言语。宣王看着群臣这副模样，心中也明白了一半。宣王要罢朝离去时，客楚为官的魏国人江乙出班奏曰："虎求百兽而食之，得狐。狐曰：'子无敢食我也！天帝使我长百兽，今子食我，是逆天地命也。子以我为不信，吾为子先行，子随我后，观百兽之见我而敢不走乎？'虎以为然，故遂与之行，兽见之皆走。虎不知兽畏己而走也，以为畏狐也。"说到这里，江乙看看宣王，又瞧瞧众位同僚，只见他们都出现一副莫名其妙的神情，于是，江乙接着说："今大王之地方五千里，带甲百万，而专属之昭奚恤。故北方之畏奚恤也，其实畏王之甲兵也。——犹百兽之畏虎。"至此，宣王方明白江乙谏说这番话的前半部分的用意，群臣这也才如梦初醒，原来江乙巧妙地说出了他们想说而不敢说的话、想进谏而无妙法进的谏言。从此以后，楚宣王便逐渐削弱了昭奚恤的兵权，楚国避免了可能出现的武装政变。宣王执政期内，国家一直太平。

上面江乙回宣王的话就用的是喻答，这就是成语"狐假虎威"的来历。这个喻体是意味深长的，狐与虎暗含了昭奚恤与楚王的关系，比喻非常贴切，耐人寻味，有了这个比喻，回答就十分形象有力了，所以楚王终于采纳了他的进谏，使王权与国家转危为安。

要用好喻答，就要精选作为喻体的事例，特别注意喻体与本体之间的契合点；要用好喻答，还要注意答话的内容，一般用在解说、论证事理方面，其他日常答话和口试答话都不大适宜，不要滥用。

7. 断答

断答，就是截断对方的问话，在他还没有说出，或者还没有说完某个意思时，即作出回答的口语交际技巧。它与错答的相同之点是答与问都存在人为的错位，即答非所问；它们的不同点是错答是在听完问话之后作的回答，断答是没有听完问话就抢着进行回答。为什么不等对方问清楚，就要抢先回答呢？有以下两种原因：一是等对方把问话全说出，就会泄露出某种秘密，难以收拾；二是待听全问话再回答，比较被动，不好应付。因此，考虑到对方要问什么，在他的问话未说完时，就迅速按另外的方向思路作回答，一是可以转移其他听众的注意力，二是可以使问者领悟，改换话题，免于因说破造成尴尬局面和其他不良后果。

比如：一对青年男女在一起工作，男方对女方产生了爱慕之情，男方急于要表白心愿，女方虽心领神会，但是，却不愿将友情向爱情方面发展，女方认为还是不要说破，保持一种纯真的朋友情谊为好。于是，出现了下面的断答：

男青年：我想问问你，你是不是喜欢……

女青年：我喜欢你给我借的那本公关书，我都看了两遍了。

男青年：你看不出来我喜欢……

女青年：我知道你也喜欢公共关系学，以后咱们一起交换学习心得吧？

男青年：你有没有……

女青年：有哇！互相切磋，向你学习，我早就有这个想法。

男青年：……

这位女青年三次断答，使得男青年明白了她的想法，于是，不再问了。这比让他直率问出来，女青年当面予以拒绝，效果自然要好得多。断答，要求才思敏捷。因为，断答前要摸准对方的心理，"你一张口我就知道你要问什么""未闻全言而尽知其意"，这比错答的要求要高。要能抢得自然而恰当。断答往往需要几个回合才奏效，因为抢一两次，对方还不能领悟答话者的真意，或者略略知道而不甘心，继续发问，这就要求"连抢"多次，才能不漏破绽，达到目的。

8. 诡答

诡答，是同诡辩连在一起的。诡，怪的意思，诡答，即一种很奇怪的回答。在特殊的情况下，不能、不宜或不必照直回答，在这种时候，运用诡答技巧，就能急中生智，应付难题，或者别出心裁，作出反常的回答，增添谈话的情趣。请看下面的例子：

1945 年，漫画家廖冰兄在重庆展出漫画《猫国春秋》。《人物杂志》的田海燕请郭沫若、宋云彬、王琦、廖冰兄吃饭。席间，郭老问廖冰兄：

"你的名字为什么这么古怪，自称为兄？"版画家王琦代为解释说："她妹名冰，故用此名。"郭老听后，笑着说："啊！这样我明白了，郁达夫的妻子一定名郁达，邵力子的父亲一定叫邵力。"一句话引得满堂宾客大笑起来。

王琦代为回答"冰兄"名字的由来，说是他妹妹名"冰"，这显然是诡答——没有哪个哥哥的名字是取在妹妹名字之后的；而郭沫若的类推，也可以看成诡答——自问自答。他们的诡答纯然是为了诙谐取乐，但是，也很高雅有趣。这样的诡答，十分风趣，融洽了彼此间的关系，使气氛显得轻松、活泼。

诡答是一种答非所问，技巧要运用得当，一是要有曲为之辩、能具备自圆其说的本领，虽然是诡答，但也别有一番道理和意趣；二是要求口语交际者知识丰富，联想能力强。没有这样的条件，想诡答也答不成。

【综合实践】

1. 请一位同学读作为旁白的情境内容，另一位同学读情境中的语言，其他同学揣摩语言中的言外之意。

（1）（情境）著名电影演员李雪健因扮演焦裕禄而荣获"百花奖"最佳男主角奖。在颁奖仪式上，他说了这么一句话：（语言）"所有的苦和累都让焦裕禄受了，所有的荣誉都让一个傻小子得了。"

（2）（情境）邻居张阿姨在楼门口碰到小强的妈妈。张阿姨说："（语言）你家的小强真刻苦，每天夜里都十二点多了，我们还听见他在弹琴哩！"

（3）（情境）有两个朋友碰到了一起。第一个人说：（语言）"如果你对体操感兴趣的话，学校里有个不错的体操队。"第二人回答："我爬楼梯还得停下来喘几口气呢！"

（4）（情境）有一回，马克·吐温向邻居借阅一本书。邻居说：（语言）"可以，可以。但我定了一条规则：从我的图书室借去的图书必须当场阅读。"（情境）一星期后，这位邻居向马克·吐温借割草机，马克·吐温笑着说：（语言）"当然可以，毫无问题。不过我定了一条规则：从我家借去的割草机只能在我的草地上使用。"

（5）（情境）萧伯纳很喜欢自己驾驶汽车。一天，他一边开车一边和坐在旁边的司机谈起他新近写的一个剧本来。突然，司机一句话也不说，就从兴致勃勃的萧伯纳手里夺过方向盘。（语言）"你怎么啦？"事出突然，使作家感到惊讶。"请原谅，"司机说，"你的剧本妙极了，我真不愿意让你在没写完之前就把命送掉。"

（6）（情境）一个人问他的朋友："你喜欢冬天吗？"朋友回答说：（语言）"当然。但是，我的皮肤不喜欢。"

（7）（情境）国王请阿凡提评论自己的诗，阿凡提说国王的诗写得不好，被国王关进驴圈。后来国王又召见阿凡提欣赏其新作，阿凡提转身就走，国王问他到哪里去，阿凡提答道：（语言）"到驴圈去，陛下！"

（8）（情境）美国莱特兄弟于 1903 年 12 月 17 日，驾驶动力飞机成功地遨游蓝天。人们为此举行盛大酒会，主持人要莱特兄弟发表演说，兄弟俩再三推辞，主持人执意邀请，哥哥便发表了言短意深的一句话：（语言）"据我所知，鸟中最会说话的是鹦鹉，而鹦鹉是永远飞不高的。"

2. 交谈艺术的高低，直接影响着交际目的的实现。阅读下面的短文，分析一下周总理的提问和答问有什么特点。

美国乒乓球队 1970 年来中国访问，受到了类似外交特使的待遇，周恩来总理非常关心他们，问道："你们住得怎么样？习惯中国菜的口味吗？还有没有什么要求？"大学二年级学生科恩长发披肩，不打领结，欠欠身子，大声说："总理先生，我想知道您对美国嬉皮士的看法。"领队斯廷霍文焦急地打手势，不准科恩提问，但是，仍然阻止不住他。周总理客气地微笑着打量了科恩一下，看了看他那蓬松飘垂的长发，说："看样子，你也是个嬉皮士啰。"接着把眼光转向大家："世界的青年们对现状不满，正在寻求真理。在思想发生变化的过程中，在这种变化成型以前，会出现各种各样的事物。这些变化也会以不同的形式表现出来。这是可以容许的。我们年轻的时候，也曾经为寻求真理尝试过各种各样的途径。"周总理又把眼光转向科恩："要是经过自己做了以后，发现这样做不正确，那就应该改变。你说是吗？"科恩耸耸肩，友好而诚恳地笑着点了一下头。周总理略微停顿，又补充了一句："这是我的意见。只是一个建议而已。"

周总理的这番话，在第二天，几乎被所有的世界大报与通讯社报道。4月16日，科恩的母亲从美国加州威斯沃德托人将一束深红色的玫瑰花送给周恩来总理，感谢周总理对她的儿子讲了一番语重心长的话。很显然，这是一次随意的交谈。但从周总理的应变能力和交谈本领中，可以看出他的高超的外交艺术和聪明智慧。

3. 阅读下面的短文，说说下面的开场白有何特点？

约翰·沙维祺是美国百万圆桌协会的终身会员，是畅销书《高感度行销》的作者，他曾被美国牛津大学授予"最伟大的寿险业务员"称号。一次，他打电话给美国哥伦比亚大学教授强森先生，他的开场白如下：

"哲学家培根曾经对做学问的人有一句妙语，他根据运用材料的差异把做学问的人比喻成三种动物。第一种人好比蜘蛛，他的研究材料不是从外面找来的，而是由肚里吐出来的，这种人叫蜘蛛式的学问家；第二种人好比蚂蚁，堆积材料，但不会使用，这种人叫蚂蚁式的学问家；第三种人好比蜜蜂，采百花之精华，精心酿造，这种人叫蜜蜂式的学问家。教授先生，按培根的这种比喻，您觉得您属于哪种学问家呢？"这一番问话，使对方谈兴浓厚，最终成了非常要好的朋友。

4. 小红对着一道题冥思苦想了半天，还是无法入手，于是她去请教同学。

A. 假如她对平时比较谦虚的小明说："你能帮助我解决这道难题吗？"

你想想，小明会怎样回答？谦虚的小明会说：＿＿＿＿＿＿＿＿＿。

B.假如她对平时特自信的小欣说："你能帮助我解决这道难题吗？"你想想，小欣又会怎样回答？特自信的小欣会说：＿＿＿＿＿＿。

5．根据情境，完成下面的练习题。

（1）你家里来了一个你不认识的人，这个人是找你父亲谈工作的。但你父亲不在家，打电话说过一会儿就能回来，让你先接待一下，你怎样接待客人，并找到适当的话题？

（2）放假了，你到亲朋好友家走访，你如何询问对方？从哪些方面寻找话题？

（3）假如有一个同学病了，你到医院去探望，你应该选择什么话题？

6．完成下面的模拟对话训练。

（1）模拟日常生活中的对话。

①见面寒暄　　②得到帮助表示感谢　　③向老师请教问题

④归还借物　　⑤打破了教室的玻璃　　⑥买东西忘了给钱

（2）模拟记者招待会。

说明：

①两三人一组，自拟对话内容，然后分角色对话。

②这种模拟训练规模不宜太大，十来个同学一组就行了。可模拟校长答记者问。训练时可让几名同学模拟校长、副校长，其他同学模拟记者，现场提问，现场解答，即兴式的。一般说来答记者问的"校长"应由口才较好、应变能力较强的同学担任。曾有过这种训练，效果很好："记者"发问时，都先自报报刊等的名称，郑重其事；"校长"答问前，都先耳语商议考虑周全，煞有介事。"记者"们提出各种各样的问题，小至校服的样式，大至如何看待升学率，"校长"们都一一作了回答。如一"记者"问："请问×校长，你对中学生早恋问题怎么看？'不准加批判'能解决问题吗？""校长"慢条斯理地答："我们都是五十多岁的人了，

但和你们的代沟还不算深，还理解少男少女的心理……"（全场笑声）

7．完成下面的答话，互相比较一下谁的回答更好，并说说为什么。

（1）当别人打听你的姓名、年龄、籍贯、住址、性格、爱好，你如何幽默风趣地回答他？

（2）你买了一双鞋不合脚，第二天到商店退换，售货员不让退，你能不能凭借口语的能力使他改变态度？

（3）有个学生进教室后顺手拿起脏兮兮的扫帚放在半开的门上方，想给下一个进教室的学生来个恶作剧。当门被推开时，却发现满头灰尘的竟是班主任。请问，这个学生该如何收场？

（4）甲和朋友们去参加舞会，气氛达到高潮时，舞兴正浓的甲一不留神，将头上戴的假发套甩了下来，亮光光的秃头顿时暴露在光天化日之下。在众人的哄笑声中，甲尴尬极了，他如何才能挽回自己的形象呢？

（5）甲自习时间看小说看入了迷，以致班主任站在身旁好一会儿都没发觉。按平常，班主任会立刻收书走人，可这次竟然静静地站立在原地不动，背着手，一副想看你如何解释的架势，这时甲该怎么办呢？

8．依据下面的场景，设想一下当事人会怎么说？

（1）古希腊大哲学家苏格拉底性情温顺，为人和善。可他的妻子却十分暴躁，动不动就发火。有一次他的妻子要他去做一件事，结果苏格拉底忘记了，便去给学生上课。正当他讲到高兴之处，他的妻子怒气冲冲走进教室，大发雷霆，并将一盆洗脸水泼了过去，将苏格拉底泼成了落汤鸡。此时此刻苏格拉底会说些什么？

（2）有位妻子对音乐入了迷，一心想当歌星，丈夫一再指出她的天赋条件不足，不可能成为歌星，但妻子仍然每天练歌不止，丈夫也不再与她争论了。妻子问丈夫："既然你支持我，为什么我每次唱歌时，你总要跑出去站在家门口呢？"丈夫便亲切回答了妻子的问题，妻子初听，毫不介意，一经回味，非常难为情。你能猜出丈夫如何回答妻子的问话吗？

（3）有两位亲家好开玩笑。一次，一家办喜事，宴请亲家，请柬上写道："来，就是好吃；不来，就是见怪了。"亲家还是大大方方地去参加宴会。现在请你设想一下，这位亲家是如何巧妙地对接对方的话语的？

（4）据说，美国总统吉米·卡特对于驻白宫名记者唐纳逊常给他出难题而耿耿于怀。有一次唐纳逊等人陪同卡特参观印度农村的一个沼气池，唐纳逊问卡特："要是我掉进这沼气池，你会不会拉我？"卡特作了巧妙的回答，唐纳逊和周围的人都笑了。你知道卡特是怎么回答的吗？请你设想一下。

9. 快语应对训练。

（1）熟语接龙

（方法）教师出示一个熟语（成语、惯用语、俗话等），要求学生在4—6秒内采用顶真的方式用熟语接下去。

（举例）虎头蛇尾→尾大不掉→掉以轻心→心猿意马→马首是瞻→瞻前顾后→后发制人→人定胜天→天网恢恢疏而不漏→漏网之鱼→鱼目混珠→珠联璧合……

（2）顺承转换

（方法）教师出示一段话语，让学生用此法对接。

（举例）老师：唉，我是见人矮三分，什么都不行啊！→自卑时，膝盖也许是弯着的。挺直站立起来，你会发现，你是与别人一样高的！

10. 应变训练。

（1）串故事

（方法）教师给定一个引句，请若干名学生依次串故事。

（举例）给定的故事引句：今晚的月光很好……

学生甲接：我独自一人走在回家的路上，忽然身后传来一声枪响……

学生乙接：我慌忙回顾，看到一个警察在追逐一个持枪的歹徒……

学生丙接：几经博斗后，警察终于制服了歹徒。

学生丁接：写到这儿，年轻的作家一把撕去稿纸，他不由自语："如此俗套无聊的老故事怎会出自我的手笔呢？"

（2）设置应急情景训练

（方法）设置应急情景，针对此应急情景进行语言应变。

（举例）一次，甲和女友在路上遇到一位多年不见的老朋友。老朋友把甲热情地介绍给他的朋友，轮到甲介绍老朋友时，却一时想不起他的姓名了，这可怎么办？这种情景该怎么处理才算得体呢？

11．听读下面的文章，然后作概要复述，并说说答问应注意的问题。

钟丽思使洋教授脱帽致敬

一位旅法的中国学生钟丽思在巴黎大学的一节对话课上，遇到了一位喜欢提刁钻古怪问题的教授，该教授以治学严谨和让学生领教"难堪"而闻名全校，但中国学生钟丽思充满睿智和力量的答问，终于使那位善于刁难的教授不得不对中国人脱帽致敬。

下面我们就来看一下钟丽思是怎样智对洋教授的。

教授：作为记者（钟在旅法前的职业），请概括一下您在中国是如何工作的？

钟丽思：概括一下讲，我写我愿意写的东西。

教授：我想您会给予我这种荣幸，让我明白您的首长是如何工作的。

钟丽思：概括一下来讲，我的首长发他愿意发的东西。

（全班哄的一下笑起来）

教授：我可以知道您是来自哪个中国的吗？

钟丽思：先生，我没听清您的问题。

教授：那么，我是想知道，您是来自台湾中国还是北京中国？

钟丽思：只有一个中国，教授先生，这是常识。

教授：您走遍了中国吗？

钟丽思：除台湾省以外，先生。

教授：那么，您认为在台湾问题上，该由谁负主要责任呢？

钟丽思：该是我们的父辈，教授先生。那时他们还年纪轻轻呢。

教授：依您之见，台湾问题应该如何解决呢？如今？

钟丽思：教授先生，中国有句老话，叫做"一人做事一人当"。我们的父辈还健在哩！我想我没有权利去剥夺父辈们解决他们自己酿就的难题的资格。

教授：我想，您不会否认邓小平先生该是你们的父辈。您是否知道他想如何解决台湾问题？

钟丽思：我想，如今摆在邓小平先生桌面上的，台湾问题并非是最重要的。

教授：什么问题才是最重要的呢？在邓小平先生的桌面上。

钟丽思：以我之见，如何使中国尽快富强起来是他最迫切需要考虑的。

教授：我实在愿意请教，中国富强的标准是什么？这儿坐了二十几个国家的学生，我想大家都有兴趣弄清这一点。

钟丽思（一字一句地）：最起码的一条是，任何一个离开国门的我的同胞，再也不会受到像我今日要承受的这类刁难。

在钟丽思充满睿智和力量的答问面前，洋教授钦佩起他面前的这位中国学生，他向钟丽思说："我丝毫没有刁难您的意思，我只是想知道，一个普普通通的中国人是如何看待他们自己国家的问题。"然后他大声宣布："我向中国人脱帽致敬。下课。"

三、学以"志"用

中国古人对一个人的理想成长路径定位为：修身、齐家、治国、平天下。与此相关还有一句话：穷则独善其身，达则兼济天下。新时代要求我们培养德智体美劳全面发展的社会主义接班人和建设者，他们还是担当民族复兴大任的人。这样的人首先要修身、修心，最重要的是立志。一个学生的健康成长也离不开这三项内容。立志、修心、修身则都离不开读书，因此，中学阶段教会学生读书是我们语文教师的主要责任和重要任务。曾国藩曾经说过这样两句话："一个喜欢读书的人，品格不会坏到哪去；一个品格好的人，一生的运气也不会差到哪去。"他说出了读书对于人一生的重要性。教育能够赋予一个人只身跋涉的力量，这种力量可能来自家庭教育，也可能来自学校教育或者社会教育；从个人成长的角度来说，无论来自哪里，恐怕都少不了"阅读"的支撑，一个人的阅读史，就是一个人的精神成长史——阅读对于一个人的成长来说，怎么强调都不过分。而对于一个中学生来说，知道读什么和怎么读则至关重要，这也是我们语文教师要思考的重要问题。回顾我的阅读教学之路，经历了以下两个阶段。

1. 从单篇阅读到群文阅读，再到整本书阅读

初为人师时，是按照在师范大学所学，学着老教师的样子，以单篇课文阅读教学为主。后来，有一段时间，为了提高阅读效率，学习模仿过国内外的"快速阅读""高效阅读"。做仿写课题时，又探索了群文阅读，主要是"主题阅读"和"专题阅读"。再后来，随着语文课标的修订，开始进行整本书阅读的研究。

2. 从语文学科阅读到文科阅读，再到全学科阅读

做语文教研和培训工作后，我的教育视野进一步打开。在学习、总结、提炼优秀语文教师的成功经验时，发现优秀语文教师在指导学生的阅读时，都从语文学科阅读延展到了文科阅读，甚至到全学科阅读。这样做，有没有道理呢？苏霍姆林斯基在《给教师的100个建议》中这样说到阅读："无限相信书籍的教育力量，是我教育信念的一个信条。"他还说，"让学生变聪明的方法，不是补课，不是增加作业量，而是阅读，再阅读。阅读是各学科医治学困之疾共同的灵丹妙药"。大量的教学实践

都证明了"阅读能力的高低关乎着学生各科学习成绩的高低"。新一轮的深化课程改革强调：各学科对于学生的成长，都有着独特的作用。2018年，我的提议——开展全学科阅读的探索与实践，得到了通州区教委的大力支持，中学率先启动了全学科阅读项目，而后，小学也加入进来。立足核心素养，五育并举，培养全面发展的未来人才，需要全学科阅读。在这个研究中，我们特别强调了所有学科教师都有指导学生阅读的责任，而语文教师的基础作用和引领作用更是重中之重。

朱永新先生指出：一个民族的精神境界取决于这个民族的阅读水平。杨绛先生说：读书是为了遇见最好的自己。因此，无论从国家的角度，还是从个人的角度，教会学生读书，让学生与最好的自己在人生的最高处相见，应是我们语文教师的一分重要责任。

第四章 共 情

决胜未来的六种必备技能：设计感、讲故事的能力、整合故事的能力、共情的能力，还有你需要会玩，你需要找到意义感。

——美国著名未来学家丹尼尔·平克

真教育是心心相印的活动。唯独从心里发出来的，才能打到心的深处。

——陶行知

第一节 如何理解共情

共情，是指可以深入他人的感受，理解他人，也称为同理心，最早由人本主义创始人罗杰斯提出。这里是指能够站在他人的角度考虑问题，从而能够很好地感受和理解他人的情感。康德写过一篇文章《什么是学习》，福柯也写过一篇文章《什么是学习》，他们都认为学习是与客观世界的对话，与他者的相遇和对话，与自己的相遇和对话。好的对话就需要共情。共情能力，指的是一种能设身处地体验他人处境，从而达到感受和理解他人情感的能力，也即换位思考的能力。越能真正地换位思考，就越能理解对方。这是一种替代性的情绪反应能力，即个体能够以他人为中心，识别和接纳他人的观点，并能够亲身体验他人情绪的一种心理过程。研究显示它和社交能力呈正相关。

中华优秀传统文化中讲"己所不欲，勿施于人"，就是共情。这个"伦理宣言"被誉为处理国家间关系的黄金法则，镌刻在联合国总部的大厅里。联合国教科文组织发布的《教育：财富蕴藏其中》报告中，明确将"学会做人"作为知识经济时代的四大支柱之一，其核心观点是"学会共同生活，学会与他人一起生活"。另一个重大报告——《反思教育：向"全球共同利益"的理念转变》则明确将"共同利益"视为未来全球教育发展的核心价值。该报告将"共同利益"界定为"人类在本质上共享并且互相交流的各种善意"，强调"人类的紧密联合"和"在相互关系中实现善行，人类也正是通过这种关系实现自身的幸福"。这些也是在说共情。构建"人类命运共同体"的提出，更是基于共情，现在已经越来越被全世界有良知的人认可。由此可见，共情的重要性是不言而喻的，共情，才能共生。据说，北京大学中文系在自主招生时，重点要考察学生人文学科的学习潜质。其中重中之重，就是"尊重人、关爱人"，及"以己推人"的共情能力。"老吾老以及人之老，幼吾幼以及人之幼"就是对共情具体实践方式的直接表述。所以，我认为：作为中华文化载体的汉语言，深入学习的关键点也在于此。无论听说还是读写的学习以及应用，共情都是关键，它远远不是一个单一的概念或技能，而是"智慧的脑 + 温暖的心"（褚宏启语）的积聚，是真正的关键能力和必备品格。

美国著名专栏作家、三次普利策奖得主托马斯·弗里德曼就未来需要什么样的人才做过一个调查，他在《曾经的辉煌》这本书里写道：无论是白领、绿领、蓝领，答案几乎是相同的——"能进行批判性思考，能处理非常规的复杂工作，同时能与办公室或全球范围内的团队精诚合作""有能力通过不断的学习向现状发起挑战""擅长在网络世界里任意畅游、自由沟通"。

哈佛大学科技创业中心创新教育家《学习创新，创新学习》的作者托尼·魏格纳曾为更好的教育下了一个定义，即 3C 教育——批判性思维（Critical Thinking）、有效的口头交流和书面交流（Communication）、协作（Collaboration）。魏格纳说，批判性思维就是提出正确的问题，而不是记忆正确的答案。交流和协作则包括确定目标，然后是与其他人共同努力将其实现。一个人要成为创新工作者或者创造性服务人员，需要做到上述"3C"的全部。

这两位学者都提到了：善于沟通与交流，是未来人才的重要标准之一。善于沟通与交流，则需要共情能力。拥有了共情能力，就能跳出自我的框框，感受事物与事物、人与人的复杂关联，就能超越自身的自恋而去理解别人的自恋。这对于今天的孩子来说，不正是他们所欠缺的吗？

2016 年 9 月北师大林崇德教授领衔的"中国学生发展核心素养"研究成果发布。其中心指向全面发展的人，包括三个领域、六大素养、十八个基本点。

中国学生发展核心素养	文化基础	人文底蕴：人文积淀、人文情怀、审美情趣
		科学精神：理性思维、批判质疑、勇于探究
	自主发展	学会学习：乐学善学、勤于反思、信息意识
		健康生活：珍爱生命、健全人格、自我管理
	社会参与	责任担当：社会责任、国家认同、国际理解
		实践创新：劳动意识、问题解决、技术应用

面对这大而全的核心素养，许多人都茫然了！褚宏启教授对此进行了聚焦，搭建了新的框架，六个方面。与之对应关系：

1. 创新能力（实践创新）：问题解决

2. 批判性思维（科学精神）：理性思维、批判质疑、勇于探究、勤于反思、问题解决

3. 公民素养：社会责任、国家认同、国际理解

4. 合作与交流能力：人文情怀

5. 自主发展素养（自主发展）

6. 信息素养：信息意识、技术应用

然后，又合并为 3 个素养：

1. 创新能力

2. 批判性思维

3. 合作能力

【公民素养——归到"合作能力"】

【合作与交流能力——归到"合作能力"】

【信息素养——归到"合作能力"】

【自主发展素养——归到"创新能力"】

到此，已经看到我们和西方学者的一些主张有了共识，但他并没有停止压缩，进一步凝练为两大超级核心素养：创新＋合作，即温暖的心和聪明的脑。这让我们看到了新意！

1. 创新能力——智商——聪明的脑

【批判性思维——归到"创新能力"】

2. 合作能力——情商——温暖的心

他认为：开发出符合个人发展与社会发展需要的核心素养清单，只是解决了"培养什么人"的问题，至关重要的下一步是解决"怎样培养人"即"如何培养学生的核心素养"的问题。他的意见是：

1. 围绕核心素养开发课程体系。

2. 围绕核心素养改进教学方法。

3. 教师素质提升是培育学生核心素养的关键。

4. 通过评价推进学生核心素养培育。就中国而言，评价重点需要由分科知识的评价转向基于核心素养领域的评价，评价方法技术则要求多元化。

至此，中国学者给出了一种中国方案。

我认为：温暖的心＋聪明的脑＝共情，共情是人的核心素养！

2018 年 4 月，北京师范大学中国教育创新研究院举行发布会，对外发布《21 世纪核心素养 5C 模型研究报告（中文版）》。它在认同国际上普遍的一些核心素养基础上，首次提出"文化理解与传承"这一素养。研究院院长刘坚教授表示，"文化理解与传承素养，包括多个层面的含义，既包括对不同文化内涵、共性与差异的认识和理解，更包括能够认同并愿意传承中华优秀传统文化中所蕴含的价值观念、道德伦理、行为习惯等。"强调文化理解与传承素养的意义表现在三个方面：第一，对"我是谁？""我从哪里来？""我到哪里去"等一系列问题的追问与思考是个体身份认同的基础，是每个人融入社会、产生归属感和幸福感的保障；同时，它可以引导中国学生在走向世界的时候，葆有一颗中国心。第二，践行优秀文化中的价值观念，能够以平等、尊重的态度看待和理解不同文化，这样的人在社会生活中也更有优势。第三，文化理解与传承中所蕴含的价值取向和行为准则，是凝聚人心、共筑精神家园的基石。"文化理解与传承素养为其他各方面素养提供价值指引，重视学生文化理解与传承素养的培养，对任何一个国家或民族的教育都具有指导意义。"我非常赞成这些说法，同时我认为文化理解与传承素养，从某种意义上说，也是"共情"。

第二节　如何培养共情

泰戈尔说："教育的目的应该是向人传递生命的气息。"就初中语文学习而言，培养学生的共情，我认为可以从三个方面着力——师生共情、听说共情、读写共情。

一、师生共情

古人说：亲其师，信其道。"共情"的培养，首先要从语文教师自己开始，教师本身的言谈举止和行为状态，深深地影响着学生，教师自己就是最好的语文课程。苏格拉底说："教育不是灌输，而是点燃。""我即语文"，才能点燃学生。德国哲学家雅斯贝尔斯说："教育意味着一棵树摇动另一棵树，一朵云推动另一朵云，一个灵魂唤醒另一个灵魂。"很难想象一个自己不读书，或者阅读面很窄的人，能培养出一个爱读书、爱思考的学生。相应地，教师的三观在某种程度上也决定了学生的人生视野和人文情怀。习近平总书记指出：教师重要，就在于教师的工作是塑造灵魂、塑造生命、塑造人的工作。

《吕氏春秋》中有个故事：楚王去云梦泽打猎，不小心把自己心爱的弓丢失了，侍从们急着要循原路去找。楚王说，算了吧，不必去找了，楚人失之，楚人得之，到不了别处的。侍从们都很佩服楚王的豁达胸怀。孔子听闻此事后说：这句话如去掉"楚"字就好了，不妨说"人失之，人得之"。老子听说了孔子的评论后，也发表了自己的看法，他说：再去掉"人"字会更好。"失之，得之"，这样才符合天道啊。

这是一则意蕴丰富的哲理寓言。从楚王所言"楚人失之，楚人得之"到孔子"人失之，人得之"，再到老子的"失之，得之"，不难看出其寓意，即如何看待"舍、得"。三个人的站位和格局显然是不一样的：楚王丢失心爱的弓，不让侍从找回，他所言体现出的豁达，仅是对自己的国人；孔子要去掉"楚"字，可见其视野和情怀，已不局限于当时的某个国；而老子再删"人"字，则更显其格局之大和为人处世之大智慧。我们教师应该有更高的"站位"，这样，才能实现育人，而且是育"大写"的人。这样的"站位"从哪里来？——学习，终身学习、广泛学习！正如于漪老师的那句名言："一辈子做老师，一辈子学做老师。"

爱因斯坦说过，最重要的科学问题不是科学上的某个问题，而是：你相信这个世界是善良的，还是邪恶的。这句话对于我们教育工作也有借鉴意义。

2012年美国年度教师丽贝卡·米沃基在"美国年度教师中国行"上海站演讲中说道："作为一位教师，除了要教课本的知识，还要教学生如何变得优雅，变成品行良好的人。我希望和大家分享两点心得：一是请老师们永远都不要忘记自己是谁。不管在座的老师信或者不信，你都要记住，教师对于学生来说是他们的光芒，是他们的英雄，他们会一直铭记于心。二是作为一位教师，永远不要停止学习，因为一旦你停止了学习，就会变成一个无法呼吸的雕塑，而不是一位教育者。教师对于学生来说，就是可以改变他们人生的关键人物。"

因此，语文教师除了要充分利用语文学科的优势进行育人之外，还要注重和学生的每一次交流，"汝果欲学诗，功夫在诗外"。

做语文教师一定要争取当班主任，这是我一贯的主张。这样的教师生涯，才会更有味道，才能有一方天地，更好地教书育人。班主任工作和语文教学活动结合，是培养学生"共情"的最佳渠道。比如：写接力日记。接力日记，就是写班级日记，每人负责一天，然后，传给下一个同学。内容的选择，形式的呈现，可以教师指定，也可以学生自定。对于不同起点的学生，可以是一天的流水账，也可以是重点事件的描写；可以写老师，也可以写同学或者写学校。但一定是站在班集体的角度来写，以班集体的发展为重点。这样，写上半年，效果就会显现。别看这个活动不起眼，但对于班集体建设、实现班级共情，却意义深远。如果再辅以个人日记，效果会更好。个人日记，最重真实，一定要言不设禁区，可以是"带锁的日记"，一对一地批阅，只在教师和学生之间交流。内容选择可以更宽泛，社会见闻、家庭困惑、同学矛盾、成长心得等等，学生遇到的自己破解不了的问题，教师将心比心，帮助化解，并引导培养学生应对之能力。也有人将之称为"道德长跑"，不管叫什么，这确实是教学生与社会共情的好方式。2002年，我有幸受邀带学生到中央电视台科教频道做了一期节目就叫《带锁的日记》，播出后社会反响良好，节目后来还获了奖。那是我教的最后一届学生，也是我教师生涯中最出色的一届学生。学生一旦养成习惯，必会受益终生。因为，这是"元认知"，是反思，是"吾日三省吾身"，共情的培养尽在其中。

二、听说共情

课标中，语文核心素养是指学生面对具体的现实生活情境时，在分析情境、发现问题、提出问题、解决问题、交流结果的过程中表现出来的综合性品质。这种综合品质，就有共情。先说听说共情，即通过口语交际培养共情。

口语交际具有思维的及时性、时间的突发性、情境的特定性和能力的综合性等特点。这些独特性使之与阅读和写作有很大的不同。现实生活中，通过多年的学习，很多学生的书面表达水平明显提高，但听说的能力却止步不前，以至于影响了正常交往，甚至阻碍了事业的发展。显然，这对于我们的学生成长和发展是不利的。造成如此现状的原因很多，其中，学生时代，口语交际教学的缺失，共情能力的不足，恐怕是一个主要原因。即使教学有所安排，也缺乏具体交际情境的创设，更不能对学生真实的口语交际水平进行及时恰当的评价。要改变这一现状，需要系统思考，统筹兼顾。宏观上要有大语文观和口语交际的课程意识（上一章已经谈到）；微观上，就口语交际的课堂学习而言，我们要从以下两方面入手。

（一）积极主动创设口语交际的具体情境，打通情感通道

"各位同学好！我叫谢石。谢谢的'谢'，石头的'石'，别以为我是从石头缝里蹦出来的哟。本人个性很强，做什么事都很执着，像块顽石。"

以上这段话是自我介绍。开学了，新学校，新面孔，全新的中学生

活在学生面前拉开了帷幕，接触新同学、新老师，参加新活动、新社团，全离不开自我介绍。自我介绍的目的，就是让对方了解自己，给对方留下良好的、深刻的印象。自我介绍是人际交往的第一张有声的名片，其重要性不言而喻。台湾著名节目主持人凌峰在 1990 年中央电视台春节联欢晚会上是这样自我介绍的："在下凌峰，我和文章不一样，虽然我们都得过"金钟奖"和"最佳男歌星"称号，但是，我是以长得难看而出名的。两年多来，我们大江南北走了一趟——拍摄《八千里路云和月》，所到之处，观众给我们很多的支持，尤其是男观众对我的印象特别好。因为他们认为本人长得很中国——中国五千年的沧桑和苦难都写在我的脸上。一般来说，女观众对我的印象不太良好：有的女观众对我的长相已经到了忍无可忍的地步，她们认为我人比黄花瘦，脸比煤球黑。但是，我要特别声明：这不是我的错，实在是家父母的错误，当初没经过我的同意就把我生成这个样子……"这一段自我介绍非常精彩！可以说恰如其分，恰到好处，现场的观众笑声不断，掌声热烈。

如果我们的学生，在不同的场合，都能来上一段这种不一样的自我介绍，我想我们一定会为之骄傲的！

但现在的课堂教学中，我们有多少老师肯花时间创设情境让学生扎扎实实地练习呢。恐怕只是讲讲做好自我介绍的三要素，不分场合，草草练上一回，收场。因为，总觉得还有好多课文要讲，时间真的不够！

其实，延展一下，完全可以转化为读写结合的语文活动，什么都不耽误。

1. 打破边界，要素重组

"打破边界，要素重组"就是过去行之有效的教学方式继续坚持，并适当组合；同时和现代教育技术相融合。比如，小学课本中有"说说自己喜欢的小动物的样子"的口语交际课，有的教师就把一只真实的小动物呈现于学生面前。当学生看到时，个个都会眼前一亮，情绪高涨，此口语交际课就会上得很成功。再比如，对于那些内容有趣、情节生动、人物形象鲜明的文学作品，学生往往表现出极大的兴趣，老师就让他们充当故事中的主人公，创设故事情境，使学生思维、想象和表达能力都能得到最充分的发展。还有，利用阅读教学和写作教学创设口语交际情境。从学科的特点来讲，阅读教学就是师生交往的双向互动过程，每一堂课都为学生口语能力的发展提供了用武之地，所以说阅读教学和口语交际训练是相辅相成的、"比翼双飞"的。阅读教学中的释疑和评价也是进行口语交际训练很好的途径。在释疑的过程中师生会发表自己独到的见解，常会出现赞同、反对、欣赏、批判等鲜明的观点，并用充分的理由说服对方。这期间，师生会以明朗的态度给予一定的评价。在这样一个对话过程中，学生的口语交际能力会得到提高，共情能力也就慢慢具备了。

作文语言表达与口语交际语言表达是有许多相通之处的，如果作文以口语交际为前提，可以先让学生进行口头作文。学生思维活跃，说话的积极性高了，然后再把所说的话用文字写下来，不仅提高了学生的口语表达能力，而且也减少学生对写话的恐惧感，作文也成功了。续写课文故事、写读后感等，其实都可以进行口语交际训练。修改作文也是进行口语交际训练的途径之一，比如，"配乐朗诵修改"有一举多得之效。

这些都是很好的方式，既可以独立应用，也可以组合。随着信息技术的发展，基本公共教育服务方式已经开始发生巨大的变化，数字学校、数字课堂应运而生，语音对话近在咫尺，创设具体情境也有了新的媒介。利用多媒体创设情境，会使环境更加轻松，利于学生的表达和交流，评价手段也会更加丰富和及时，在虚拟环境下，学生也更易于接受这种真实的评价。当然，从虚拟走向现实是必然，只是时间先后的问题而已。

2. 贴近生活，构建和谐

教师要把各种语文能力的培养贯穿于学生生活的全过程，为他们开辟全新的口语交际通道，为和谐社会的建设做出贡献，也是我们口语交际能力培养的目标。

（1）学校生活

随着国家三级课程建设的推进，校本课程越来越多，社团活动越来越丰富，有的专家甚至说：学校的一切活动都是课程。我们不对课程的定义进行研讨，但我们可以借助这些"课程"进行口语交际训练，这样定会有事半功倍的效果。在各种比赛、游戏活动之后，学生最能轻松地倾吐自己在活动中的所见、所闻、所感。我们何乐而不为呢？

（2）家庭生活

"家庭是学生的第一所学校，父母是他们的第一任教师。学生说话能力的形成在很大程度上受到家庭语言环境的影响。"[①]一方面，老师可以通过各种途径，提醒家长重视对孩子进行口语交际训练，让孩子把自己一天的所见所闻自由地说来。学生是最愿意和自己的亲人交谈的，特别是性格内向的学生，这是语言训练的最有效的办法之一。告诉家长应当善于倾听，及时恰当地评价。在适当的时机，家长应鼓励孩子招待客人，给孩子提供更多口语交际的机会。二是设计一些口语家庭作业，让学生在家庭中进行口语交际训练。低年级的，如布置家庭作业"打电话"，让孩子给爷爷奶奶或者姥姥姥爷打电话，父母做评委；高年级的，可以举办家庭辩论会。孩子是家庭的黏合剂，这些活动不仅能提高学生的口语水平，也会为家庭带来欢乐。

（3）社会生活

陶行知先生说："整个社会的活动都是我们的教育范围。"社会是实施"口语训练"的无边课堂。教师应引导学生开展各种社会交往实践活动，如组织参观、访问、调查、联欢等活动。加强学生与社会的交往，从而促进语言的发展。活动中可以录下对话的场景，回到课堂中大家再一起赏评，共情的能力会提升得更快。

---

① 戴宝云. 新课程小学语文实用教学 90 法 [M]. 广州：广东教育出版社，2004.

（二）制定科学民主的评价标准，实现自我发展

《义务教育语文课程标准（2011年版）》指出："口语交际的评价，应按照不同学段的要求，综合考查学生的参与意识、情意态度和表达能力。"研究表明：随着年级的提高，学生害怕当众讲话的心理越来越严重。[①] 到了中学阶段，他们开始更多地关心自己并对自己的语言和行为进行评价，自尊心也逐渐加强，对任何评价都很敏感。所以，调动他们的积极性，让他们乐于参加、乐于自评互评就很关键。这就要求我们的评价要注意学生心理，讲究方法。

首先，要引起重视。针对学生普遍存在说话"不用练""没有用"的思想，可以让学生对着录音机或手机即兴说两分钟的话，然后播放让他自己统计一下里面有多少口头禅、重复的话、颠三倒四的话、词不达意的话等等。实践证明，这种反馈对学生触动很大，知道自己说话的不足，就能引起他们高度的重视。之后，如果再能放一些名家的演讲，就能更加激发起他们努力学习的兴趣。其次，要创设宽松的环境。有的老师向学生提出"五允许"的政策就很好：第一，允许说错；第二，允许补充；第三，允许修正；第四，允许质疑；第五，允许保留。这样就可以让学生放心地说，不用怕说错出丑。再者，评价的最终目标要走向自我完善。因此，教师要给学生自我完善的提供方向，例如告诉学生除了评价"内容"外，还可以从语音、语量、语调、语速、语境、语态等方面进行校正。这样有助于提高学生的认识，提升他们练习的自觉性。

综上所述，只要创设好具体的情景、给予恰当的指导，并能及时给予立体、综合、多维度的评价，就能激发学生的兴趣，触发学生的灵感，他们就会有话可说，有话要说，他们的人生也会越"说"越精彩，真正实现语文核心素养的提升，共情的培养自然也是水到渠成。

---

① 张锐，朱家珏. 说话训练 [M]. 呼和浩特：内蒙古人民出版社，1987.

三、读写共情

读写结合，是培养共情的另一只翅膀。好的文章，必然会引起读者共鸣：或深受触动，或感怀人生，或激励鼓舞，或坚定志向。这是共情的起点。要具备这种能力，还要能练习写出这样的文章，发展创新，深化存储。2000 年，联合国教科文组织设立了"国际母语日"，旨在强化母语的自觉意识并推动各国母语能力的建设。2014 年 6 月联合国教科文组织与中国教育部在苏州联合举办世界语言大会，以"语言能力提升与语言教育"为主题，形成了"建设国家与人类语言能力"的全球共识。那么，"语言能力"的内涵究竟是什么？我们不妨通过国际主流观念来洞悉其底蕴。经合组织（OECD）从 1997 年开始设立国际学生评估项目（PISA），将强烈的未来意识和个人能力本位意识具体化到各个学科的测评领域，特别是母语教育领域。该项目强调母语教育的本质是练就学生全面、完整和积极的语用能力，而非承纳固化的语言知识。而且，"语用"之"用"具有多维度、螺旋形递进的层次，其中最高级的标志是学生"能在比所阅读文本更高的概括水平上给予反思和评价，面对新信息时能够克服先入为主的看法，并利用超越文本的深刻理解，以批判性观点来看待其中的问题"。换而言之，就是要求学生能够"俯视"文本，发挥自己真实的思想力。这种高水平的概括能力，具体表现为对已有文本的"反思和评价"。从这个标准可以看出，高阶层的语言能力不仅仅是对文本的认知、理解、记忆，也非机械层次的朗读或默写，而是超越文本的批判性反思和建设性评论，不仅仅是"接受"文本中的观念、知识或价值判断，更重要的是通过批判性思考"重建"文本。唯此，最后才能培养学生创造性的语言能力。[1]

我做"仿写课题"十六年，后期的目标，更在于此。下面以"以动

---

[1] 潘涌. "引爆"最伟大的语言创造力 [N]. 中国教育报，2016-08-05.

物的视角看人类"作文仿写训练为例说明。

地球是人类和动物共同的家园。然而，无论是历史上，还是今天，人类因一己之私任意屠杀动物的事件屡屡发生，甚至惨不忍睹。人性至此，如不改变，人就不能称之为人，并终将面临毁灭。一些有识之士既在振臂高呼，也在积极行动，但可惜效果并不明显。其中原因众多，而很多人缺少共情，恐怕其中是最重要的一个。这就需要教育贡献出我们的力量，在孩子学生时代，就在他们心里种下一颗善良的种子——共情。这颗种子的种法，不是说教，而是浸入其中的体验。作为一个语文老师，我用的方法就是以"仿写"为突破口的、读写结合的语文综合实践活动。如果学生通过这样的学习沉入其中，对动物共情，则我们这个星球的未来就会有更多美好的希望。

（一）设计灵感

1. 三句话：梁启超在《中学生以上作文教学法》中提出的"善教人者是教人以研究的方法""将一种文做通，再做另一种""学生作文往往缺乏内容，教师要指导，提供材料"。

2. 一个现象：2003年，"非典"疫情暴发，很多宠物一夜之间被遗弃街头，前宠至极，后厌之快，令人慨叹。

3. 两则征文启示：

（1）"人与动物"征稿

近年来，环保已成为人们最关注的热门话题之一。为了更好地宣传保护生态和野生动物，欢迎读者朋友给"人与动物"栏目赐稿。无论是您亲身经历还是听人讲过，凡内容生动有趣、有教益的故事都可，以近年来与野生动物有关的故事为好，也望保护、管理、执法各部门，专家学者和野生动物保护组织、环保团体及网站来稿或提供故事线索。

（2）"我与北京动物园的故事"征文启事

朋友，当您每天忙于工作或学习时，是否猛然会发觉那座您从小就熟悉，在里面度过许多快乐时光或无数次匆匆经过的北京动物园，自1906年以"农事试验场"的名称建立至今，已整整一百周年了。这座古老的园林，不但是人们休闲、娱乐之处，科普学习场所，也是一件珍贵的文物。为庆祝北京动物园建园一百周年，由北京动物园主办、《北京晚报》承办的"我与北京动物园的故事"征文活动即将开始。朋友，来吧，不管您是京城老住户，还是来北京旅游、学习、工作的游子，无论您是男是女、是老是少，都请您打开尘封的记忆，回想起您在北京动物园里美好或有趣的经历，以您生花的妙笔，在千字之内写下您与动物园之间最生动感人的故事，来共同庆祝北京动物园的百岁生日吧。

（二）"以动物的视角看人类"作文仿写训练教学课例

1. 指导思想与理论依据

《全日制义务教育语文课程标准（实验稿）》指出："语文是实践性很强的课程，应着重培养学生的语文实践能力，而培养这种能力的主要途径也应是语文实践……应该让学生更多地直接接触语文材料，在大量的语文实践中掌握运用语文的规律。""努力建设开放而有活力的语文课程。语文课程应植根于现实，面向世界，面向未来。"

课标强调学生的参与和实践，重视学生的体验与感受，那么我们的作文教学就应该朝着这方面走。

我们知道，学习书法有描红、映摹、移临等临帖的方法，如果初学的人不从临摹开始入手，自己一开始就独创，那么他的书法一定学不好，其实写作也如是。叶圣陶先生说过："写作和阅读比较起来，尤其偏于技术方面。凡是技术，没有不需要反复历练的。"吕叔湘先生对这一点有更形象的说明："使用语文是一种技能，跟游泳、打乒乓球等技能没有什么本质上的不同……任何技能都必须具备两个特点，一是正确，二是熟练。要正确必须善于模仿，要熟练必须反复实践。"

因此，仿写是提高学生写作水平的一条有效之法，是读写结合的好形式。

2. 教学背景分析

（1）学习内容

本节课是对学生进行"以动物的视角看人类"的作文仿写训练，这种视角的好处是：表达思想客观，语言随视角而改变，能充分展示学生联想与想象的能力。同时，它还能让学生懂得——关注社会不仅仅是关注人类，还应该关注地球上的其他生命个体。

（2）学生情况

现在学生由于多是独生子女，他们的视野中往往更多只是他们自己的喜怒哀乐，学习上被动，更不会思考这在他们的写作中表现为：缺乏细致的生活体验，不会运用身边的素材，语言贫乏，甚至不知如何下笔，结果所写的文章枯燥、乏味，更不要说富有个性、新意和激情了。另一方面，他们又有改变现状的愿望，希望能写出好的作文。

本节课，就是想在解决这个问题上能有所突破。

作为仿写训练，在初一将近一年的教学中，我们已经进行了从词到句，再到段的初步训练，同时也进行过联想与想象能力的培养。这些可以作为本次习作课的基础。

3. 教学目标

本课的教学目标是：掌握"以动物的视角看人类"的作文方法（换位体验法、联想与想象、拟人法）。

《基础教育课程改革纲要（试行）》指出："强调学生通过实践，增强探究和创新意识，学习科学研究的方法，发展综合运用知识的能力。增进学校与社会的密切联系，培养学生的社会责任感。"

本次作文仿写训练的材料正是上述精神的体现。让学生在情境中理解材料，升华情感，有利于引导学生对材料深入体会、诱发学生的写作兴趣，在仿写中有自己的发现、感受和见解。

教学重点：选择恰当材料，确定主题，进行写作。

教学方法：讲授示范、自主探究、讨论交流。

4. 教学过程

本节课分六个步骤进行。下面，将分别阐述这六个步骤及设计意图。

第一步，讲评上节课"以人的视角写动物"的作文。学生对教师选出的两篇作文进行评析，提出优劣，同时请作者谈创作体会，教师适当点评，这样不仅让学生对上次作文的得失有所认识，同时也能找到自己在作文中存在的问题，也为写好本次作文做好准备。

第二步，放歌曲《我不想说我是鸡》创设情景，导入新课。2005 年岁末，"K 铃制造"倾情奉献贺岁歌曲《我不想说我是鸡》。这是一部以禽流感为主题的作品，它用一种幽默的形式，向人们传达了来自另一个世界的信息。天真无邪的童声将一只被厄运困扰的小鸡拟人化，用它那咿呀的歌声唱出了动物们对灾难的无奈和对美好生活的渴望，立意深刻，耐人寻味。这首歌曲，将"以动物的视角看人类"的作文训练重点引出。多媒体上稚嫩的童声、生动的画面让学生感受到的不仅仅是新颖和有趣，还有对人类自身的反思，更能引起学生对本次作文的兴趣。以下附《我不想说我是鸡》歌词：

我不想说我很清洁，我不想说我很安全，可是我不能拒绝人们的误解，看看紧闭的圈，数数刚下的蛋，等待被扑杀的危险。吃我的肉，我没意见，拿我的蛋，我也情愿，可是我不能容忍被当作污染。想想命运的苦，擦擦含泪的眼，人的心情我能理解，一样的鸡肉，一样的鸡蛋，一样的我们咋就成了污染源，禽流感，很危险，阿嚏，阿嚏。谁让咱有个鸟类祖先。孩子他爹已经被处决，孩子他哥抓去做实验。这年头做只鸡比做人还艰难；就算熬过今天，就算过了明天，后天估计也得玩儿完。一样的鸡肉，一样的鸡蛋，一样的我们却不值一钱；一样要吃肉，一样要吃饭，人不能没有鸡的世界。一样的鸡肉，一样的鸡蛋，一样的我们却过不了本命年，一样要吃肉，一样要吃饭，人不能没有鸡的世界。2005 年过去了，希望一切不美好都能过去，愿天下所有的小鸡小鸭小朋友们都能健康成长，愿世界充满健康和平，人不能没有鸡的世界！

这首歌的 MV 中夸张的场景、搞笑的细节让人不仅忍俊不禁，而且其深刻的立意让人看过后陡生不少感触，甚至酸楚。不少成人都说，看的时候觉得很感动，有一种想哭的感觉。课上学生也被深深打动。

第三步，指导本次作文"以动物的视角看人类"的训练重点。明确什么是"动物的视角"、以"动物的视角看人类"的好处。动物的视角就是以动物眼见为主体视角。这种方法的好处是：语言随视角而改变，表达生动有趣，内容贴近生活，思想呈现客观，发人深省。

第四步，下发三篇例文，学生探讨、交流例文的特点。

狗眼看人

我是一只普普通通的狗，我的主人是个普普通通的中学生。

此刻，她正趴在书桌上静静地完成作业。明天数学测验，要是考不好，又该挨妈妈骂了。其实她心里已经够难受了。唉！真不明白人类为什么要用这种方式逼孩子学习，却从来不和孩子促膝长谈。作为狗的我可幸福多了。

人类真可怜！

夜已经很深了，主人擦了一下额头上的汗珠，又埋头向题海进军。其实她早该休息了。我明白她心里也这么想。"我讨厌数学"，我看见她在日记里把这句话写了千百遍。我不明白，除了考试之外，一辈子也不会用到二次根式的人为什么要逼她去学，也不明白人类为什么要用那些低级的教育方式去摧残孩子。我知道她在文学方面颇有天赋。她曾经为写一篇文章忙了半夜，但那时，她总是笑容满面。可现在她却声声叹息，无奈地将小说锁进柜子里。我的主人，要不是生在这个以分数论英雄的时代，早就成为李清照或三毛了。

人类真奇怪！

许多次我都想告诉主人："你的悟性那么好，只要努力，数学一定能上去。"她不像我的前任主人——那是一个漂亮的女孩，考试经常作弊，还抄袭作业，想不到那美丽的外表下，竟有那样肮脏的灵魂！我的主人，即使考个"鸭蛋"也不会作弊。

主人你还记得第一次看到我的情景吗？你一把抱住我，真诚地说："我喜欢你！"我疑惑地眨眨眼睛。你接着说："因为你像狗。""真逗！我本来就是狗，我爱主人——你，因为你像人。而有些人不像人，像狼。只有生命内容同形式一致时，才有灿烂的生命！遗憾的是，被誉为宇宙中最聪明的人类却不明白这个道理，他们总是把金钱、名利当枷锁套在自己的脖子上。"

人类真可悲！

作为一只狗，我不用被逼着学习和考试，我有完全属于狗的自由。主人，我可怜你。我真希望你的生活像刚出炉的面包一样美好。

"四害们"的感谢信

亲爱的人类朋友们：

你们好！

我们是你们"深恶痛绝"的朋友——四害。以前我们总是对你们怀有恨意，认为你们总想让我们断子绝孙，特别是我们的小兄弟老鼠，总是对我们抱怨，说什么"种族歧视"：美国老乡米老鼠可以上电视，而它们却是"老鼠过街，人人喊打"，真不公平。我们三个对你们也没有什么好感。

不过，现在不同了，你们成了我们的"大恩人"。就拿蚊子兄弟来说吧，上次它出去觅食，半道上猛地杀出了一只青蛙，吓得它失魂落魄，正当这紧要关头，来了一个人类朋友，他伸出巨手，抓走了我们的敌人——青蛙，使蚊子捡回了一条命。当然，我们蚊子兄弟也用蚊子的最高礼节——一个小红疙瘩，回报了他。

以前你们的环境好的时候，我们的环境就非常糟糕，简直可以用"人间地狱"来形容。我们整天忍饥挨饿，一个个骨瘦如柴。现在好了，城市越来越大，人口越来越多，绿地越来越少，生活垃圾随处可见，散发着醉人的芳香。下水道经常被堵，充满着"迷人的气息"。不只是城市如此，农村也一样，尤其是漫长的铁路两边，堆满了饭盒、饮料瓶和各种各样的食品包装袋。吃剩的鸡块儿、排骨、完整的鱼头、饼干屑、水果皮，真是要什么有什么，天下美味尽在其中。我们从饥不择食的悲惨世界步入了丰衣足食的快乐世界！

我们兄弟四个——蚊子、老鼠、苍蝇、蟑螂，是如此渺小，靠我们自己的力量，是无论如何也创造不出一个这样的"美好新世界"的！我们要向人类朋友致以最真挚的感谢，是你们帮我们赶走青蛙、活捉蜻蜓……使我们再无后顾之忧，可以安心过我们的幸福生活了。你们的大恩大德，我们会以我们的"最高礼节"一次次"报答"你们：蚊子兄弟会给你们深情一吻，苍蝇兄弟为你们传播细菌，蟑螂兄弟、老鼠兄弟，来你们家拜访、视察厨房，在食物上巡逻，用牙齿检查衣物的质地。为报答你们，我们一定不遗余力。

此致

敬礼

你们永远的朋友：四害

我是猫

咱家是猫。姓啥，入乡随俗。

咱家主人，可是有头有脸的人物。在家人称"圆处长"，办事人称

"方处长"，外加一个绰号"铁三角"。

咱家主人相貌平平，可就是特点太多。头小，腿短，可是身体特肥，小头一缩，两腿一盘，顺势一滚，绝对标准的"美式足球"。

主人一生只怕一人。谁呀？老婆。老婆面前，主人永远是一个圆球。且看主人的表演：每月一号标准的发工资的日子。一进家门，主人便夫人长夫人短地说一通，夫人可没有性子听，摇着头哼着歌，向主人面前一伸手，意思很清楚。可是，主人并不听话，装起傻来。夫人一瞪眼，大嘴一咧，从椅子上站起来，抬腿便是一脚。主人啥情景，用小人一句话，"巴西女球星希希抬腿怒射，球应声入网"。主人从墙上又弹了回来，恰好停在夫人的另一条腿边，后面的情景不堪入目，惨啊！

主人在家中无权无势，可在办公室里却是天王老子。主人整天西装革履，潇潇洒洒；主人工作办事，令人佩服，那真是"方方正正""周周到到"。

主人是林业局的。现在，大片森林被毁，主人每天都读报，听广播，关注重大事件。一天，主人听着本地区的无木村植树工作进行得有声有色。于是，他决定亲自视察。他乘着本局的奔驰车，带着一把铁锹，几棵树苗，直奔无木村而去。这可惊动了本地区的媒体，这不，第二天便上了早报《方处长督师无木村，迎来植树第二春》。

由于这篇文章，省局拨了五十万元的巨款，无木村领导人想要几万元，再创新辉煌，可是，处长却另有话说：款子必须用在刀刃上，本地区……

巨款一拖再拖，最终留在了自己的腰包，处长办事绝，"方方正正""大大方方"。

处长活动路线十分固定，就是因为这，人称"铁三角"。早晨家中起，以后到办公室，下班后歌舞厅。

虽说林业局个冷清部门，可是现在大部分树木被毁，再砍又要批条子，这样，处长可是忙坏了，整天花天酒地，好不快活。

这不，一天，出了一点小事。那天，头一晕，多喝了几杯。回家后称夫人为小姐，问其芳名，气得夫人眼冒金星。

由于媒体的作用，处长不几日要晋升为局长，这不，其称呼要改一改了。

随着主人地位的提高，咱家的位置则有点动摇，由于跟主人打交道过多，留了几招，嘿嘿，真有用。

人啊人，咱家不多说了……

这一步骤是体现学生个性化的体验感受的过程，它会激活整个课堂，学生们会争先恐后地将自己的感受倾吐出来，这种感受或发现或联想往往带有鲜明的个性色彩。由于个人的经验不同，因此对外部世界的感受与理解也不同。而此时让学生进行生生之间的交流，不仅满足学生的需要，更能使学生的认识趋向更加正确、丰富和全面。这时的课堂气氛应该是和谐的、热烈的，任何学生都不会漠视这样的交流。

第五步，总结交流这类文章的特点，找准仿写点；学生列写作提纲，交流思路。

教师和学生一起归纳例文的特点：

①将自己变成某种动物。

②以动物的视角写身边的人和事。

③反映社会问题，引发人的思考。

这一步是本节作文训练课指导的关键。接下来让学生列写作提纲，交流思路。

第六步，教师读自己写的作文。

目的：让学生感受到教师不仅仅是在布置任务，而是在与学生共同学习，共度一段生命历程，也起到了榜样和示范的作用，会更加激发学生的写作热情。

附作文：

我是老虎吗

我出生在马戏团，已经五岁了，我每天就是跟着马戏团从一个城市漂流到另一个城市。每当我在一个个高高的台上出现时，就听到台下人们的尖叫声："老虎！老虎！"我想那就是叫我吧，所以，我的名字应该叫老虎。每当这时，我也兴奋异常，就精神抖擞地、全身心地投入我的工作当中。

回到后台，我的合作伙伴（人们叫他驯兽师）会拍拍我的脑袋，我向他摇一摇尾巴，我们总以这样的方式表示庆祝和友好，然后我钻进属于我的房间——一只大铁笼子，他会扔给我很大的一块肉，有时是些活鸡活鸭，我美美地享用着这一切。年复一年，我想，生活也许就是这样吧。

直到一年前的一天，很偶然地知道了关于我的一些情况，从此，那痛苦的感觉就像有千百只蚂蚁在噬咬着我，使我寝食难安，有时还彻夜不眠。

那是一个春天的午后，我懒懒地躺在笼中，脑子里在温习着刚刚学会的动作，准备晚上演出再次引起轰动。这时有两个医生（人类管他们叫兽医）走到我的屋前，不知为什么他们停住了脚步，我知道他们是来给一只生病的猴子看病的，我没有病呀，但是我分明感到了他们的兴奋，他们在我的旁边说起了我，也就是那一天我才知道我是谁：原来我是东北虎的后裔，我的家族已有三百万年的进化史，与其他虎种相比，我们的个头最大，体色最美；我们一昼夜能走八九十公里，跳跃高度达两米；捕食猛兽，身长体重，强悍凶猛，因此被称为百兽之王。我们应该生活在高山密林之中，我们甚至还会游泳……不知道什么时候，两个医生走了，我的心却再也不能平静，我惊讶我的基因竟如此优秀，怪不得我一出现，就会引起全场轰动。

从那天起，我对我的工作不再上心，我哀怨地看着我的伙伴们——那些辛苦排练的狮子、猩猩、猴子……我甚至对和我朝夕相处四年之久的驯兽师，也产生了恨意。

我开始向往大山、向往森林、向往奔跑，现在我都怀疑，我真的是老虎吗？

也是从那天起，我学会了思考。总听人类说"要关爱动物"，因此，他们就打着这个旗号，建起了一个又一个以营利为目的的动物园，还美其名曰"给动物们一个舒适的家"；成立了一个又一个马戏团，也美其名曰："让更多的人，认识动物的可爱，增强人们保护动物的意识"。

又是一个月朗星稀的夜晚，我透过笼子仰天长啸，我还是老虎吗？

5. 学习效果评价

本节课的切入点应该是学生感兴趣的；在优秀例文的引领下，再加上老师的作文的示范和方法指导，学生都能够很好地完成此次写作训练。

这个教学设计，是我指导课题组教师完成的，其中例文的前两篇就是我自己学生的作品。这是一个系列的教学活动。

（三）收集的材料及应用

材料收集来了，五花八门，比如这是一个学生的收集。

天鹅飞来了

前几天，我在报纸上看到一条消息说昆明湖里飞来一群天鹅。这让我想起了在日本喂鸟的情景。

今年寒假我有机会去了一次日本。我经常到海边去喂鸟。只要我把食物向上扔，不同种类的鸟，就一群一群地飞过来。有海鸥、有鸭子、有鸽子……这些鸟类中，就属海鸥的飞行技术最高了。它们有的在地上捡食吃，有的在空中抢食吃，一边抢，一边叫，好像在说："你怎么抢我的吃的呢？"

那些鸭子就更有趣了。它们长着一双圆圆的眼睛，一个个胖胖的，像小皮球一样。有时候它们还会站起来管我要吃的呢！

但是在中国，那些鸟都怕人，躲人躲得远远的。哪怕你扔再好吃的东西，它们都会逃跑。不过我听姥姥说，有一次在玉渊潭公园，有一只老鸭子带着几只小鸭子在人行道上走，所有的人都停下来了，等那些鸭子过去了，人们才敢走。这件事让我很高兴。昆明湖来天鹅更是让我兴奋不已。

以后我们要好好保护环境，保护鸟类，让更多的天鹅来到我们的家园。

（郝美）

小鼠之死

那是一只小鼠，只有三寸长，可是，油光水滑脑满肠肥，腆着个肚子。那体形，像马局长。

马局长望着那鼠，暗骂：死吧，狗东西。

马局长骂的时候，那鼠，正蹲在条几上吃饼干。胡须一翘一翘的，"嚓嚓嚓、嚓嚓擦"，声音如铜帚刷锅底一般，十分刺耳，一直刺到马局长的心里，让马局长气得胖胖的脸上直冒汗。同时，心里又滋生出一丝快意，吐出一口长气。

那鼠，两只豆眼骨碌碌乱转，突然停住了。接着，又心安理得地吃起来。

它不怕马局长。

它当然不怕马局长。

从它跑进马局长家，什么大风大浪没见过。第一次，老马夫妻俩一个挥舞木棒，一个拿着菜刀，前挡后打围追堵截，结果是打碎了一只瓷碟，愣没伤着它一星皮毛。第二次，老马夫妻俩打开门，然后一个拿盆，一个拿盂钵，敲得叮叮咣咣响，想把它赶往邻家，可雷声大雨点小，只是让它虚惊一场。

从此，它再也不怕老马了。它敢在光天化日众目睽睽之下，去吃条几上的东西；甚至，它还打算把自己的女友接来，在这儿安家落户呢，谅那老头能奈它几何。

咋？为什么不能吃？这老头的东西哪一样是他自己的？小鼠想，别人能送他东西，他就不能匀出点让我吃吗？那老头整日里高高兴兴，自己凭什么就非得胆战心惊呢？

因此，这只小鼠吃得很得意，边吃边眨着眼，胡须一翘一翘地做鬼脸，望着坐在对面椅子上的老头。它有意气那老头呢。

突然，它感到大不妙，它的肚子疼起来。

它恍然大悟：它中了别人的奸计，吃了鼠药了。

即将倒下时，恍恍惚惚中，它看到那张肥肥的大嘴咧着，发出呵呵的笑声，说：狗东西，白给的东西好吃吗？那会送命的。

那只小鼠至死都疑惑不解：白给的东西为什么老马吃着就逍遥自在呢？

（余显斌）

最后的晚餐

昏暗的天色，坟墓一样的山林。

这里，没了昔日的晨间鸟语，百花欢畅；没了昔日的朗月清风，桃红柳绿。有的，只是污浊的空气无休止肆虐和树桩间偶尔无声的交流。

剩下的生命也在苟延残喘。

（狼上）

狼（唱）：昨日满桌肉肥肠，今朝眼望木头桩。五天不见鲜活物，害得我犬牙着了慌。

（白）：小崽子们，居然敢不露面，要是让我撞见，非得拿你们磨牙！哼！

（狐狸上）

狐（唱）：咬着草根，慢腾腾。瞪眼如杏仁，四下里搜寻。但愿摸只大肥鸡，祭我五脏神。

狼听到歌声，竖耳，凝神。

狼：哈，天助我也！肥肉送上门来了，（屏气，小心翼翼向声源靠近）还是只大狐狸咧！嘿嘿……（咂嘴）

（狼冲上去，厮打声响起，最后归于平静）

狐：狼大哥，哦不，尊敬的狼爷，放了我吧！我会感激您的。

狼：放了你？那我喝西北风去啊！告诉你，我已经五天没见荤了，现在就是给我头牛，我都吞得下。

狐：狼大爷，吃了我您不划算，不如您把我放了，我带您找好吃的。

（狼寻思，点头。狐狸领着狼四处转悠）

狐（讨好地）：听，有说话声，这回，您可以享用了。

狼：嗯，算你识相。

（鸡、蛙同上）

狐：咦？那儿有只鸡！我的最爱！

狼：嗯？

狐（做省悟状）：当然，得让您享用（咽唾沫）！

狼：哼！

狐：那蠢鸡像是在啄青蛙，可又不像在吃。

狼：走，看看去！

（鸡听到声音，抬头）

鸡：你是想吃了我吗？

狐（指着狼）：不是我，是他。

鸡：你们不应该吃我。

狼：废话！允许你吃青蛙，就不允许我吃你？

鸡：也许半个小时以前我会吃了它，可现在我不会。

狐：那你……

鸡：青蛙口里生了疮，我在帮它清除。

狐：放着这么好的机会不要，真是够傻的你！

鸡：傻？傻的是你们！要想活命，就得有食物，可现在整个森林只剩下我们四个，即使我吃掉青蛙，我也会被你吃掉，而你也绝不可能逃脱狼的血口；我们三个都不在了，狼又能活吗？不能！所以，争来争去，我们都只有死路一条。唉……（仰头、看天）

天的尽头，血红的夕阳斜挂着，摇摇欲坠。

狼和狐狸面面相觑。

沉默，死一般的沉默。

…………

血红的夕阳再一次拨开茅草时，地上静静地躺着四具尸体……

（汪蕾）

【简评】

这是一篇以"环保"为主题的创新作文，文章采用童话独幕剧的形式，以丰富的想象展现了地球上最后一组食物链，面对生死抉择，动物都一改本性，以"和平"的方式悄然"退场"，发人深省。剧本矛盾冲突剧烈集中，人物形象鲜明：狼的凶残自私、狐的狡诈善变、鸡的理智恒定，更有青蛙的沉默与无奈。应该说，这是一篇不错的创新作文。（指导教师 谭青松）

一只小麻雀

我曾经认为麻雀是一种很不值钱的鸟，因为麻雀可以生存在北京这样高楼林立的城市里，而且还满大街都是。在我眼里，它们根本比不上我家笼子里那聪明的牡丹鹦鹉。然而一次偶然的经历却让我改变了这种看法，从此以后，我从心里由衷地尊重这种我原先一直瞧不起的小动物。

那是一年冬天的中午，我在屋子里看书，凉台上忽然传来我那宝贝儿牡丹鹦鹉急冲冲的叫声，我以为是我忘记了喂食，小家伙饿急了，在催我，于是我便走向凉台，这时一只麻雀从我饲养鹦鹉的笼子旁飞走了。原来，这只麻雀在吃我喂鹦鹉时撒在笼子旁的小米。而我那聪明的牡丹鹦鹉的叫声正是在提醒我。我一边夸奖我的牡丹鹦鹉，一边往回走，突然我问自己，抓个麻雀养养怎么样？于是，我找来一个空的鸟笼并用小棍将门撑开，又把里面的小盅放满了大米，这样只要馋嘴的麻雀一进来，它的尾巴就会撞倒撑门的小棍，毫无疑问它也就成了瓮中之鳖。

一切正像我所预料的那样，整个诱捕过程非常顺利，一只小麻雀被关进笼子里。然而，出乎我预料的是，这只麻雀一边焦急地叫着，一边不顾一切地向笼子外撞，一刻也不停，不一会儿，这只麻雀的小脑袋已经撞出了鲜血，可是，它却仍然不停。我被它的这种表现所震撼，生怕这个小小的生命就这样被我的拥有欲所伤害，于是急忙把笼子的门打开，小麻雀像箭一般地飞向了天空。然而我的心却始终平静不下来，因为，我从这只小麻雀的表现中看到了自由对于一个生命的重要。

就在这件事发生的第二天，我把我饲养的那两只牡丹鹦鹉送给了我一位喜爱养鸟的朋友。我也曾想过将这两只鹦鹉放生，但是朋友告诉我，鹦鹉这种宠物在人类的驯养下已经丧失了自我生存的本领，放生以后多半会饿死，还有一部分仍然会飞到人的屋檐下，让人重新将它们抓回到笼子里，过着不愁吃、不愁喝的日子。

在这之后很长的一段时间里，我一直都在问自己，到底是人驯养的鹦鹉聪明还是在天空中自由飞翔的麻雀聪明？以前，在北京官园的鸟市上一只牡丹鹦鹉的售价是不菲的，而小小的麻雀根本没有人卖，也根本没有人买。因为，麻雀在大众们的眼里根本不值钱，我以前也是这样认为的。然而，经过这件事之后，我才发觉，小小的麻雀却比我们这些自认为是万物之灵的人要聪明许多。因为，它们比我们更清楚"不自由，勿如死"的道理。

就在那年的冬天我养成了一个习惯，就是每到下雪的日子，我就会在凉台上放上一些馒头渣儿，然后躲到屋子里面，看着麻雀们来吃。因为我知道在下雪的时候，鸟类的觅食会更加困难。而每当我看到它们欢快地吃着我撒的馒头渣儿时，我心里都在想它们中间是否有那只热爱自由的小麻雀。而每当它们吃完飞走的时候，我的心也就随着它们飞了起来，在天空中自由地翱翔。

（史雷）

学生收集得很认真，也很用心，不但收集了同龄人的佳作，还带着老师的评语。但如何更好地应用，就需要我们教师来进一步引导了。写动物的作文和文章很多，类型也很丰富，要用好，就要归纳整理，使之条理清晰。我们的方法是：

第一步，师生共同商量，制定分类的初步标准：

第一类：人眼中的动物。1. 重点写动物；2. 写人和动物。

第二类：动物眼中的人。1. 重点写人类；2. 写动物和人类。

第三类：以动物喻人。1. 个体；2. 群体。

第二步，小组合作，将共同收集的材料初步分类归类。

第三步，全班交流，找到最触动自己的文章分享，并解决学习过程中遇到的问题。

整个活动下来，既丰富了学生的视角，又锻炼了学生分析、综合、提炼、概括的能力，发展了学生的智力，更重要的是培养了学生的共情能力。下面是我们第一次活动后将收集的材料分类归类的成果，虽不十分完善，但也可见其效果。

第一类：人眼中的动物——重点写动物（亲情）

故事中的感动

生活中，令我们感动的事例很多。有时是一种声音，有时是一种是色彩，有时是一种状态，有时是一种场景，有时是一则故事。

在西部的青海省一个极度缺水的沙漠地区，这里，每人每天的用水量严格地限定为三斤。这还得靠驻军从很远的地方运来。日常生活用水包括喂牲口，全靠这三斤珍贵的水。

人缺水不行，牲畜也一样，渴呀！终于有一天，一头一直被人们认为憨厚、忠实的老黄牛渴极了，挣脱了缰绳，强行闯入沙漠里唯一的，也是运水车必经的公路。老牛沉默地立在车前，任凭驾驶员怎么呵斥驱赶，也不肯挪动半步。

后来，牛的主人寻来了，扬起的鞭子狠狠地抽打在瘦骨嶙峋的牛背上，牛被打得皮开肉绽，可就是不肯让开半步。鲜血沁了出来，染红了鞭子。老牛凄厉地哞叫，和着沙漠中阴冷的风，显得分外悲壮。运水的战士哭了，最后，运水的战士说："让我违反一次规定吧，我愿意接受处分。"他从车上取出半盆水放在老牛面前。

出人意料的是，老牛没有喝以死抗争来的水，而是对着夕阳，仰天长哞，似乎在呼唤什么。不远的沙堆后面跑来一头小牛，受伤的老牛慈爱地看着小牛贪婪地喝，小牛也舔舔老牛的眼睛，默默中，人们看到母子眼中溢出了泪水。没等主人吆喝，在一片寂静无语中，它们掉转头，朝着回家的路慢慢地走去……

我无法不为这个故事感动，也无法不为那鲜为人知的动物的母爱而落泪。

203

第一类：人眼中的动物——写人和动物

1. 养放

小松鼠逸事

1995年6月25日，星期天。弟弟一家去承德游玩，买回来两只小松鼠，送给儿子一只。儿子高兴得手舞足蹈大喊大叫："太好玩了！从今天起它就是我儿子了，它叫徐松松！"

听说松鼠是杂食动物，爱吃水果和瓜子。前三天，每天上班前，我都把几根苹果条塞进小笼子里，再放上一小撮葵花子。第三天下班一看，吓了我一大跳：只见徐松松蜷缩在笼子的一隅，低垂着眉眼，身体好像在微微颤抖。就在它的旁边，躺着一根大约一厘米长毛茸茸的东西，我定睛一看，居然是一小截尾巴！我赶紧给弟弟打电话，得知他家那只小松鼠已经去世了，身边赫然躺着三截不知被何物咬断的尾巴！第二天中午我就顶着大太阳买来一个塑料鸟笼，给徐松松搬了新居。

平生最爱是牛奶

有一天我用一个空眼药水瓶装上水，刚用手捏了一下，把水挤到徐松松的小脑袋上，它马上就用小爪子一把抱住，咕唧咕唧地喝起来。这件事启发了我，于是，我就开始尝试着给它喂些别的东西，什么饺子、月饼、元宵、油条、各种炒菜，它竟然来者不拒！最有意思的是喝牛奶，为了喝牛奶它甚至可以舍弃自由。有一天我用小碟子盛了一点牛奶伸到笼子里，它迫不及待地一把抓住小碟子的边，急不可耐地把牛奶舔了个一干二净。舔完了还用小手抹抹嘴，再用舌头舔舔小手，一副意犹未尽的样子。后来我等它趴下来舔牛奶的时候又慢慢把碟子往外抽，它就紧紧抓住碟子边沿亦步亦趋地跟着碟子往外走，全然不去理会这时正是逃跑的大好时机。

冬天要盖小被子

天气渐渐冷了，我发现徐松松把垫在笼子里的报纸撕碎了当被子盖，就立刻找出一条旧棉毛衬裤，剪下双层螺纹边塞进笼子里。徐松松只歪着头略略扫了两眼，立刻嗖的一下就钻了进去，把脑袋、尾巴全都尽量遮严实，外面竟连一根毛也没露出来。从此，我家所有的旧棉毛裤的螺纹边都被剪下来，以备冬季徐松松御寒之用。我每天晚上给它发被子，早上及时收被子，经常还要晒被子，因为它时常把小被子尿得湿漉漉的。

一天早上，我发现徐松松不见了。我在笼子里放了牛奶和吃的，但是它吃完了就又逃跑了。晚上我关掉所有的灯，拿着手电筒戴着棉手套坐在走廊里静候徐松松出现。影影绰绰地看见徐松松走出来，我就猛然拧亮手电筒，让电光柱直直地把它罩在中间。徐松松傻了，呆站在那儿不动了。可是我刚伸出手去，它嗖的一下又没影了。我又在笼子里放上牛奶和小被子，笼门敞开，远远地用手电筒照着笼子。徐松松可能是真的饿了，直奔小笼子一下就钻了进去，头也不抬地舔起牛奶来，我趁势一下插上笼子门，把它逮捕归案。后来经过观察，发现原来它是把小鼻子小嘴插到笼门最底下的缝隙里，不停地撞击，把门上的小钩子愣给晃松了，生生地把小门一点点抬高起来，然后实施了逃亡。

回归大自然

1997 年 6 月 30 日晚，香港回归祖国前夕。我往小笼子里放了吃的和牛奶，还有一条崭新的小被子，提着徐松松上了百望山。香港在离散 99 年之后重又回到祖国怀抱，徐松松与我们一起生活了 2 年，也该回归大自然了。

在一片寂静的小树林里，儿子打开笼门，轻声说："徐松松，出来吧，你自由了！"徐松松迟疑着走出笼子，一步一回头，三步一徘徊，在笼子附近转了一大圈，然后就慢慢地但去势坚定地往山上走去，再也没有回头张望，小小的身影渐渐从我们的视野中一点点消失。

2. 互救

通人性的小花狗

冬天的黄昏，我和老伴在小区里散步时，随处可见一只只被主人精心呵护的小狗。它们或穿着主人精心制作的御寒棉夹克摇头摆尾，或脚蹬着狗棉靴，在凛冽的北风和飞舞的雪花中欢蹦乱跳。无论是匆匆过往的年轻人还是漫步小区散步的老年人，都能由衷地感受到，随着国家的富强，人民生活水平的提高，连小狗都活得有滋有味、快乐潇洒。每当这时，我总会情不自禁地回想起我苦难的童年和陪伴我多年的小花狗。

门外的不速之客

20世纪40年代，我跟随父亲从天津来到祖国北端的博克图地区。那是一个贫穷的小山沟，总共居住着十几户人家，父亲是火车的司炉，每月靠着微薄的收入养活全家十几口人。那时候塞外的冬天特别冷。我九岁那年初冬的一个下午，刚刚下过一场大雪，厚厚的积雪把方圆几十里山川都变成了银白色。我和三弟要出门，准备去沟里捡些树枝帮家里生火。推开院门，忽然发现一条不到一尺长、黑白相间的小花狗，蜷缩在雪地里。它的眼睛里，不知含的是雪花还是泪花，亮晶晶的，身体已经快冻僵了。它看到我俩，摇摇晃晃从雪地里站起来，无力地摇着小尾巴，好像在说，救救我吧，我就快要冻死了。我在犹豫，家里的窘况我一清二楚，连人都是经常吃不饱饭，我们拿什么来养活它？就在我犹豫的时候，三弟毫不迟疑地抱起了小狗就往家走。进了屋，三弟急忙把小狗放在火炕上，并给它盖上被子，又张罗给小狗找吃的，说一定要救活它。父亲虽然责怪我们做事鲁莽，给家里添了麻烦，但他一看到小狗楚楚可怜的样子也心软了。就这样，小花狗正式成为我们家的一员，开始了和我们同甘共苦的生活。

狗不嫌"家"贫

自从小花狗来了以后，为我们清贫的生活带来了许多欢乐。它温顺、有责任感，全家人无论谁从外面回来，它都要跑过去，摇晃着小尾巴，兴高采烈地把它的两只前爪搭在家人的肩膀上，再摇晃着尾巴站一会儿，才肯放下。它每天准时接送我和弟妹们上学、放学，甚至会帮我们背书包。夜幕降临，它就睡在大门旁边的地上，尽忠职守地守护着全家。

那时我们全家都视小花狗为亲人，无奈生活太艰难了，有时我们连续几天都没有东西喂它，可它无论怎么饿，也从不偷吃家里的东西。吃饭时，一家人经常为了几块饼子、几碟咸菜，推来让去，每到这时小花狗都静静地趴在炕沿下边，眨动着大眼睛，好像同样感受到了人世间的浓浓亲情。它忍受着饥饿，从来都不吭声，但是我们常常可以听到它往喉咙里咽下的口水声。有时三弟自己舍不得吃自己的那一份，偷偷扔给它吃。当时我和三弟的心愿就是长大后要多种地，让家里有许多粮食，能让小花狗吃得饱饱的。

义无反顾救主

最让我们全家难忘的是，由于这条狗的忠贞和执着，治好了我母亲的病。母亲原是天津人，来到东北后，得了严重的腰腿痛病和痨病，发烧、咳嗽，每天只能前胸垫着被子坐在炕上入睡。日子久了，母亲的病越来越重，眼看着骨瘦如柴，奄奄一息。家里人都在四处为她的病想办法，到处寻找药方。有一天家人听说，用牛的头盖骨放在瓦片上焙干，压成面，再用黄酒服下可以治病。严冬的博克图，冻得僵硬的黑土地，皑皑的白雪，把人世间所有的美好与丑陋都遮盖起来。仅凭家人的力量，在漫无边际的大荒甸子上去找牛的头盖骨，真是难如登天。再说，母亲病得这么重，就用点头盖骨能行吗？家人都似信非信。一天我们采到了一些野菜，兴高采烈地为小花狗准备了一顿"丰盛"的晚餐，但小狗突然不见了，我们便四下寻找，也不知过了多久，小花狗鼻孔里喷着白气，嘴里紧紧叼着一个牛的头盖骨回来了。爸爸看见那块沾着小花狗口水的头盖骨，又是惊奇又是无奈，牛的骨头能治这么重的病吗？我们谁也不愿意拿妈妈的生命去冒险。于是就让三弟背着小花狗把骨头扔到一条很远的小河沟旁。以后的几天，小花狗总是心神不宁，趴在妈妈的炕沿边，眨巴着大眼睛东张西望。一天晚上，小花狗又跑出去了，这次直到半夜才回来，嘴里又叼着那块牛骨头。这次爸爸生气了，让三弟和四弟把骨头连夜再扔回去，并让他俩在河沟边挖个深坑把骨头埋起来，免得被小花狗再发现。那一夜，我们谁也没睡好。小花狗似乎受了委屈，一直在低声的呜咽，我也辗转反侧。就这样，在妈妈的咳嗽声中，过了几天平静的日子，大家都已经把牛骨头的事情淡忘了，但妈妈的病却日益加剧。家里没有了往日的欢笑与嬉戏，连小花狗也安静了许多。只是，它外出的时间多了起来。又是一个大雪天，小花狗一夜都未回来，我们举着火把找了很久，终于敌不过凛冽的寒风，纷纷回家睡觉了。早上一起床地上又见到了那块牛骨头。小花狗的执着终于感动了爸爸，更令人惊讶的是，母亲服下用牛骨头制成的药后，咳嗽一天天好起来，不久就能下地了。

不离不弃相随

由于小花狗的执着治好了母亲病的佳话很快传遍了全村，有人开始打小花狗的主意。我们家门口时常出现一些猪骨头、鸡骨头等食物，可小花狗从来没有动心过。又过了一年，我们全家要从博克图沟里搬到一个叫六十二公里的地方。搬家的那天，大家商量了好久：不带它走吧，实在舍不得；带它走吧，它跟着我们还要挨冻受饿。既然沟里有许多人喜欢它，就把它留下来吧，让它有一个更好的归宿。于是家人决定不带它走。当我们把东西都装入马车上路时，它就在后面跟着马车跑，撵也不回去。爸爸让司机快点抽鞭子，让马跑得快些，小花狗就在后面飞快地追。我们都走了半天的时晌，它还紧紧跟在马车后面。三弟狠了狠心，跳下马车，把小花狗用棉衣包起来，放在一个土炕里。马车又飞跑起来，一会儿，小花狗挣脱了棉衣，又撵上了马车，我们只好带上它搬到了新的地方。就是这条忠实的狗，一直陪伴了我们的童年。后来有一天，小花狗突然失踪了，有人说半夜里曾听到小花狗的惨叫声，还有人说是让日本人用麻醉剂把它麻醉带走了。从此，我们全家没有再养过狗。

3. 慰藉

我和鸟儿有个约会

我和我的朋友是在阳台上认识的。那天我在阳台上晒红枣，它来阳台上偷吃红枣，不幸被我撞见。我当时一见到它，心里就直扑腾，生怕惊着了它，倒像是我在偷吃它的红枣一样。就在它看到我便飞也似的逃窜时，我喜欢上了他。

它是一只鸟儿，长得尖嘴猴腮，还灰不溜秋，乍一看还真不像只好鸟。从它那上蹿下跳的调皮劲儿上看，很像我那精力过盛的儿子，所以我断定，这厮，一定也是一小男生。我每早拿出一点红枣摆上阳台。它也守信用，每天厚着脸皮准点飞来。吃饱喝足后，就坦然地飞走了。我则躲在门后惬意地偷看。

儿子见到这鸟后，忙着下套子要逮，只是他手笨，没有得逞。我发现后，当即收缴作案工具，并厉声斥责："你怎么可以随意伤害一只可爱的小鸟呢？它是人类的朋友。"

喂鸟是幸福的，喂那种食欲特好的鸟尤为幸福。几天后，待鸟儿吃得心安理得了，躲在门后的人便想出来认个亲戚。那天，见日头很好，估计它的心情也不坏。我把头从门后慢慢探出，献上早已准备好的笑容，希望它能像喜欢红枣一样喜欢这张脸。然而它不友好，在它看我的眼神中，充满着警惕和敌意。我怀疑它读不懂我们人类的笑容，这是令人沮

209

丧的。可笑的是，在它高度戒备地注视着我的时候，还不忘以极快的速度朝枣儿猛叼上一口，然后马上又恢复严肃的盯人状。我觉得它在耍小聪明，为了不影响它进餐，我只好重新退回门后。

一天周末，我见以往总是孤孤单单的它，身后还跟着一只大胖鸟，以为是它的胖太太。我急忙跑到门后窥探它们。这胖鸟给我的印象极好，叫声柔和，仪态端庄，吃相也颇有教养，在我们人类圈中，这叫淑女形象。然而据我在门缝反复观察，这胖鸟不是小家伙的太太，因为它们之间从来不黏黏糊糊，也不见眉来眼去，只是同来同吃，连同回都不常见。胖鸟每次吃完后，总要衔上一枚红枣带走——可能是一只母亲鸟吧，且家庭负担不小，带它来的是儿子。这母子俩很少对话，不愿沟通，就像我家那母子俩一样。

什么事情都有个结束。我与鸟儿缘尽的时候，是我出差两天回来后。阳台上红枣已尽，鸟儿不见踪影。我急忙很张扬地摆上红枣，古人植芭蕉以邀雨，今我摆红枣以邀鸟。可惜一切都晚了，它们走得干干净净。估计在以后的岁月里，是不会再想我一下了。

鸟儿子走了，还有我亲儿子。那日，见我在阳台上想鸟，儿子走过来，拍拍我的肩膀说："算了，老爸，别跟破产似的，不来就不来了，还省点枣呢。"他是好心，以为省点红枣就可以宽我的心，其实他哪里知道，我真正舍不得的是什么……

4. 救人

永远的绿喜蛛

那年，上山下乡的大潮把我与两个表姐从北京卷到了胶东农村。这个只有三十多户人家的小村子坐落在半山腰，由于土地少，村民生活很清苦，然而他们却慷慨地接受了我们的落户，这意味着我们将与他们共分那有限的口粮。来这儿不久，我就发现：这里的人们心地善良，他们对待小动物也是如此，从不伤害。比如他们亲切地称蜘蛛为"喜蛛"（这是我在任何地方未听到过的美称），无论它出现在田头还是在枕边，人们从不赶走它，还有一套夸赞它的顺口溜——早报喜，晚报财，不早不晚客人来。这意思大概是：它早晨出现在你面前是报喜来了；晚上见到它，你会发财；倘若中午遇见它，兴许家里要来客人。总之，看村民与动物、昆虫之间的和谐程度，能让你感到世间万物都会给人们带来好运。而他们对喜蛛的偏爱，则是通过我后来经历的一件事才理解的。

一个三伏天的下午，接连下了几天的雨终于停息。炽烈的阳光烘烤着潮湿的大地，远近的山村立刻笼罩在热气腾腾的雾中。这种鬼天气最易使人烦闷，无事可做便平添了对家人的思念。我们姐儿仨正呆坐着，忽听门外传来"上山喽"的喊声——几个姑娘说雨后的山上能采到蘑菇和木耳，约我们同去。说实话，农民在夏天基本没什么青菜可吃，只是在坡地边沿种几个西葫芦就是当家菜，早吃腻了，若上山真能采点菌类换换口味多好呀！

姑娘们嬉笑着来到山顶。山上的松树都长得一人来高，稀稀拉拉的，要多转几棵树，偶尔才能看见一个蘑菇。我们哈着腰，瞪着大眼睛，生怕漏掉大山的恩赐。走着走着，大家就分散开了。不时听到姑娘们发现一朵蘑菇或木耳时的欢笑声……忽然，隔我不远的表姐发出一声难听的尖叫，"啊——"这声音立刻响彻山谷。我们赶快聚拢过来，原来表姐只顾低头，不慎碰到树枝上的马蜂窝，结果可想而知，那马蜂立刻向她发起攻击，还没等她跑开，脖子上、脸上已被蜇了两个大包，疼得她直跺脚。姐妹们朝她脖子上、脸上吹气，可她还是万分痛苦的样子。

"等等，"一个叫岳宝珍的姑娘说，"我去寻个绿喜蛛来。"我正纳闷，只见她低下头找来找去，石缝中一只绿色蜘蛛正在向我们爬过来，岳宝珍把它捏起来放在手心里，我仔细看这个"绿喜蛛"，它仅有我们小拇指盖般大小，身体直径五六毫米的样子，全身呈翠绿色，这颜色真让人赏心悦目，我从未见过这种蜘蛛。岳宝珍看了看那小东西，便把它放在表姐脖子上，说："让它吸吸，一会儿就不疼了。"小蜘蛛还有这功能？我半信半疑。看它憨憨地伏在表姐脖子的大包上，极认真地吮吸着，肚子一鼓一鼓的。真灵！从表姐脸上明显看出疼痛在减轻。过了十几秒，小蜘蛛停住不吸了，它的肚子胀圆了，表姐脖子上的大包还真小了。岳宝珍把绿喜蛛拿下来，托在手心里，又轻轻地放在地上说："一会儿它就不行了。"啊？怎么会这样？我仔细看着那漂亮的小身躯——慢慢地，它的身体僵化了，几条小腿变直了，淡黄色的肚皮朝上，它真的不动了！原来，它吸进的毒汁足以置它于死地。这真的是为知识青年"捐躯"啊！我的心里发酸、眼眶有些潮湿，只为这具有灵性的小生命！我再也无心采什么蘑菇，似乎满眼都是绿喜蛛的影子。我终于明白了村民们为什么对蜘蛛有那样的昵称——"喜"蛛了。

（王世平）

5. 教诲

母亲与麻雀

小时候，我最爱去磨坊帮助母亲干活。磨坊在我家大院的西南角，有朝阳的一门一窗，说是门窗，其实是门洞和没窗架的窗口而已。这磨是我妈的磨，是我外公给我妈的唯一的陪嫁。有一次，磨谷子时，母亲告诉我，外公最疼她了，虽然家里很穷，可怕她受气，给她买了这磨。外公说，农村人吃饭少不了磨，免得没磨，到处低三下四求人，因此，狠狠心，东借西借，凑了一笔钱，给母亲买了这磨。用磨的人只要打个招呼就行，母亲从来就不收半文钱。所以，人人都说我母亲人缘好，心地善良。

　　每次去磨坊帮妈妈干活时，我都手里拿着一根细细的柳条，站在一旁；母亲常常提醒我，推磨的驴不走的话，不要打，驴一站，喊一声，或在驴屁股上轻轻地打一下。说驴也是一个生灵，只不过不会说话，让我吓唬吓唬它就行，不要使劲打。可有时，那被蒙着眼睛的驴，不理睬我，我不得不狠狠地在它屁股上抽一下，这时，它才知道我的厉害，转得比风还快。

　　十月的一天下午，我跟母亲去磨荞麦面。母亲边走边问我："你知道明天是什么日子吗？""不知道。"我回答说。"明天是十月十日，你的生日。妈给你做荞面吃。"母亲的声音比蜜还甜，我从来就没看见母亲这么高兴过。"外公外婆来吗？"我问母亲。"来，都来。你奶奶说，这几年穷得生日也没给你过过，你已经6岁了，这次好好热闹热闹。"我高兴地跳起来，差一点把母亲牵着的毛驴惊跑。

　　今天，驴也真乖，它好像知道我过生日似的，走得特别欢。我嘴里高一声、低一声哼着歌，帮助母亲干这干那。半袋子荞麦快要磨完时，突然从磨坊的门里飞进来一只麻雀，紧跟着又飞进来一只鹞子，追赶那只麻雀。麻雀和鹞子飞来飞去，满屋都是面，母亲急得拿起笤帚乱打，可还是无济于事。我站在一旁呆呆地看。最后，那无路可逃的麻雀钻进了母亲的袖子里，鹞子才飞出了磨坊。

　　我高兴地跑到母亲跟前，伸手要那只麻雀，这时，母亲才醒悟过来，从袖筒里掏出了那只麻雀。那只吓得半死的麻雀，好半天才活过来。我说，妈，把这只麻雀给我吧，就算我的生日礼物，行不行？母亲沉默了一阵子才说，你摸一摸这可怜的麻雀。母亲抓起我的手放在麻雀胸口上。我摸到了它扑通扑通跳的心声。母亲二话没说，走到磨坊门口，把那只麻雀放走了。

　　我气得哭了。母亲走过来抚摸着我的头说，孩子，你明年就要上学了，你该懂事了。那只麻雀为了逃生，才钻进了妈妈的袖子里。它求救于我，你说，妈能伤害它吗？有一天，你要是碰到了狼，狼要吃你，你拼命逃到了一处人家，那救你的人要杀你，你看行不行？我没话可说了。母亲擦着我的眼泪，对我说，孩子，你要永远记住妈妈的话：做人千万不能乘人之危！

那只麻雀五十多年前就飞走了，如今，母亲也不在人世了，可母亲的教诲在我心里深深地扎下了根……

（齐·莫尔根）

6. 反省

麻雀圆舞曲

冬阳下，南窗台落下两只麻雀，剔毛、振翅、跳跃，不由想起了一首钢琴曲《麻雀圆舞曲》。那作曲者，当年还只是一位高中生，参加北京市第一届中学生文艺汇演，自己弹奏此曲，大受欢迎，获奖回校，春风得意。事在半个多世纪以前了。获奖者我记得姓周，我得称他为师兄，因为我考入北京21中读初一的时候，他已经高三了。还记得校园黄昏，他在音乐教室里弹奏那旋律活泼谐谑的《麻雀圆舞曲》时，我们一群低年级学生站在门边窗外，艳美地聆听的情景。

一阕《麻雀圆舞曲》，使我对麻雀增添了许多的喜爱，而且由雀及鹊，及鸦，以至一切飞禽。但是，没过几年，到我在65中上高中的时候，麻雀就被正式宣布为与苍蝇、蚊子、老鼠并列的"四害"之一了。于是为剿灭麻雀，也开展了声势浩大的群众运动。记得那一天是北京全市总动员，从下午两点到五点持续与麻雀开战，其中最重要的一种办法就是不间断地发出一浪更比一浪凶的尖锐噪音，使麻雀惊飞却又无法落足，最后在惶恐无奈和筋疲力尽中坠地身亡。我们学校师生分配的战斗地点是在故宫城墙之上，当然还有许多别的学校的师生参战，战斗的"武器"

则主要是从家里带来的搪瓷盆等可发响的东西。记得先是筒子河外围的居民有组织地放鞭炮，把树冠草丛里的麻雀惊飞，然后我们城墙上的总指挥吹响哨子，那也就是冲锋号令，我们学生们就在城墙上猛敲起手中响器，看到班上积极分子毫不吝惜自家脸盆，倒攥改锥举起狂敲，我不禁暗暗为自己的犹豫惭愧，赶紧跟进，一边跳跃着狂敲，一边跟着大声呐喊。

那些岁月里的群众运动，没有人能够逃避，也大都被鼓动起万丈豪情，不理解也积极跟进，生怕落后，努力争先。近读燕祥兄反思当年诗与政治关系的长文（《西湖》杂志 2007 年第 1 期），他引用了那时写下的诗句："瞧瞧我们捉麻雀的模范，老不服老，小不服小。小树林再也听不见吱喳叫，锛得儿木，锛得儿木，那是啄木鸟。"头一句可谓"革命现实主义"，非常真实，记得我们一位数学老师心脏有宿疾，最怕波动性强噪音，但他也气喘吁吁地不甘落后，拼命敲一面铜锣。但第二句就只是诗人当时的"革命浪漫主义"了。记得那天我们开头也看不出什么效果，后来渐渐看到一些紊乱飞动的黑影，忽然有同学欢呼——真有坚持不了飞不动的鸟儿坠地了！但离我最近的一只落地后还没有死的鸟儿，我记得清清楚楚，并非麻雀，而是喜鹊，当时心里也为之飘过一个问号，但在震耳欲聋的战斗声中，也就立即提醒自己"不得右倾"——那天战斗结束后，师生们把坠落在城墙上的死鸟收集起来，麻雀确实很多，但花喜鹊、灰喜鹊、乌鸦也相当不少，还分明有啄木鸟和一些叫不出名儿的鸟类夹杂其中。

岁月又往前流淌了一段，麻雀总算从"四害"名单里删除了。但以麻雀为正面元素，比如《麻雀圆舞曲》那样的文艺作品，仍难重现。七年前我在温榆河与小中河之间的一个村子里辟了间"温榆斋"书房，才从村友那里，知道更多麻雀与人类之间那微妙难解的互动关系。有时候必须驱赶；有时候却切盼麻雀和别的鸟儿大批地落到地里——特别是在夏收后粗翻过准备秋播之前，要请麻雀们来带头啄食虫蛹。麻雀在北京郊区的昵称是"家雀（读巧）"，家雀欢喧是吉兆，"连家雀都没一只"则是大贫。有回我病卧温榆斋，巴巴地望着窗台，希望能有家雀偶来，却望眼欲穿，唯有心影。这几年大田日益萎缩，田野写生去问哪里有稻草人，村友全笑我痴：还用那个？天上飞机，地上汽车，噪音让人都想迁走，有翅膀的谁还喜欢来？

但毕竟也还偶尔能听到麻雀吱喳，看见麻雀欢舞，于是有个期盼：说不定哪天打开电视，会忽然听主持人宣布："现在请周某某给大家弹奏他自己谱写的《麻雀圆舞曲》！"于是，当那旋律响起，我此前全部的人生滋味，就会在胸臆中翻腾不息。

（刘心武）

7. 交流

与一只野猫的对视

俗话说，"人有人言，兽有兽语。"这个世界中正是因为有交流，我们才不至于太孤寂。虽然我不会兽语，但是也难忘曾经与动物的交流——那次仅仅是和一只野猫的交流，交流的方式仅仅是对视，但却触动了我的心弦。

现在的城市中有一群不可忽视的群体——流浪猫，我常常不忍用"流浪"称呼它们，更愿意称呼它们为"野猫"。它们在寒风中奔命，为食物而奔波，而且常常受到人类的讥讽，没有一丝温暖。

原来在我家楼下常常云集了一群野猫，到了深夜，我放下作业，爬到床上刚刚闭眼欲睡便传来一声声令人心悸的叫声，如婴儿般的啼哭，如绝望的哀号，听得我一身冷汗，为此一段时间我非常痛恨它们搅得我不得安宁！

有一天放学，夜幕降临，我骑车匆匆回家，在车棚里正摸黑锁车，心里抱怨着作业，回过头正要上楼，忽然一双发着绿光的眼睛蹿到我跟前，吓了我一跳，随着一声凄厉的"喵——"，我才知道这是一只野猫。刚才的恐惧忽然变成了几天来的仇恨，"好一个臭猫，搅和得我不得安宁！今天我非收拾你！"我顺势从地上捡起一块石头，攥在手里，令我惊讶的是它竟忽然趴在了我面前，我的心忽然一软，当它那宝石般的绿眼睛与我对视的时候，我被打动了，攥石头的手出了汗，那双无辜的眼睛与我对视的时候，我内心是那么难受，它仿佛正在无声地质问我，你们人类凭什么把我们赶出家门？宠我们把我们宠得成了宝，而却又无情地把我们逐出家门，你们内心安宁吗？我顿时心生一种愧疚，愧疚我为什么要恨它们，更为那些遗弃动物的人感到羞耻！要不是人们没有责任心，把它们遗弃，怎么会逼得它们四处哀鸣，这哀鸣声无疑是在鞭笞着那些人的良知，忽然间，我又不忍心再去看那双眼睛，拿石头的手也无力地松开了……

对视过后我感慨万千，这无声的交流，震撼了我的心！一阵风吹过，我忽然意识到饭还没吃呢！于是快步上楼，正要上桌吃饭，忽然想起那只猫，赶紧找个盒子装点饭装点肉，又冲下楼去，那双绿眼睛已经消失在夜色之中，我只得摆好食物，悄悄离开……

第二天一早我发现食物没有了，向旁边一瞄，发现那只猫正在远处看着我，再次对视，我冲它一笑，便去上学了。

以后我回家都能遇见它，它只是轻盈地从我身边飞驰而去，在远处向我投来友好的目光……也许那次的交流是一个机缘，然而却触动了我的心弦，这是一次动物与人震撼人心的交流！

（叶圣龙）

217

8. 追随

大青、小青和三叔

我生长在一个大家族里，仅父亲一辈儿就有哥儿八个，他们和祖辈们一样，年复一年地在荒原播撒汗水，春种秋收，流逝着时光。

我的三叔，是七个叔叔里最少言寡语的一个。塞外的农时短，农闲时，三叔就放起夜马。放夜马是个苦差事，谁都不愿干。在荒郊野外，搭个草棚子，和风雨做伴，一夜要起来好几次，还要时时提防狼偷袭小马驹儿。三叔把马索子都拴上铃铛，一为防狼，二来可知道在漆黑的夜里，马跑出多远。

三叔的身边有三个宝贝。一是从不离身的小黑狗，三叔为它取名"小青"；还有一匹菊花青马，三叔称它为"大青"；还有一支三叔不离身的箫。每次三叔出门，必得骑大青，牵小青。如果大青不在身边，他宁可步行数十里，也不骑别的马。气得爷爷常常骂他："真是个啃着狗屎不放的三犟眼子。"

每当黄昏来临，三叔噙着烟袋，后背着手低头在前面走，小青跟在他的身后，嘴里叼着大青的缰绳，他们三个和谐地走在洒满余晖的小路上……

三叔对小青和大青的喜爱，往往超过我们。他常憨声憨气地说："人可以自己照看自己，可牲畜不行，没有人管，就活不了。"由于三婶不能生育，三叔膝下无儿无女，他十分苦闷。虽然家族里人口众多，也排解不了他的寂寞。大概就是由于这个原因，他总是很孤僻，用爷爷的话说，"老三独静"。我稍长大一点，就有些理解了三叔的心境，在他放夜马时，常去陪他做伴。北国荒原，即使是七月，到了深夜也是冷风习习。我们睡不着，烤着篝火，三叔吹起了心爱的箫。红红的篝火映照在三叔那饱经风霜的面庞上，呜咽的、凄婉的箫声在这深夜寂静的荒原上回荡。三叔的那匹菊花青，哪怕是跑出十里外的青岗泡上去喝水，只要听到三叔的箫声，也要跑回来，低垂着那身上修长的鬃毛，立在一旁一动不动地听着……

一年冬季，一个大雪纷飞的夜晚，三叔骑着大青出去找失落的散马，在回家的路上，天气突变，西风大作，气温骤降。三叔的脚冻麻了，从马上摔下来，他用了两袋烟工夫，也没有爬上马背，冻昏在雪地上。小青急了，它飞快地跑回家。这时家里的大门已上闩，小青急得越墙而过，在院子里大叫。爷爷被吵醒后，才知道是三叔没有回来。当家人找到三叔时，他已失去了知觉。大家把三叔抬回来，救活了三叔。爷爷说："要是没有大青挡风，没有小青报信，老三早就见阎王了。"这件事过后，他们三个更亲热了，三叔干脆就把大青牵到了屋里，小青也毫不客气地成了"炕上宾"。

土地革命时，三叔最喜爱的大青被东屯的老顾家分去，没到一年，大青就在老顾家变得骨瘦如柴，要被卖到"汤锅"换酒钱。三叔听到信儿后，急了，他用了全年的口粮——两担苞米换回了大青，领到家里，像伺候孩子一样悉心照料。

又是几年过去了，三叔和他的伙伴都老了。有人劝他，你的大青和小青已经没有用了，赶快换掉吧。三叔不同意，他说，"东西，是新的好，可朋友是老的亲，老的有感情，知情知义，它们俩救过我的命，我不能看它们现在不中用，就不要它们了。"

入冬后，三叔就病倒了，也可能是因为三婶先他而去所致。他常常不吃不喝，打起点精神时，不是抽烟就是吹箫。

三叔过世的那天晚上，二叔把我们召集到三叔的屋里，小青趴在他的身边。三叔看看我们，把大姐叫到身边，断断续续地说："英子，我不行了，要走了。我这辈子虽说没儿没女，可也是侄儿侄女满堂。我没什么记挂的事，就是有一件事求你，我死了，不用费心张罗，你们把我放在爬犁上，让大青拉着，它拉到哪儿，你们就把我埋到哪儿。"然后，三叔又把我叫到跟前，"志学，咱爷俩最对脾气，你会画画，你给三叔画上一匹菊花青马和一条小黑狗，让我带着走……"

出殡这一天，我们和二叔一起，把三叔放在爬犁上，套上大青，出了院子。我们按照三叔的遗愿，放开缰绳，让马自由走。

一出屯子，大青就不愿朝前走了，总是回头看，二叔不断地吆喝它，它也不情愿，二叔狠下心，用鞭子抽它几下，它才慢腾腾地向东甸子走去。一路上，它总是回头，不知在寻找什么东西。来到东甸子小狼山，它就再也不肯向前走了。我们一下子惊住了，这儿不就是三叔平时最常来的地方嘛。虽然眼前被大雪覆盖，可我脑子里立刻清晰地闪现出三叔夏天在这里挖的"地窖子"——我和三叔躺在里面，望着星空，听他讲那些久远的故事，这一切就好像是昨天刚刚发生过的事，难道大青也通人性……

我们默默地将三叔葬在这块他生前喜爱的土地上，心里难过极了。我们跪下给三叔磕过头后，就开始按乡下的风俗给三叔烧纸。透过火光，只见大青站在一旁一动不动。二叔一边扑火，一边用力去推大青，让它离开火场，它也不肯动。当我们把火扑灭，再看大青时，它已变成了一匹秃马，身上的鬃毛被火烧得精光，发出一股毛膻味。

我们在回家的路上，天已经快黑了，家人的心情都十分沉重。当我们正要走进蒿草丛中的小道时，小青突然像想起了什么，大叫起来，掉过头就向东甸子跑去。大青也明显不安起来，挣着缰绳要跟着跑，二叔紧紧地拽着缰绳不放，大青激怒了，它竖起前蹄扒着二叔，二叔一松手，它拖着空爬犁，朝小青追去。我们站在路边，等了好久，也不见它俩回来。二叔说，回去吧，看样子它们一时半会儿回不来。

一连几天，它们俩都没回来。三天后，我们给三叔圆坟时，看见小青和大青一动不动地趴在三叔的坟头守候着。看到我们来时，小青站起来，向我们不停地叫着，然后就围着坟头绕了一圈又一圈，足有三袋烟的工夫。八叔说，不要理它，这狗可能是疯了。我们离开坟地时，它俩还在那儿一动不动地守着。我一边往家走，一边回头看，在苍茫的夜色中，一大一小的两个黑影，像两个卫士一样守卫着中间的一个圆锥形堡垒。渐渐地，这三个阴影在我的眼前模糊了，消失了……

七年后，我们给三叔烧七时，在三叔的坟头看到一堆已经风化了的白骨，那是马和狗的骨头。二叔弯下腰拾了几块，拿在手里，看了半天，长长叹了一口气后，让我们在三叔的坟旁另挖了一个坑，然后他深情地说："就让他们合葬在一起，永远做个伴儿……"

……

（于志学）

第二类：动物眼中的人

狗话连篇

和你们人类比较起来，生而为狗的我们确实自惭形秽。不说别的，仅就衣食住行而言，便只能望人项背。只要我驻足马路边，就能看到老板、经理、领导等人，驾着奥迪或奔驰，家里着火似的绝尘而去。真是八面威风，令我辈心仪。有一回，我累得口吐白沫追上一辆奥迪，想看个究竟。车在一家宾馆门口戛然而止，车门开处，从里面钻出一件貂皮大衣，握着手机，一边与人通话，一边顾盼自雄。你别说，还真有点周润发的味道。通话结束，貂皮大衣潇洒地一收机，踌躇满志地吐着烟圈，美煞人也。吃的当然不用提了，不是白痴都知道，我们的主食就是诸位吃饱喝足后实在憋不住的杰作，偶尔也弄点野生小动物改善改善。住的地方简陋一点倒无所谓——君子居之，何陋之有？培根说得好，居室首先是为了实用，其次才是美观。所以，门旮旯、床底下、桌腿边、鸡窝旁，我等皆可酣然而眠。至于穿的，让我们总是一成不变，单调得像一些教授的文章，寒碜得想立刻跳楼。哪像诸位先生小姐，不是名牌就坚决不穿。老实讲，我最佩服的是你们在头脸上做文章的执着精神，尤其是女人锲而不舍精心修饰眼、脸的功夫。听说韩国的许多美人都是用手术刀雕刻出来的，不知是真是假。当然，在这一点上，须眉不让巾帼。那次我亲眼目睹一个挺着啤酒肚的中年男人从洗头房出来，一只有眼无珠的绿头苍蝇大概累了，往他头上停落。结果你猜怎么着？倒霉的苍蝇把自己的小腿摔折了！现在知道什么叫男人能顶半边天了吧？

我在这里代表我们狗类向你们人类提出抗议，抗议对我们狗格的轻蔑和侮辱。你们动不动就骂我们的眼睛看人低，这纯属诬蔑。我们从来都是一视同仁，狗眼面前，人人平等。你们还骂我们仗势欺人……你们从来没有真正平等地对待我们。你们禁止城市养狗，理由冠冕堂皇：狗易伤人，传播病毒。这实在是荒谬绝伦！请问，城市里每日伤残的和丧身轮下的，几个是由狗引起的？一些人感染了艾滋病，难道也归罪于我辈？有人说我们伸着舌头气势汹汹，挺吓人。这更可笑了，那么多骑着摩托玩飞车好像随时准备和人拼命的主儿，你就不怕？更可恨的是，你们严重侵犯了我们的狗权：凭什么在我们脖子上勒一只项圈似的玩意？我们又不想做好莱坞明星！而且还拴上一根铁链，简直就把我们当监外执行的囚犯。这是搞狗族歧视！我们拟于近日向联合国提交《关于狗权的白皮书》，坚决捍卫我们的权利。

最委屈的是，我们拼死拼活逮耗子，为猫减负，到头来，却有人没心没肺地说我等不务正业，多管闲事。天理良心何在！也有一些连放屁都文绉绉的权威、领导说我们的肉上不了大席。我敢保证，这些人不是心眼太坏，就是生理变态。还有人骂我们永远改不了那种习惯，这倒是事实。不过，我想提醒一下，我们日常光顾的地方还有个别名——五谷轮回所。其实，诸位的心里未必比那里干净。

聊以自慰的是,尚有不少人还能明白我辈对主人忠心耿耿,从来不嫌贫爱富。比起那些见风使舵、见利忘义、见钱眼开的势利虫,我们虽然活得寒酸艰难,却并不惭愧。

附言:我是一只来自农村的狗,偶尔跑到城里来溜达溜达。

第三类:以动物喻人

1. 个体

狗这一辈子

一条狗能活到老,真是件不容易的事。太厉害不行,太懦弱不行,不解人意、太解人意了均不行。总之,稍一马虎便会被人剐了肉剥了皮。狗本是看家守院的,更多时候却连自己都看守不住。

活到一把子年纪,狗命便相对安全了,倒不是狗活出了什么经验,尽管一条狗的见识肯定会让一个走遍天下的人吃惊。狗却不会像人,年轻时咬出点名气,老了便可坐享其成。狗一老,再无人谋它脱毛的皮,更无人敢问津它多病的肉体,这时的狗很像一位历经沧桑的老人,世界已拿它没办法,只好撒手,交给时间和命。

一条熬出来的狗,熬到拴它的铁链朽了,不挣而断。养它的主人也入暮年,明知这条狗再走不到哪里,就随它去吧。狗摇摇晃晃走出院门,四下里望望,是不是以前的村庄已看不清楚。狗在早年间拾到过一根干骨头的沙沟梁转转;在早年恋过一条母狗的乱草滩转转;遇到早年咬过的人,远远避开,一副内疚的样子。其实人早好了伤疤忘了疼。有头脑的人大都不跟狗计较,有句俗语:狗咬了你,你还能去咬狗吗?与狗相咬,除了啃一口狗毛,你又能占到啥便宜?被狗咬过的人,大都把仇记在主人身上,而主人又一股脑把责任全推到狗身上。一条狗随时都准备承受一切。

乡下，家家门口拴一条狗，目的很明确：把门。人的门被狗把持，仿佛狗的家。来人并非找狗，却先要与狗较量一阵，等到终于见了主人，来时的心情已落了大半，想好的话语也吓得忘掉大半。狗的影子始终在眼前转悠，答问间狗吠不止，令来人惊魂不定。主人则可从容不迫，坐察其来意。这叫未与人来先与狗往。

有经验的主人听到狗叫，先不忙着出来，开个门缝往外瞧瞧。若是不想见的人，比如来借钱的，讨债的，寻仇的……便装个没听见。狗自然咬得更起劲。来人朝院子里喊两声，自愧不如狗的嗓门大，也就缄默。狠狠踢一脚院门，骂声"狗日的"，走了。

若是非见不可的贵人，主人一趟子跑出来，打开狗，骂一句"瞎了狗眼了"，狗自会没趣地躲开。稍慢一步就会挨棒子。狗挨打挨骂是常有的事，一条狗若因主人错怪便赌气不咬人，睁一眼闭一眼，那它的狗命也就不长了。

一条称职的好狗，不得与其他任何一个外人混熟。在它的狗眼里，除主人之外的任何面孔都是陌生的、危险的，更不得与邻居家的狗相往来。需要交配时，两家狗主自会商量好了，公母牵到一起，主人在一旁监督着。事情完了就完了，万不可藕断丝连，弄出感情，那样狗主人会妒忌。人养了狗，狗就必须把所有爱和忠诚奉献给人，而不应该给另一条狗。

狗这一辈子像梦一样飘忽，没人知道狗是带着什么使命来到人世的。人一睡着，村庄便成了狗的世界，喧嚣一天的人再无话可说，土地和人都乏了。此时狗语大作，狗的声音在夜空飘来荡去，将远远近近的村庄连到一起。那是人之外的另一种声音，飘忽，神秘。莽原之上，明月之下，人们熟睡的躯体是听者，路是听者。年代久远的狗吠融入空气中，已成为寂静的一部分。

在这众狗狺狺的夜晚，肯定有一条老狗，默不作声。它是黑夜的一部分，它在一个村庄转悠到老，是村庄的一部分，它再无人可咬，因而也是人的一部分。这是条终于可以冥然入睡的狗，在人们久不再去的僻远路途，废弃多年的荒宅旧院，这条狗来回地走动，眼中满是人们多年前的陈事旧影。

（刘亮程）

蚊子这家伙

世上绝大多数人被蚊子咬过，因此几乎所有的人痛恨蚊子，但很少有人理解蚊子。我是在被蚊子咬了九百九十九口之后才理解它的。其实，蚊子这家伙挺不容易的。

蚊子是个典型的机会主义者。黄昏时分，它徘徊于楼道之中，等待机会之门开启。一旦钻入民宅，便伺机而动，与人亲密接触。它能长久地潜伏于屋内某个角落，不声不响，蓄势待发。

蚊子是个执迷不悟并富有冒险精神的家伙。它一旦发动进攻，总是不遗余力百折不挠。它盘旋俯冲环绕迂回，它明知危险仍拐弯抹角地想在人身体上着陆。它空腹的时候身体是那样的轻巧，它飞翔的姿势是那样的美妙，人眼是很难将它锁定的。即使它落在墙上不动，用手掌也难以将它制服，就是用苍蝇拍，也未必一下就能将它拍死。它一旦逃脱，反而增加了狠性，它嗡嗡着，发着毒誓，非咬人一口不可。

可是，蚊子却有个致命的缺点，太贪婪。它吸了一口，又吸了一口，直到自己大红大紫大腹便便。吸进肚里的血太沉了，以至于它都飞不动了。这与它达到目的之前是截然不同的，那时的它是多么的机警啊！然而现在后悔却已经来不及，这时，人只要伸手轻轻一拍，墙上便有了一朵鲜红的花朵。但这样的绽放，却是蚊子极不情愿的。

当然，也有个别蚊子会打着饱嗝偷偷飞走的，但那只是侥幸，没有一只蚊子从春天开始吸血能一直吸到深秋。蚊子不仅贪婪，还特别爱炫耀，这就注定了它短暂一生的命运。它把自己红红地摆在那里，不拍它又拍谁呢？当然还有另外一种可能，那一刻，恰巧它满足地睡着了，所以才对危险毫无察觉。

由此看来，蚊子的一生是极其可悲的。可悲的事物留下的往往都是教训。而教训，可以当做反面教材。蚊子并不白白叮咬人类，它用人类的血以及自己的生命讲述着三个永恒而深刻的道理：投机取巧只能获得暂时的成功，贪婪成性会把自己推向毁灭，而安逸享受等于自取灭亡。

（鞠志杰）

2. 群体

狮子的女儿

四名奴仆站立着，为靠在王座上睡着的老女王扇风。女王打着鼾，她的膝上卧着一只猫；它不停地低吟，眼光懒洋洋地盯着奴仆们。

第一个奴仆说话了："这个老婆娘的睡相多么难看！瞧她下耷的嘴巴，瞧她呼吸得那么费劲，就像魔鬼正在卡住她的喉管。"猫低哼而语："她的睡相再难看，也不及你们这些醒着的奴隶丑态之一半。"第二个奴仆说："你们以为睡眠会使她的皱纹舒平一点，而不是加深；其实相反，瞧那一脸皱纹，她定在梦着什么恶魔。"猫低哼着："你们怎么不去入睡，梦见你们的自由？"第三个奴仆说道："或许她正梦见她残杀过的所有人在列队而行呢。"猫低哼而语："对，她在梦见你们的祖先和后代列队而行。"第四个奴仆说："对她评头品足虽不错，只是减轻不了我站立扇风的疲劳。"猫低哼着："你们将永生永世为人扇风，因为在天上的情形也跟在地上一样。"

这时，老女王的头忽然低垂了一下。她的王冠掉到了地上。一个奴仆说道："这可是凶兆。"猫低哼着："一个人的凶兆对另一个人就是吉兆。"第二个奴仆说："她要是醒来，发现王冠落地还了得！她肯定会杀了我们。"猫低哼着:"自你们出生之日起,她就残杀了你们,而你们全然不知。"第三个奴仆说:"的确,她会杀掉我们,并说这是祭神。"猫低哼道:"只有弱者才被拿来祭神。"第四个奴仆让同伴安静了下来,他轻轻拾起王冠,小心地戴在女王头上,没有把她惊醒。猫低哼着:"唯有奴隶,才会把落下的王冠替主人重新戴上!"

过了一会儿,老女王醒来,她看看四周,打着哈欠说:"我做了一个梦,梦见一棵老橡树的树干上,四条毛虫正被一只蝎子追逐着:我不喜欢这梦。"说完她闭上眼睛又睡了,不一会儿鼾声复又作起。四个奴仆继续为她扇风不止。

猫低吟着:"扇吧,扇吧,一帮愚氓!你们扇的乃是吞噬你们的火焰。"

（纪伯伦）

虎猫对饮

老虎托喜鹊捎话给猫,请它过来喝一杯。

"大王,您不会拿我当下酒菜吧?"猫战战兢兢地问老虎。

"你这是说哪儿的话!别忘了,朕也是猫科动物。既然同出一门,彼此帮忙还不及呢,怎么能互相残害呢?"老虎热情地说。

"您的话真让我感动,大王。"猫对老虎感激涕零。

虎猫以鸡血为酒,开怀畅饮起来。

喝着喝着,老虎渐渐皱起了眉头。

"大王是不是不舒服?"猫小心翼翼地问。

"没……没事儿。"老虎支支吾吾地说。

"大王,天色已晚,您要是没事,我就告辞了。"猫摇摇晃晃地问,它喝得有点多了。

"别急,还早呢。"老虎用爪子按住了猫。

"大王，您把我弄出血了。"猫惊恐地说。

"朕今天叫你来，是有件麻烦事同你商量。"老虎忧心忡忡地说。它的爪子可一点儿也没放松。

"大王请讲。只要有用得着臣的地方，就是赴汤蹈火，我也不会'喵喵'乱叫。"猫疼得咧着嘴说。

"朕最近得了一种奇怪的病，尾巴痒得不得了，经常是整夜睡不好觉。"老虎诉苦道。

"大王用药了没有？"猫问。

"御医给开了各种方子，可还是不好。"老虎仰天长叹，流出了两行热泪。

"大王，臣这就四下打探，一定找到灵丹妙药，医好大王的痒痒。"猫信誓旦旦。

"不必了。昨天御医又献了一个偏方，说是服了就好。"老虎把眼睛移向远处。

"那就太好了。大王，是什么偏方呢？"猫好奇地问。

"偏方……就是要用一只小老虎或猫的骨头煮的水涂在尾巴上，几天以后就可以好了。"老虎一只爪子抓着猫，另一只爪子轻轻抚摸着猫的头，放声大哭，"朕真是于心不忍哪！"

"大王的意思是……"猫的脑袋嗡嗡作响，什么话也说不出来了。

"朕只有四个孩子呀！小小年纪……朕怎么忍心使用它们的骨头呀！"老虎号啕大哭起来。

"大……王……"猫已经找不到自己的舌头了。

"朕思前想后，只有暂借爱卿的骨头一用了。爱卿陪伴了我好几年，朕还真有点儿舍不得呀！"老虎已经哭得像刚从河里爬上来似的。

"大王，"自知必死的猫又恢复了清醒，"自古道'君要臣死，臣不得不死'，只要能治好大王的病，臣死而无憾。只是臣有一家妻小，很是放心不下。"

"一切都包在朕身上：爱卿死后，朕只要你的骨头，厚葬你的皮肉。至于你的家小，朕将照顾到底。"老虎安慰着行将就义的猫。

"臣就怕老狼欺负它们……"猫热泪滚滚地说。

"它敢！"老虎愤怒地喊道，"御医说了，朕的病每年都要犯一次。"

猫顿时昏死过去了。

（马长山）

限于篇幅的关系，以上的例子还只是一部分。这些例子年代久远了一点，如果现在实施教学，可以重新收集当下的文章，效果会更好。2008年6月《语文报》曾两次出专版主题阅读"我的动物情结"和"每个生命都很精彩——走进动物世界"，所选和动物相关的文章都很精彩，非常适用于教学。

日本教育家佐藤学说，学习是建构客观世界意义的"认知性实践"，构建伙伴关系的"社会性实践"，探索自我的"伦理性实践"。这种实践，从语文学习而言，需要读写结合，形成生命的印记。

因此，第四类写动物的文章的出现，既在意料之外，也在情理之中。之所以没有放在上文归纳总结的写动物的文章的分类中，主要是这第四类与前三类不是并列关系。同时，没有拿出去，是因为又觉得它是个新课题，对于"共情能力"的培养也是个好材料。它呈现的是新时代的新问题，有共性，也极考验人的智慧。这是一位记者写的文章，题目是：《"野八戒"路在何方》。我想如果结合本章加个副标题，可以是"共情的挑战"。请看这篇文章：

"野八戒"路在何方

如果有哪种野生动物先前几乎被人类赶尽杀绝，现今又在人类大力保护下泛滥成灾，闹腾得大伙叫苦连天，首选恐怕非野猪莫属。如果把全国各地山区半山区的农田、村镇，比作《西游记》里免费义务供猪八戒吃喝的高老庄，那么"野八戒"们在"高老庄"里连吃带祸害的案例俯拾皆是，多得可随手拈来。

前两年，北京市怀柔区汤河口镇古石沟门村村民彭明志家辛辛苦苦栽种的玉米，一夜之间被20多头野猪糟蹋得干干净净；重庆巫山县红椿乡马头村村民蒋跃富和儿子背着篓子去地里收红薯，却发现晚到了一步，红薯已全被野猪吃光。兴许是为了表示谢意，它们还把地义务拱了一遍，看上去像用犁翻过一样。农民龚常贵承包的6亩玉米土豆地多次被"野八戒"们集体会餐后，捡起来的剩落，连全家一年的口粮都不够，生计成了大问题……如果这只是个别案例倒也罢了，但这种破坏是在全国十六个省市自治区范围内，估计约上百万头野猪大规模铺开的，受害的百姓就不是以几家几户计，而是几万、几十万户甚至更多。例如，江西省南康市十八塘乡数十亩庄稼因野猪害绝产；湖北孝感市上万头野猪每年损毁农作物3000余亩；重庆市巫山县已有1/3的村庄农田惨遭野猪残害，当地人说"野猪拱翻了半个县"；吉林东部20多个县市2004年遭野猪害面积达8400公顷，损失约3700万元；安徽、浙江、陕西等省，据不完全估计，每省野猪数量都达10万头以上。目前，全国到底有多少农民的多少田地遭受野猪之害，造成了多大损失，尚无准确数字，但肯定相当惊人。由于受害者大多属于比较贫困的群体，问题就更严重。这里说的受害还指人身伤害。比如，一头凶猛的大野猪闯进辽东县大阳镇双龙村，咬死村民孙孝琴后，又连续咬伤4人；江西省赣江县王母渡潭埠村，彭某夫妇在家门附近被野猪咬伤；太湖县村民郝秀西的老父亲被野猪咬死；巫山县观音乡一头数百斤重的大野猪冲进村庄，见人就撞，连伤7人。村民崔家登被它一头撞出5米远，摔得遍体鳞伤……近年来全国有多少人被野猪所伤也无准确数字，但恐怕小不了。

"野八戒"们不但把山区、农庄当作自己的活动地盘，这些年来，还开始进一步往都市渗透扩张。例如，2007年1月5日，一头野猪闯进安徽省六安市，在某厂区内乱跑，把前来搜寻围堵的警方警车前保险杠撞坏；1月19日，一头野猪闯入陕西省延安市；1月3日，野猪窜到江西省井冈山市葛田学校，咬死赶来保护学生的陈老汉；游人在杭州西湖没见到白娘子，倒碰上了黑乎乎的大野猪在湖边遛弯儿；野猪甚至出现在香港新界部分地区。由于成群野猪掘拱啃咬树芽树根和植物块茎，严重抑制树林更新和其他物种生存。四川省金阳县省级自然保护区百草坡湿地被野猪大片拱挖翻转，野生草坪死亡，生态惨遭破坏……总之，数量急剧增加的野猪在某种程度上已成了一大社会、生态公害。

针锋相对的大辩论

面对"野八戒"肆虐的大规模祸害怎么办？有人建议大力繁殖增加虎豹豺狼和棕熊等野猪天敌的数量，补上生物链断裂缺失的这一环，让生物阶梯上这些更高阶位的食肉类动物抑制野猪数量。反方认为这谈何容易，这些猛兽目前数量稀少，自身都处于濒危状态，繁殖困难，短期内根本抑制不了野猪，而且它们的攻击性对人也很危险。天敌一时半会儿指不上，看来只有人类直接干预了。这里面又有各种意见。有人提议给野猪做节育手术，说野猪平均寿命10年，每只母猪每年怀4至5胎，每胎4至8头，繁殖速度、数量惊人，若给它们实行节育，可大大减轻野猪害。反方认为这一建议缺乏可操作性，纯系幻想。钻到老林里去找到并捉住那些凶猛强壮、奔跑迅速的公野猪，然后给它们做绝育，其难度和危险性都太大。

有人建议由政府给受害群众生态补偿。北京就已经实行了这个办法，这也是一种让他们分享经济发展成果摆脱继续贫困的举措。反方认为野猪年年祸害，经济补偿只补得了一时，补不了一世。而《野生动物保护法》所说"由当地政府给予补偿"的主体含糊不清，不知是指省市还是乡镇，何况不少野猪侵害地区就是贫困县，哪有富裕大都市那样的补偿能力？

人数最多的一派提出，最简单可行的办法就是猎杀部分野猪以抑制其数量，但受到的反对也最激烈。黑龙江省林业厅曾批准野猪害严重的鸡西市猎杀100头野猪。一纸"杀猪令"在当地掀起轩然大波。志愿者发起"保护野猪，爱护动物"倡议，万名哈尔滨市民签名呼吁："停止猎杀野猪！"志愿者的一条重要理由是：野猪是东北虎的主要食物、生物链的下家，杀了它们将加快已濒危的东北虎灭绝速度。更多的人反对把一种国法明令保护的野生动物归入捕杀之列。猎杀计划在激烈抗议和争论中暂时搁置。

陕西某市野生动物保护协会的李先生说，当地公安部门最担心的是，一旦发还过去收缴的武器让乡镇组织当地人力猎杀野猪，走火伤人等社会治安问题可能失控。为此林业和公安两家一直扯皮，无法统一意见。

有位教授提出了折中方案，建议准确清点一地区野猪数量后，再捕杀超过当地环境承载量的那一部分，以免滥杀。然而实行此法的前提，恐怕得命令该地区的野猪，必须在统计方规定的时间内一律站立不动数小时或数天，等统计人员一一清点完毕并打上标记后再行自由活动。其难度之大，不亚于前面所说的给野猪节育。

何时在各式各样的意见中，找出既不违法又有可操作性的野猪数量抑制办法，目前尚不得而知，可"野八戒"们的危害却是日甚一日。

各村有各村的高招

各地受害群众及政府有关部门已等不下去，各自为战了。归纳起来大致有下列几种方法：

吓唬战术——在田边地头遍插画得相貌狰狞的稻草人，或组织人力敲锣打鼓放鞭炮吆喝咋呼。此法仅一时有效，不久就被智商很高的"野八戒"们看破，你闹你的，我吃我的，互不干扰，甚至拱翻稻草人往上拉屎撒尿以示嘲笑。

原始攻击法——即恢复四千年前龙山文化刀耕火种时期轰赶野猪的传统办法。具体措施是或在地边遍燃火堆或干脆放火烧山，或组织起"撵猪队"，人人手持石块木棒等原始武器，加上土狗若干，驱赶得野猪漫山遍野乱躲乱跑。此法可管个十天半月，但成本较高，时间一长人人疲惫不堪，还有野猪被撵毛了伤人的危险。

盗猎——一些逼急了的农民用下套子、安电网、扔土炸弹甚至以私造私藏的猎枪对付"野八戒"们。但因触法可能会被捉去见官；危险也较大，伤人事件不断发生。如福州西滨镇詹某误将其堂叔当做野猪击毙；安徽省霞西镇张某以为灌丛中的亲戚李某是野猪，开枪打死；等等。有些人组织了私猎队，连其他野生动物一起打，违法性质更严重。

官方组织违法狩猎队——最近在电视、报纸等媒体上闹得沸沸扬扬。起因是安徽省太湖县由于山林开发过度和生物链断裂缺失，野猪大泛滥，庄稼大面积减产绝产。村民频遭野猪袭击甚至有被咬死者，生存危机严重。群众不断上访上告，强烈要求政府有关部门猎杀野猪，以纾民困。在这种民怨沸腾的压力下，该县林业局官员明知违法，却不得不硬着头皮成立了狩猎队，采用在各村镇巡回狩猎的办法。这虽不能真正解决问题，好歹对群众有个交代。县林业局这种尴尬处境也说明，现有法规和体制再不改变就无法适应新情况了。

集体大逃亡——北京人有句老话："咱惹不起还躲不起吗？"重庆市巫山县用的就是这个办法。全县从各级政府到普通百姓，用尽种种办法跟"野八戒"们整整苦斗了8年，也为是否猎杀野猪展开过全县大辩论，但野猪害仍愈演愈烈，山区百姓日子越过越苦。巫山县政府经听取各方意见和反复掂量后决定：把10万农民全部逐批撤出山区，让给野猪，集体搬迁到平坝地区尽快脱贫致富，以达人与野猪和谐共存的双赢局面。

猪是人类的老冤家、老对头，又是打不散、掰不开的老邻居、老伙伴，否则就不会被国人从那么多种动物中选入十二生肖了。100万年前，野猪就生活在蓝田猿人周边的森林里；50万年前，它们仍出没于北京猿人附近；8000年前的磁山文化中，野猪开始被人类饲养；5000年前红山文化出土的陶猪，跟今天的野猪基本一个样，还是獠牙长嘴，脑后一溜鬃毛。说到底，人类与野猪的恩恩怨怨是人与周边环境的问题。解决此问题是一个协调人与自然关系的切入点。神话《西游记》里的人类都能与野猪野猴合作，共同努力到达西天佛国，取得真经，难道今天智慧的人类还拿不出协调彼此关系的办法来吗？"野八戒"们的出路在何方？我们期待着人和野猪和平共处的局面早日出现！

这篇文章引发了学生新的思考——保护动物与人类自身发展如何才能两全。类似的事件还有很多，比如"鸟类迁徙，鱼塘遭殃""象群北迁"等等。这种两难的问题，是现实世界的真实问题，国内外屡见不鲜，是我们共情面临的挑战，但其教育价值也正在于此！2021年4月22日，国家主席习近平以视频的方式出席世界领导人气候峰会，首次阐释了人与自然生命共同体理念，为加强全球治理提出了中国方案。在这个背景下，将相关内容做成项目式学习就更有现实意义。学习中可以使用六项思维帽这个工具，得出什么样的答案并不重要，重要的是探索的过程让学生跳出文本，思维不断被打开，共情也就有了更丰富的场景作为依托。

第三节　共情共生

苏霍姆林斯基于1969年10月至1970年4月完成，但因与世长辞未及答辩的博士论文《全面发展的人的培养问题》中有这么一段："培养全面发展的人的技巧和艺术就在于：教师要善于在每一个学生面前，甚至是最平庸的、在智力发展上最有困难的学生面前，都向他打开他的精神发展的领域，使他能在这个领域里达到顶点，显示自己，宣告大写的

'我'的存在，从人的自尊感的泉源中汲取力量，感到自己并不低人一等，而是一个精神丰富的人。"这番话道出了教育，尤其是语文教育的真谛：精神发展，乃是学生学习的本质所在。我认为语文学科是落实生命教育的显性学科，是以人的发展为本的学科，让学生关注生命、理解生命、在生命教育中更加懂得生命的珍贵，是语文教育者必须关注的问题，也是立德树人、渗透思想道德教育、充实德育内容的根本体现。在语文教学中就是要通过学习大量的作品，通过语言文字及渗透在字里行间的思想感情，让学生认识生命，热爱生命，懂得生命的价值和意义，从而坚定信心，表现自我价值。因此，在语文学习中，我们要积极引导学生探寻生命精神，培养学生高尚的思想品德，让人的生命价值在语文教学中得以彰显。许多人常常会不自觉地在脑海中追问那个人类的终极问题：我是谁？我从哪里来？要到哪里去？作为一名语文教育工作者，我也时常在心中自问：我们的语文教学从哪里来，又终究走向何方？人工智能时代，学习科学大发展的今天，语文教学又会怎样发展？也许这样的问题还有许多，并且不断困扰我们，永远没有一个最终答案。就像语文教学中，许多老生常谈的问题，今天依然没有形成共识和给出标准答案。但是没有关系，这并不影响我们的前进，因为教育的目的也并不在此。英国哲学家怀特海说："教育的目的只有一个主题，那就是五彩缤纷的生活。"为了过上这种生活，我们语文学科能做出自己应有的贡献就够了。"挫万物于笔端"，宠辱皆忘，唯山也有情，水也有意，从而构建出一种至美纯情的世界，"天人合一"，万物共生，诗和远方并存！

附录：

"初中语文口语交际教学研究"课题结题报告

一、问题的提出

1. 研究背景

《义务教育语文课程标准（2011 年版）》（以下简称《课标》）在课程基本理念中明确提出使学生"具有适应实际生活需要的识字写字能力、阅读能力、写作能力、口语交际能力"，并将"口语交际"同"识字写字""阅读""写作""综合性学习"确立为语文课程的五大内容。《课标》对"口语交际"有如下具体表述："口语交际能力是现代公民的必备能力，应培养学生倾听、表达和应对的能力；使学生具有文明和谐地进行人际交流的素养。具体的口语交际教学活动应在具体的教学情境中进行；评价学生的口语交际水平，应重视考察学生的参与意识和情意态度；评价学生的口语交际水平必须考虑当时具体的交际状态。"

联合国教科文组织指出："21 世纪人才必须具备三大素质：学会生存、学会学习、学会交际。"美国著名人际关系学大师、现代成人教育之父卡耐基说："一个人的成功，15% 取决于他的专业知识，85% 取决于他的口才和人际交往能力。"所以，具备优秀的口语交际素养，对学生未来成长和良好发展至关重要。

思维品质的提升是培养学生语文核心素养的关键。而口语交际教学活动恰恰能够培养学生的思维品质。由于口语交际是一种口头形式的言语生成活动，需要依赖语音将言语表达出来，说出的话不能收回，所以在进行表达的时候，就需要思维来配合。王占馥教授在《思维与语言运用》一书中说："思维越明晰，口语表达越清楚，越准确；思维越深入，口语表达越有深度，越有分量；思维越灵活，口语表达越新鲜，越有独到见解。"可见，言语生成的关键在于思维品质。朱智贤、林崇德教授认为，思维品质是思维个体在思维活动中所表现出的智力特征。它在大多数情况下影响着说话者的说话逻辑以及应变能力等。因此，在口语交际教学中培养学生的思维能力、提高学生的思维品质是重中之重。

基于此，我们确定了三个研究目标。

（1）寻找典型情境。这个"情境"是黑格尔所说的"使本来在普遍世界情况中还未发展的东西得到真正的自我外现"的"更特殊的前提"。黑格尔还说："艺术最重要的一个方面从来就是寻找引人入胜的情境，就是寻找可以显现心灵方面的深刻而重要的旨趣和真正意蕴的那种情境。"（《美学》）

（2）确定培养思维类型（逆向思维、发散思维、批判性思维）。

（3）研制评价量表。

2. **存在问题**

长期以来，因为教学理念陈旧、教学方法单一、片面追求升学率等因素的制约，我国当前口语交际教学的现状，不能与时俱进，仍然处于低位运转的尴尬境地。其核心表现有以下六点。

（1）定位不准确，目标不清晰。

初中语文口语交际在"教什么""为什么教""怎么教"这些核心问题上定位不明朗，口语交际的认知目标、交际目标、修养目标不能协同发展，倾听能力、信息提取能力、归纳总结能力、口语表达能力不能全面发展，甚至有个别教师认为口语交际教学可有可无，口语课程处在尴尬境地。

（2）随意性较强，训练不系统。

对于初中语文口语交际教学，授课教师在教学目标、教学宗旨等核心问题上缺乏清晰的目标定位，在教学实践中缺少清晰的教学计划，没有根据不同阶段的具体学情，因地制宜地设定不同的训练目标，因而随意性较强，训练素材较为散乱，缺乏条理性、系统性。在具体操作层面上，研究一套适合初中具体学情的口语教学模式，具有较强的实践价值。

（3）教学方法单调，缺乏实效性。

在口语交际教学具体授课过程中，往往呈现出以下现象：授课教师教学方法较为单调，没有充分运用现代科技手段以及其他媒体组织教学，更为严重的是，教学内容往往脱离口语交际的情境，造成听说分离的现象，并且在教学理论、素材整理上因为缺乏范例式的指导，从而降低口语交际训练的效果。

（4）训练方式粗放，缺乏互动性。

在具体口语交际教学实践中，集中体现在演讲、辩论等形式上，教学形式单一、教学步骤程式化，依然存在着以下现象：忽视学生主体地位、满堂灌、满堂问；忽视口语交际的互动性，训练方式粗放；忽视培养学生在真实语言情境中准确使用语言的能力，情感缺失、缺乏情趣等。

（5）文本挖掘不足，导致听说读写分离。

当前的口语交际教学，更多地停留在单纯的口语训练方式上，听说读写往往呈现分离状态。我们提倡在阅读教学、写作教学中，有效渗透口语交际教学，具体方法为：结合课文的相关内容，进一步"悟文析法"，从现有文本中恰当提炼出口语交际的范例，就地取材（而不是另起炉灶），引导学生扎实掌握口语交际的知识和技能。深挖文本、解读文本、读写结合，而这恰恰是深化口语交际教学的重要途径。

（6）课程意识淡薄，内容单一，导致交际延展性不足。

传统的口语教学往往仅仅局限于课堂教学，而未能向家庭、向社会等课外资源进行有效延伸。更为严重的是，在日常生活中，学生往往缺乏口语训练的热情，不能深度融合，导致训练失效。而我们深知包罗万象丰富多彩的社会生活，恰恰是口语教学素材的重要源泉。教师应当以大语文的视角，强化课程意识，学校、家庭、社会学习资源三位一体，引导学生通过训练，自觉构建全方位、立体化的口语训练体系，唯有如此，才能真正提高学生的口语交际素养。

更为值得一提的是，教师在口语交际训练指导上缺乏对学生思维能力的培养，对学生口语交际中出现的问题指导得不具体，评价方式较为笼统、抽象。学生的自主评价、师生之间、生生之间的相互评价，标准不清晰，定位不明确，难以符合初中学段的具体学情，更难以准确地指导提高学生的口语交际能力。

口语教学的问题多，课题研究时间有限，在此，我们确定的研究目标如下：

①确定初中口语交际教学的内容。

②寻找恰当的教学策略（角色扮演、情景再现、多方参与）。

3. 研究现状

新课程改革以来，为扎实提高学生的口语交际能力，全面提高学生的口语交际素养，近年来，国内不少专家学者和一线教师，进行过大量而富有成效的探索。

（1）北师大教授张鸿苓在《中国当代听说理论和听说教学》中，明确指出我国学生口语交际存在九大问题，包括：说话能力普遍较差，支离破碎缺乏条理，不分场合高声喧哗，别人谈话随意插言等。张教授认为，口语交际教学的核心内容要慎重选择，尤其要针对口语交际的特点、结合学生的具体学情来设计教学。例如张教授注重口语情景的设置、口语话题的预设，以及课堂口语的组织形式等。这些研究为我们开拓了新的视野，明确了口语交际教学的目标所在。

（2）杭州师范大学教授马笑霞在《语文教学心理研究》中，抓住说话的心理特点这一角度，将口语交际的特点形象地归纳为：临场性、瞬息性、审听审说和辅之以体态语。马教授将心理学的前沿理论和研究成果巧妙地渗透到日常的口语教学过程中，并对口语交际的过程进行科学分析，从而探讨出口语交际过程中心理活动的实质、规律以及作用，从实践中来到实践中去，在实践中丰富自己的理论创新，为口语教学的理论探讨注入了新的活力。

（3）华东师范大学李明洁教授对于口语交际教学的功能进行了基本定位，认为口语交际教学应该着眼于学生未来生活和发展，日常口语交际课堂应该立足于提高学生在现实生活中应用的基本技能，其核心目标不在于培养辩论大师和演讲家，并进一步分析得出口语交际的两大特点：口脑一致性和过程互动性。在其编著的《口语交际新视点》一书中，具体编排了高中阶段口语交际训练内容，为一线教师提供了可资借鉴的比较翔实的实践素材。

（4）上海师范大学王荣生教授，从课程取向的高度切入，高屋建瓴地分析了我国听说教学中存在的误区。其中比较严重的误区在于，以往的教学大纲忽视了对"听说"的界定，把听说教学单纯地误认为是口头作文。在其著作《口语交际的课程内容及活动设计》中，王教授按照课程内容，把口语交际类型概括为三类：反思性课程、形成性课程以及技巧性课程。尤其值得称道的是，王荣生与王志凯合著的《口语交际教例剖析与教案研制》从语用学和心理学两个角度，突出口语交际能力的深刻内涵以及特征，案例说法，为一线教师提供大量富有价值的探索。

（5）华中师范大学雷实教授则另辟蹊径，在深入研究美国、英国、加拿大以及韩国的母语课程的基础上，侧重于介绍国外母语课程听说能力的培养以及评价，为我国口语教学的实践以及理论研究提供了更加广阔的国际视野。

（6）教育部基础教育课程教材发展中心付宜红博士，主要从事日本国语教育研究，侧重于通过国内外口语教学的比较，进一步反思我国的听说教学，在具体口语交际教学的实践层面旗帜鲜明地提出以下建议：

口语教学要更加成系统，并且要借助具体的教材来实现；听说教学与其他学科密不可分，要互相配合。

尽管理论研究已然硕果累累，但反思我国当前的口语交际教学的现状，仍然不容乐观，在教学实践中，口语交际教学仍然处于缺乏次序和效率低下的状态，特别是针对初中学段的口语交际教学，仍然存在教学目标不明确、教师教学理念缺失、教学资源短缺、学生口语交际知识贫乏等严重弊病。

基于此，我们确定了两个研究目标：①系统性；②层次性。

4. 相关概念界定

（1）口语

口语即口头语言，是人类语言的基本形式，包括言语、语音、语调、语态、语气和节奏等。口语是源于生活而又高于生活的普遍性较强的语言交流方式。也正是由于口语的口口相传和代代演变，不同的国家不同的地区都会有自己相对独特的口语交流和表达方式，口语相对于书面语来说往往也显得更为直接和生动。

（2）口语交际与口语交际能力

口语交际是要在具体的语境之中，人们运用连贯的带有不同声调、语气、语态的口头语言和相辅的肢体语言进行的一种交际互动。口语交际的目的就在于传达信息、交流感情、满足心理需要，而达到这些目的就要求人们要具备一定的口语交际能力，强调的是交流互动能力，具备良好的口语交际能力往往能够让我们达到事半功倍的良好效果。口语与口语交际区别很大，从词性就不难看出二者的区别，口语是一个名词，而口语交际是动词，指用口语进行交际。虽然正常的口语交际中离不开口头语言，但不是只要会基本的口语就能够进行口语交际，合理有效的口语交际需要知识、经验和智慧的积累而且更注重其中的交际互动。

"口语交际"从字面理解起来是"运用口头语言进行沟通交往"的意

思，而学术中常说的"口语交际"则是一种常规的教学策略，也是一种课堂教学方式，是听话和说话能力在人与人交往间的实际运用，但口语交际并非只包括简单的听话和说话，在日常生活中的口语交际过程中，还包含如分析与综合、推理与判断、概括和归纳等思维能力，也包含分析与解决、操作与创造等行为能力。我们常说的口语交际是两个对象以上的对话乃至一群对象的沟通交流活动，是强调参与和表达的现实实践活动。

口语交际还有着以下特征：

①双向交互特征：口头语言的表达方尽可能要表达流畅，而接收方要根据表达方进行话题反馈，以达到交际的目的。

②思维复合特征：要使口语交际顺利完成，就要求思维和情感、语言和态势以及语境和心理等多重要素的协调配合，需要自身各项素质，诸如道理和思想修养、知识和经验储备等协同进行，才能使双方的口语交际生动有效。

③即时临场特征：由于口语交际活动都有一个具体的活动情境，具体的口语交际情境不允许参与者像书面表达一样有充分的思考和修改时间，而是要求使用者采用灵活的策略，根据对象给予的反映，有针对性地将交际进行推进。

④简约会意特征：相比书面语，口语可以在特殊的情境下借助肢体、表情等更多手段来表达。

（3）口语交际教学

我们这里谈到的口语交际教学是在语文学科这个大背景下所涵盖的口语交际教学，是语文教学的一个重要的也是不可忽视不可分割的教学板块。语文学科背景下的口语交际教学是指在语文教学中培养学生运用规范、简明、连贯而得体的口头语言，再辅以适当的非言语的形式与人交流，实现某种交际能力的教学活动。语文教学各个板块之间相互渗透相互连接，所以说教师在授课时可以在阅读教学、作文教学等板块渗透口语交际教学，而我们不仅要重视在课堂之上对学生的口语交际能力进行培养和训练，在课堂之下也建议多鼓励学生参加社会实践从而提高自己的口语交际能力，使得口语交际教学的目标和作用得以发挥和实现。

二、研究目标

（1）研究并确立初中口语交际教学的内容和课程资源。（学生有兴趣）

（2）通过不断的实践反思，合理设计教学方案，探讨开展初中语文口语交际教学的原则及有效策略。（有效）

（3）通过实践研究，确立科学可行的初中语文口语交际序列化体系。（有用）

三、研究队伍与研究对象

1. 研究队伍

课题负责人		李万峰
课题参与人	语文研修员	朱艳春、韩斐、郑美丹
	通州区语文教师	李子月、韩丽、郭丽净等约 30 人

2. 研究对象

本课题选取通州 15 所初中校的学生及教师为研究对象，15 所初中校涵盖了城市、城乡交界、农村的中学，在学段上覆盖七至九年级，便于最终研究样本的准确性。

四、研究方法

1. 科研方法与应用范畴

（1）文献分析法

文献分析的范围包括国内有关初中语文口语交际教学方面的专著、学术论文、研讨会论文、研究报告以及与初中语文教学相关的教材、课程标准和教学大纲等。

（2）课堂观察法

深入初中语文口语交际教学的课堂中去，了解学校的教学状况和学生的学习状况，记录教学实况，收集教学素材，发现优点和问题之处进行思考和探究。

（3）问卷调查法

对初中语文一线教学的教师和初中学生进行问卷调查，了解学生对语文口语交际教学的认识及他们存在的困惑，了解教师口语交际教学的现状。在此过程中力图发现问题并进行分析，提出解决的对策。

（4）行动研究法

依据研究计划选定实验校，由课题核心组成员确定研究内容和实验教师，按照集体研究确定的教学设计分组进行课题实验，发现问题进行调整。小组确定后，再上公开课，课题组成员全部观摩，并邀请专家指导。最后，重新修订教学设计，并完成课后反思及教学论文。

2. **课题研究路径**

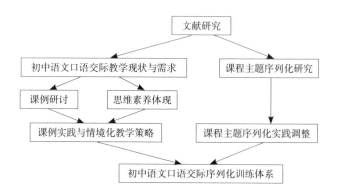

五、研究内容与研究过程

第一阶段：研究准备与问卷调查阶段（2016年9月—2016年11月）

（1）确定实验学校及实验教师，启动课题研究。

（2）查阅相关文献资料，研制"初中语文口语交际教学"问卷与访谈提纲，对实验校进行现状与需求调查。

（3）统计分析实验校水平与发展需求，完成《初中语文口语交际教学现状调查问卷》。

研究重点：

（1）重视落实课时，加强教师培训。（种子教师培训）

（2）修订学生读本，探索教学模式和有效策略。

（3）建立口语交际等级测试评价体系。（一套评价量表）

第二阶段：研究实施阶段（2016年12月—2020年1月）

1．序列内容设定研究（2016年12月—2017年4月）。

（1）运用文献法梳理初中生口语交际主题序列。

（2）分配任务，构建与逻辑序列相一致的课程内容安排。

2．课程研讨阶段（2017年5月—2018年1月）。

（1）开展课程主题研讨活动，研讨教案可行性、序列化结构及与思维发展之间的关系。

（2）修改课程案例。

3．课程实践策略研究（2018年2月—2020年1月）

（1）开展课堂实践研究。（各年级课堂实践研究主题及负责成员见下表）

年级	主题	课题成员
七年级（课堂学习）	自我介绍与介绍他人	谢宝琴
	朗读	范志宏
	复述	韩　丽
	即席发言	刘忠玉
	提问和回答	李玉萍
八年级（日常交往）	倾听	侯耀锟
	采访（一）	张　莉
	采访（二）	朱海芳
	感谢	王丽丽
	道歉	韩宇超
	承诺	肖文峰
	拒绝	李子月
	口头讨论	李　春
	表扬（赞扬）	高　洁
	批评（自我批评）	朱海芳
	接待和拜访	张　莉
	劝告	郭丽净
九年级（社会展示）	演讲	郑美丹
	面试	杨　芳
	辩论	明淑芬

（2）总结归纳初中语文口语交际情境设置与教学策略。

第三阶段：总结提升阶段（2020年2月—2021年9月）

（1）"初中语文口语交际教学研究"结题研究报告。

（2）"初中语文口语交际教学研究"课题论文集。

（3）"初中语文口语交际教学研究"课程序列化教学设计。

（4）"初中语文口语交际教学"PPT、视频、会议记录、照片、故事等资源。

六、研究成果

（1）论文《初中语文口语交际教学现状调查研究》。

（2）"初中语文口语交际教学研究"课题论文集。（收录论文见下表）

序号	论文题目	作者
1	"情景教学法"在语文自我介绍教学中的运用	谢宝琴
2	浅谈初中口语交际教学情景创设	肖文峰
3	浅谈口语交际教学中"应对"情景的选择与设置	李玉平
4	情景创设——有效开展口语交际教学的必要因素	韩　斐
5	优化初中口语交际课堂讨论的情景设计	郭丽净
6	浅论如何培养中学生的致谢能力	王丽丽
7	浅谈初中口语交际"道歉"主题教学中的几点思考	韩宇超
8	浅谈演讲教学中的"以听众为中心"	郑美丹
9	浅谈初中口语交际如何用"倾听"促进有效的表达	侯耀锟
10	以《春》为例浅谈朗读教学的有效途径	范志宏
11	初中语文口语交际合理拒绝的教学思考	李子月
12	对初中语文口语交际中"表扬"专题的三点思考	高　洁
13	口语交际"讨论"教学中的"追问"策略探究	李　春
14	统编教材名篇中的口语交际教学策略研究	朱海芳
15	初中语文口语交际中多维互动教学模式探索	张　莉
16	探究口语交际教学中"辩论"对于学生思维发展的作用	明淑芬
17	基于学生思维发展的初中语文口语交际复述教学探究	韩　丽
18	试谈口语交际教学在写作教学中的渗透	杨　芳
19	浅析口语交际中的"称呼"	孙小兵

（3）"初中语文口语交际教学研究"课程序列化教学设计。

（4）"初中语文口语交际教学研究"结题研究报告。

七、收获和有待进一步研究的问题

1. 收获

（1）口语交际教学对培养学生的核心素养至关重要，是培养学生关键能力和必备品格的有效途径。（课标建议）

（2）"情景创设"和"思维品质提升"是口语交际教学的重点，前一个是途径和方法，后一个是目标和结果。（教法建议）

（3）初中口语交际教学的内容，不宜过多，要有层次性；应考虑九年义务教育的一贯性和初高中衔接。（教材建议）

（4）口语交际教学，应自成体系，又要与语文读写教学紧密结合。（课程建议）

（5）开发评价工具能促进口语交际教学的学习效果；中高考测试评价应以引导为主。（评价建议）

2. 有待进一步研究的问题

（1）初中口语交际教学如何与小学、高中口语交际教学相衔接？

（2）同样的课程主题，在策略性、情境设置与训练的思维品质上，初中与小学、高中有何不同？

参考文献：

标准文献：

[1] 中华人民共和国教育部. 义务教育语文课程标准（实验）[S]. 北京：人民教育出版社，2011.

专著：

[1] 曹明海，李洪先. 语文课程与教学论 [M]. 济南：山东人民出版社，2005.

[2] 胡永邦，徐克聪. 口语交际与学生发展 [M]. 成都：西南交通大

学出版社，2009.

[3] 刘伯奎. 口语交际策略 [M]. 上海：汉语大词典出版社，2002.

[4] 龙彩虹. 口语交际理论与训练教程 [M]. 南京：东南大学出版社，2014.

[5] 李福灼. 语文课程教学论 [M]. 桂林：广西师范大学出版社，2004.

[6] 李军华. 口才学 [M]. 武汉：华中科技大学出版社，2003.

[7] 李吉林. 情境教学理论与实践 [M]. 北京：人民日报出版社，2007.

[8] 李吉林. 李吉林情境教学详案精选 [M]. 福州：福建教育出版社，1990.

[9] 李吉林. 李吉林情境教育实验与研究 [M]. 北京：人民教育出版社，2007.

[10] 王志凯，王荣生. 口语交际教例剖析与教案研制 [M]. 广西：广西教育出版社，2004.

学术论文：

[1] 卞彩巍. 初中语文口语交际教学探究 [D]. 东北师范大学，2009.

[2] 郭姣. 传播学视域下的高中语文口语交际教学研究 [D]. 贵州师范大学，2014.

[3] 韩笑. "场域"理论视域下小学语文口语交际教学的实践研究 [D]. 长春师范大学，2014.

[4] 姜海超. "新田园式"小学生语文口语交际能力培养的实践研究——以上海市嘉定区 C 小学为例 [D]. 上海师范大学，2014.

[5] 季丽琴. 新课标下初中语文口语交际教学研究 [D]. 苏州大学，2009.

[6] 吕春丽. 初中语文口语交际教学的问题及矫治研究 [D]. 华东师范大学，2003.

[7] 李丽丽. 试论中学语文教学中学生口语交际能力的培养 [D]. 广西师范大学，2002.

[8] 李培. 初中有效口语交际教学策略研究 [D]. 四川师范大学，2014.

后　记

　　1994 年 7 月，我从首都师范大学毕业，满怀憧憬，回到家乡，成了一名乡村男教师。本以为能大有作为，大展宏图，没想到在自己披星戴月的努力后，教学成绩并不突出。当时，可能是因为学校有本科学历的教师少，作为其中的一员，学校非常重视我，一轮下来就被任命为语文学科教研组长。可教学成绩的不能尽如人意，让我心有不甘。我开始四处"拜师学艺"，能听的报告一场不落，能观摩的教学活动闻信必到；读语文大家的著述，学优秀教师的经验，从区里到市里，从北京到全国。优秀的语文教师，学过宁鸿彬，学过钱梦龙，学过魏书生……可谁知结果依然是不理想。

　　若干年后，我才明白，之所以不成功：一是没有这些大家的学识，就难以举重若轻；二是没有关注到学情不同，就水土不服；三是更没有找到自己的"一技之长"。单说这些大家，都绝非常人，那分在教学中"信手拈来，便可决胜于千里之外"的潇洒，是常人根本就学不来的。其个人的积累与见识、优秀的品质与鲜明的个性，又岂能被邯郸学步，东施效颦。一个语文老师要成长，终究还是要在教学实践中找到自己的教学之路。

　　回想起来那是我人生最苦闷的一段时光，甚至丧失了自信，开始怀疑自己不是当老师的料儿。好在那时班主任的工作还算出色（两次被评为区级优秀班主任），才坚持了下来。任教第五年，我第二次中途接班，这两个班语文成绩很低，作文状况尤其差，一个班竟有三分之二的学生两节作文课写不完 500 字，有三分之一的学生甚至写不到 100 字，且错

250

字连篇。我问他们以前考试时怎么办？大多数学生说："背作文书。"其实，我已看到了一些蛛丝马迹：一上作文课，许多学生就在课桌下不断地翻着什么。针对这种情况，第二次上作文课，我便让他们把桌斗里的书拿出来，说可以照着写，借鉴着用，但一定要有点变化。这下学生显得很兴奋，纷纷拿出来，我一看五花八门：作文选、杂志、报纸……连写带抄，再交上来的作文，就比第一次好多了。看来，让他们"照着写"效果不错。后来有一件事，就更坚定了我要走这条路的信心。那是在一次写片段的练习中，我讲了一个故事：有个叫魏伟的军校大学生在假期回家的路上碰到客车着火，为了救人，他牺牲了自己年轻的生命。我让学生写一个运用议论抒情表达方式的结尾。其中有一个学生是这样写的："魏伟是平凡的，魏伟却又是多么伟大啊！当你听到这个故事的时候，难道你就一点也不联想到那些平凡而又伟大的英雄吗？难道你又不更远一点想到，这些魏伟式的战士，不正象征了中华民族的那龙的精神和气质吗？"这个结尾仿写了课文《白杨礼赞》。看完后，我顿时兴奋起来，觉得提高这届学生的作文成绩有希望了。于是在那一年仅有的一段时间里，我把自己积攒的二百多本《读者》《青年文摘》《校园文学》搬给学生，一起挑好文章进行仿写训练。结果，在中考前的模拟考试中，两个班的作文都写够了字数，且其中一个班的优秀率排名年级第一。这一事实，既鼓舞了学生，也鼓舞了我，更引发了我的深思：这种仿写是不是科学训练呢？我联想到了那些书法家，他们不也是"描红""临帖"一步一步走的吗？那些大画家，即使成名，不也还是在不断地临摹前人优秀的作品吗？！或许有人会说，人家那是种技能，这样做理所当然。那么作文是不是种技能呢？1915 年，姚铭恩先生在《小学作文教授法》一文中指出："国文作法教科之性质，发表的教科也，技能的教科也，而要之则能动的教科也，愈当置重于自动的作业。苟不善利用其动的要素，发挥其动的价值，令儿童为适当之自动，养成其自由的活动发表之技能，则大失本科之性质也。"此时，前人就认识到作文是一种技能。吕叔湘先生更是指出："语文的使用是一种技能，一种习惯。""任何技能都必须具备两个特点，一是正确，二是熟练。要正确必须善于模仿，要熟练必须反复实践。"看来，仿写之路可行！

坚定了认识，我就开始了"疯魔"似的行动。第一，我开始广泛地收集资料，力求穷尽。见人就问"仿写"，见书就找"仿写"，不放过任何一个蛛丝马迹：在《李光耀回忆录》中，在余华谈创作的讲稿里，在《京郊日报》的文章上；只要相关，我就记下，只要感觉有用，我就剪贴收集。第二，紧追专家，明确方向。不管认识与否，只要能让我说句话，我就决不放过请教的机会。专家大多平易近人，这就让我每次活动都能至少请一位来指导。第三，广泛实践，寻找序列。每看到一篇好文章，我头脑中第一个想法就是它适合不适合学生仿写。一看到前人这方面的经验就立刻拿来实践。为了找到科学的仿写路径，我将作文教学作为自己研究的重点，对近一百多年来的作文教学进行了梳理。仿佛真的是"有心栽花花不开，无心插柳柳成荫"，没想到这分坚持使我的语文教学成绩越来越好。2001 年被评为区级骨干教师。2003 年，我有幸调到通州区教师进修学校，成为一名中学语文教研员。为了继续深入研究，2004 年，我申报了中国教育学会中学语文专业委员会课题，被立为重点课题。之后带着全区 27 所实验校、一百多位老师开展实验研究，进行了三轮近 10 年的研究。同时取得了可喜的成绩："全国中语会"的年度总结，曾给予点名表彰；在北京市开过两次教学现场会；我多次被邀请到外省市作交流；出版了专著《规范语言的模范和超越》；主编了《巧仿妙用 提升素养》仿写课堂实录集；课题组涌现了一批优秀语文教师，多人已被评为北京市市级学科带头人和骨干教师。从个人研究到团队研究，16 年的探索是令人欣慰的。我也渐渐明确：以写作教学为中心，以"仿写"为突破口，从读学写，以写促读，注重思维品质的培养，注重语文综合实践活动。这就是我的研究中学语文教学之路。正当我暗自庆幸终有所悟时，一位语文名家的提问，又让我陷入了思考。有一天，这位名家突然问我：万峰，你的语文教学观是什么？能用简单的话概括一下吗？在语文教学上似乎已小有所成的我，竟一下怔住了。是啊！我的语文教学之路似乎是找到了，但我的语文教学观是什么？我竟一直没有细想过，更别说用精练的语言来概括了。

2015 年，基于核心素养的培养，我又开始研究"中学生口语交际"，想在退休之前能再有点实践探索的收获。这样，过去语文教学所强调的"听说读写"四种技能的培养，我就研究全了。可惜，随着行政工作的增多，这次研究和实践显得力不从心了，虽然参与实验的老师热情很高，认为每次活动都有收获，也取得了一些成绩，课题也如期结题。但我感觉并不满意，对比起来效果不如对"读写"的研究。但对于总结我的语文教学观是什么却有了一些新的思考。

2020 年 4 月底有幸再回学校工作，此问依然在心。虽然自感愚钝，但日夜思考，学习追问，终于有了一点想法。本书就是想将这点感悟付诸笔端，请大家指正，以求再进步！有时，我想："简单""好玩"，也许是路径，"有用""共情"则是归属。有时，又想：它们应该浑然天成，密不可分。想法有了，当真落到笔下，却又是艰难的！27 年的工作实践，剪报、笔记、学生作品、教学案例、课题成果，积累的材料不少，但要取舍得当，把观点说清楚、说透彻，实在是举步维艰！中间，几次辍笔，时有放弃之念。幸得同事支持、亲朋鼓励，终于结稿。这里，我要特别感谢王颖光老师和张彬福教授帮我提出修改意见，感谢张彬福教授、王云峰教授和北京市教育学会语文教学研究会李卫东理事长欣然应允为我的这本小书作序；也特别感谢首都师范大学出版社同意出版此书。这样，也完成了我的一分心愿：以此书向母校致敬，感谢母校对我的培养！

有人说，总结是为了更好地出发。重回旧地，睹物思人，我非常感谢从前所有给予过我帮助的人。这其中也包括我的学生，从某种意义上说是他们助我成为一名合格的语文教师……学无止境，教亦无止境！我想：一个教师只要眼中"有风景"，并且为之不断追寻，终究会到达理想的境地。以此自勉，也愿能以此经历为青年教师增加自信。

2022 年 3 月底于次渠中学